NO라고 말할 줄 아는 남편과 아내

헨리 클라우드 · 존 타운센드 지음 • 김진웅 옮김

NO
라고 말할 줄 아는 남편과 아내

좋은씨앗

용기를 가지고 사랑으로 섬기며
바운더리를 일구는 모든 부부에게

차례

들어가는 말_ 두 쌍의 부부 이야기   9

1부 바운더리에 대한 이해

1장   바운더리란 무엇인가   19
2장   결혼 생활의 바운더리 10가지 법칙   49
3장   자신의 바운더리 세우기   79

2부 결혼 생활의 바운더리 세우기

4장   하나가 되기 위한 둘   111
5장   귀하게 여기는 것 갖기   139
6장   가치 하나: 하나님 사랑   149
7장   가치 둘: 배우자 사랑   155
8장   가치 셋: 정직   165
9장   가치 넷: 신실함   173
10장   가치 다섯: 긍휼과 용서   181
11장   가치 여섯: 거룩함   187

3부 결혼 생활의 갈등 해결하기

12장 방해꾼에게서 결혼 생활 보호하기 193
13장 여섯 가지 갈등 225
14장 바운더리를 사랑하는 배우자와 갈등 해결하기 255
15장 바운더리를 거부하는 배우자와 갈등 해결하기 265

4부 결혼 생활의 바운더리에 대한 오해

16장 결혼 생활의 바운더리 오용하지 않기 309

맺는말_ 당신의 결혼 생활을 구하라 333

들어가는 말_ 두 쌍의 부부 이야기

최근에 나(존)는 두 쌍의 부부와 저녁 식사를 했다. 결혼한 지 40년이 지난 이 두 쌍의 부부는 인생의 후반기를 지나고 있었고, 사랑과 일에서 모두 노후에 접어들었다. 나는 이 두 쌍의 부부에게서 큰 차이점을 발견하고 충격을 받았다.

나는 해럴드와 사라 부부와 함께 뷔페에서 저녁 식사를 했는데, 이 식당은 먼저 티켓을 구입하고 음식을 가지러 가는 곳이었다. 식사를 마치고 우리는 디저트를 먹기로 했다. 해럴드는 주머니에서 디저트 티켓을 꺼내더니 사라 앞에 툭 던지며 "사라, 디저트!"라고 말했다. "사라, 디저트를 가져다주면 좋겠는데, 괜찮겠소?"라든지 "내가 당신의 디저트를 가져올까?"라는 말이 아니었다. 해럴드는 자신의 말 한마디에 사라가 그대로 따를 것이라고 생각했다.

나는 어찌해야 할지 몰라 그저 앉아서 지켜보았다. 아내를 통제한다는 것을 사람들 앞에서 과시하려는 남편의 태도에 사라는 몹시 당황한 것 같았다. 그녀는 잠깐 동안 어떻게 대응해야 할지 생각하는 듯 가만히 앉아 있었다. 그러고는 용기를 내어 조용하지만 강한 어조로 말했다. "당신이 직접 가져오지 그래요?"

해럴드는 당황한 것 같았다. 그는 아내가 자기 말을 따르지 않는 것에 익숙하지 않았다. 그러나 곧 마음을 가라앉히고 거만한 여자들에 대한 가벼운 농담을 던지고는 자기 티켓을 들고 자리에서 일어났다. 그가 식탁을 떠나자 사라는 사과했다. "미안해요. 친구들 앞에서는 그냥 넘어갈 수 없었어요." 나는 사라가 안됐다는 생각이 들었다. 그날 저녁 사라가 남편에게 보인 반응은 일상적이라기보다 예외적인 것이었다. 해럴드와 사라는 법적으로는 하나였지만, 감정적으로는 멀어져 있었다. 그들의 마음은 연합된 상태가 아니었다.

프랭크와 줄리아 부부는 달랐다. 나는 여행 중이었고, 그들은 성심성의껏 나를 대접해 주었다. 저녁 식사를 마치고 그들의 집으로 가서 이야기를 나누다 보니, 어느덧 호텔로 돌아갈 시간이 되었다. 나처럼 상담사인 줄리아는 나를 약속된 연설 장소와 회의 장소에 자동차로 태워다 주는 등 내 여행을 책임지고 있었다. 나를 호텔에 데려다줄 사람은 그녀였다.

그런데 프랭크가 아내를 바라보며 말했다. "당신, 피곤해 보여. 내가 존을 호텔에 데려다줄게." 줄리아의 얼굴 표정을 보니, 나에 대한 의무감과 쉬고 싶은 마음이 모두 담겨 있었다. 그 사이에서 망설이던 그녀는 이내 마음의 결정을 내렸다. "그렇게 해줘요. 여보, 고마워요." 그래서 프랭크가 나를 데려다주었다.

다음 날 줄리아를 만났을 때, 나는 프랭크가 친절히 데려다준 것과 그녀가 남편의 제안을 받아들일지 말지 망설이던 것에 대해 이야기했다. 그녀는 이렇게 말했다. "처음부터 그렇지는 않았어요. 우리가 이십 대였을 때 남편은 그런 제안을 하지 않았고, 나도 받아들이지 않았죠.

하지만 그 시절 우리는 이 문제를 해결하려고 애썼어요. 나는 어떤 문제에는 단호한 입장을 보였고, 거의 이혼할 지경까지 갔지요. 너무 힘들었지만 가치 있는 시간이었어요. 이제 우리는 서로가 영혼의 동반자라는 걸 확신해요." 그들과 함께 있는 동안, 나는 프랭크와 줄리아가 한마음이며, 정서적으로 하나 된 부부라는 사실을 알 수 있었다.

해럴드 부부와 프랭크 부부 모두 수십 년을 함께 살았지만, 두 부부의 사랑과 부부 관계는 매우 다른 성향을 띠었다. 해럴드와 사라는 서로 깊이 사랑하지도 연합하지도 않았다. 왜냐하면 해럴드는 사라를 통제했고, 사라가 그것을 용납했기 때문이다. 그들은 바운더리를 세우지 않은 문제가 있었다. 바운더리가 있으면 서로에게 책임과 존중을 보여 줄 수 있다. 한 사람이 배우자를 통제할 때, 거기에는 자유가 없으므로 사랑이 자랄 수 없다.

프랭크와 줄리아도 신혼 초에는 비슷했다. 프랭크는 지배했고 줄리아는 따랐다. 그러나 그녀는 문제를 피하지 않고 직면하여 바운더리를 세웠고, 남편이 지키지 않을 때는 그 결과를 치르게 했다. 그들의 결혼은 성숙해 갔다. 두 쌍의 부부 모두 신혼 초에 어떻게 행동했는지에 따라 그 결과를 그대로 거두었다. 한 부부는 슬픈 결과를, 다른 한 부부는 기쁜 결과를 거두었다.

당신의 인생이 오늘 시작된다

이 책을 읽는 모든 사람에게 결혼 생활은 중요한 문제일 것이다. 당신은 결혼 생활이 행복하고, 계속 성장하기를 바랄 수도 있다. 아니면 갈등을 겪고 있으며, 크고 작은 문제들이 산적해 있을 수도 있다. 미혼이고, 결혼을 준비하고 있을 수도 있다. 이혼한 상태이고, 재혼을 한다면 이미 겪은 고통을 피하려고 할 것이다.

우리 대부분이 가장 바라고 기도하는 것은, 삶을 공유할 수 있는 한 사람을 평생 사랑하고 그에게 헌신하는 일일 것이다. 결혼은 하나님이 인간에게 주신 가장 좋은 선물 가운데 하나다. 그것은 다른 사람과 한 몸을 이루는 삶의 신비다(에베소서 5:31-32).

결혼은 무엇보다도 사랑에 관한 것이다. 결혼 생활은 서로를 향한 돌봄과 필요, 교제와 가치관으로 엮어져 상처와 미성숙과 이기심을 극복하고, 혼자서는 이룰 수 없는 것을 이루게 한다. 하나님의 중심에 사랑이 있듯이, 결혼 생활의 중심에도 사랑이 있다(요한일서 4:16).

그러나 사랑만으로는 부족하다. 결혼 생활이 성장하고 성숙하려면 다른 요소들, 즉 자유와 책임이 필요하다. 부부가 서로 동의하지 않을 자유가 있어야 사랑할 자유도 있다. 이런 자유가 없으면, 부부는 두려움 가운데 살게 되고 사랑은 죽고 만다. "온전한 사랑이 두려움을 내쫓나니"(요한일서 4:18). 부부가 결혼 생활을 위해 최선을 다하려는 책임감을 공유할 때 사랑이 자란다.

부부가 책임을 함께 지지 않으면, 한 배우자는 너무 많은 책임을 지게 되고 그것에 분개한다. 다른 배우자는 충분히 책임을 지지 않고 자기중심적이 되거나 상대방을 통제하려고 한다. 결혼 생활에서 자유와 책임에 문제가 생기면 사랑은 시들고 만다. 좋은 토양에 있지 않은 식물처럼, 우호적이지 않은 환경에 있는 결혼 생활은 성장하기 어렵다.

이 책 『No라고 말할 줄 아는 남편과 아내』(Boundaries in Marriage)는 기본적으로 사랑에 관한 책이다. 사랑을 장려하고, 자라게 하며, 개발시키고, 회복하는 것에 관한 책이다. 우리는 사랑을 위해 더 나은 환경, 즉 자유와 책임이라는 환경을 제공함으로써 사랑이 자라는 데 도움이 되기를 바란다. 바운더리, 즉 개인의 소유권 경계선은 자유와 책임이라는 환경에서 존재한다. 바운더리는 개인을 보호함으로써 사랑을 키워 간다.

많은 사람들의 개인적이고 정신적인 갈등은 구조와 바운더리의 결여와 관련되어 있다. 『No라고 말할 줄 아는 그리스도인』(*Boundaries*)은 그런 문제의식에서 나온 책이다. 바운더리가 없는 이들은 다른 사람을 통제하려 들고 무책임한 사람들에게 "아니요"라고 말하지 못한다. 그래서 늘 다른 사람들의 요구에 끌려다닌다. 그 책이 나오자마자, 많은 사람들이 이렇게 말했다. "결혼 생활에 바운더리를 세우는 것에 관한 책을 쓰는 것이 어때요? 결혼 생활을 시작하기 전에 문제를 해결할 수 있도록 말이에요." 우리는 좋은 생각이라고 여겨 이 책을 쓰게 되었다.

앞으로 살펴보겠지만, 결혼 생활의 열쇠는 인격이다. 사람은 인격 안에서 자랄 때, 결혼 생활에 있어야 할 바운더리를 세우고 받아들이는 능력이 자란다. "아니요"라는 말을 듣는 것을 거부하면, 미성숙한 상태로 머물게 된다.

많은 사람들은 신체가 자람에 따라 자연히 정서적으로도 자랄 것이라고 믿는다. 하지만 그렇지 않다. 나이는 자라는 데 필요한 요소이지만 그것만으로는 부족하다. 나이는 많지만 미성숙한 사람이 있고, 나이는 적지만 성숙한 사람이 있다. 해럴드와 사라 부부는 오래전에 해결했어야 할 바운더리 문제를 여전히 미숙하게 다루고 있다. 프랭크와 줄리아 부부는 그 문제를 해결했고, 더 높은 단계의 사랑과 성숙으로 나아가고 있다.

중요한 것은, 오늘 결혼 생활의 바운더리를 세우는 것이다. 오늘 세운 바운더리가 나머지 결혼 생활을 좌우할 것이다. 그리고 오늘 "아니요"라고 말하는 것을 무시하거나 두려워하는 것도 나머지 결혼 생활에 큰 영향을 미칠 것이다. 우리의 결혼 생활이 해럴드와 사라 부부의 결혼 생활을 향해 가느냐, 프랭크와 줄리아 부부의 결혼 생활을 향해 가느냐는 여기에 달려 있다.

서로에게 진리와 바운더리를 세우고 그것을 받아들이기 위해 마음을 열고 있는가? 가치와 인격 성장에 관한 장에서 살펴보겠지만, 이런 열린 마음은 바운더리를 세우고 받아들이는 과정을 훨씬 쉽게 만든다. 물론 우리는 바운더리를 거부하는 배우자와 같은 완고한 마음에 대해서도 다룰 것이다.

이 책의 개요

이 책은 4부로 구성되어 있다. 1부 '바운더리에 대한 이해'는 바운더리의 개념을 소개하고, 결혼 생활과 자신에게 바운더리를 어떻게 세워야 하는지 소개한다. 2부 '결혼 생활의 바운더리 세우기'는 각각 개별적인 두 사람이 연합해야 할 필요성, 바운더리를 세운 결혼 생활을 뒷받침하는 철저한 믿음, 외부 사람들과 외부 영향력에 바운더리를 세우는 법을 다룬다. 3부 '결혼 생활의 갈등 해결하기'는 여섯 가지 종류의 갈등을 설명하고, 바운더리를 받아들이는 배우자와 바운더리를 거부하는 배우자에게 바운더리를 세우는 법을 다룬다. 4부 '결혼 생활의 바운더리에 대한 오해'는 바운더리를 잘못 사용할 수 있는 몇 가지 방법을 다룬다.

각 장들은 결혼 생활에 바운더리 개념을 적용하는 것을 돕기 위해 실용적인 정보, 사례, 표, 제안 등을 제공하고 있다.

이 책을 오해하는 사람들을 위한 해명

이 책은 배우자를 고치고 바꾸고 벌하기 위한 책이 아니다. 자신을 다스리지 못하는 문제의 해결책은 다른 사람을 다스리는 법을 배우는 데 있는 것이 아니라 성령의 아홉 가지 열매 가운데 하나인 절제(갈라디아서 5:23)를 배우는 데 있다. 즉, 자신을 다스리는 법을 아는 것이다. 이 책을 자신 이외의 다른 어떤 사람을 성장하게 하는 수단으로 생각하지 말라. 이 책의 목적은 자기 인생에 대한 소유권을 행사함으로써 자신과 배우자를 보호하고 사랑하는 데 있다. 배우자나 다른 누군가를 바꾸기 위해 쓴 책이 결코 아니다.

이 책을 기쁘게 읽기 바란다. 당신의 결혼 생활이 어떤 상태이든지 이 책이 도움이 되길 바란다. 결혼 생활에서 "아니요"라는 말이 좋은 단어가 될 수 있을 때 책임과 자유에서 우러나온 사랑이 부부의 마음에 깊이 뿌리내리게 될 것이다.

캘리포니아 뉴포트 비치에서
헨리 클라우드 · 존 타운센드

1부

바운더리에 대한 이해

1.

바운더리란 무엇인가

스테파니는 난로 곁에 앉아 차를 마시며 저녁 시간의 일을 다시 생각했다. 남편 스티브는 일찍 잠자리에 들었지만, 그녀는 배가 아파서 함께 잠자리에 들 수 없었다. 사실 통증 때문에 남편과 함께 있고 싶지 않았다. 남편이 피곤하다고 말했을 때 오히려 안심이 되었다. 남편이 사랑을 나누자고 하면 어찌해야 할지 몰랐기 때문이다. 하지만 그녀는 자신이 안도감을 느꼈다는 것에 내심 놀랐다. 그것은 부부 관계에 결코 좋은 신호가 아니었다.

스테파니의 이런 감정은 비단 오늘 저녁의 일뿐만 아니라 지난 몇 년간 그들 사이에 일어난 일들과도 관련 있었다. 그녀는 스티브에게서 점점 더 멀어지고 있었다. 그녀는 남편을 사랑했고 언제나 사랑할 것이다. 다만 그에게 더 이상 매력을 느끼지 못하게 되자 어떻게 회복해야 할지 난감했다. 그녀로서는 어찌해 볼 도리가 없는 부정적인 감정이 그들 부부 사이에 놓여 있었다.

"분명히 말해 봐. 그게 뭔데?" 친구 질이 그녀에게 물었다. 질은 생각과 느낌을 추려 내는 데 있어서 스테파니보다 훨씬 뛰어났다.

스테파니가 마음속으로 생각을 정리하고 있을 때, 갑자기 그 해답이 영화처럼 기억의 단편들 속에서 빠르게 다가왔다. 스티브와 함께했던 시간들과 대화들이 자신과 상관없는 일처럼 스쳐 지나갔다.

먼저, 오늘 저녁 일이 떠올랐다. 남편은 그녀가 식사하고 싶었던 곳으로 가지 않았다. 게다가 식사를 하면서 자신의 말을 여러 번 무시했다. 애초부터 그녀의 말을 듣고 있는 것 같지 않았다.

다음으로 지난 휴가가 떠올랐다. 그녀는 둘만 있을 수 있는 아주 조용한 산으로 가고 싶었다. 그러나 그는 '놀거리가 많은' 대도시에 있고 싶어 했다. 늘 그랬던 것처럼 이번에도 그가 하고 싶은 대로 했다.

그리고 학교에 복학하여 학위를 마치고 싶은 자신의 갈망이 떠올랐다. 그녀는 남편이 로스쿨을 마칠 수 있도록 자신은 대학 4학년 때 휴학하면서 나중에 복학하기로 약속했었다. 하지만 그녀가 그 이야기를 꺼낼 때마다 남편은 때가 적당하지 않다고 했다. 스테파니는 도무지 이해할 수 없었다. 때가 적당하지 않다는 것은 순전히 남편 기준에 따른 것이었다.

이내 다른 장면들도 떠올랐다. 그러나 '그를 위해'라는 한마디가 모든 것을 말해 주었다. 그들의 관계는 '그를 위한' 것이었을 뿐 '그들을 위한' 것이 아니었으며, '그녀를 위한' 것은 더욱 아니었다. 이런 생각이 들자 분노와 경멸이 한꺼번에 몰려왔다. 그녀는 서둘러 이런 부정적인 느낌을 지워 버렸다.

'정신 차려.' 그녀는 스스로에게 말했다. '사랑은 희생으로 채워지잖아.' 그러나 그녀는 사랑을 위해 희생하려고 애쓸수록, 희생이 더 많아지고 사랑은 거의 느껴지지 않는 것 같았다.

이런 생각을 하면서 그녀는 잠시 동안 불꽃을 바라보며 찻잔을 비우고는, 스티브가 잠들어 있기를 바라면서 침실로 향했다.

바운더리의 중요성

스테파니는 어떻게 그런 상태에 빠진 자신을 수년이 지나서야 발견하게 되었을까? 무엇이 잘못된 것일까? 그녀와 스티브는 결혼 생활을 아주 건강하게 시작했다. 그녀가 원하는 것은 언제나 그가 전부였다. 스티브는 친절과 능력, 성공과 고상함을 모두 갖춘 사람 같았다. 그러나 시간이 흐르면서 그들 관계에서 깊이와 친밀감이 사라져 갔다. 그녀는 자신이 한 사람을 그토록 사랑하는데, 어떻게 사랑을 거의 느낄 수 없는지 이해되지 않았다.

부부마다 문제는 다르지만 종종 이런 당혹감을 느낀다. 한 배우자는 무언가를 잃어버렸다고 느끼지만 그것이 무엇인지 알 수 없다. 아내는 옳은 일을 하려고 애쓴다. 무언가를 주고, 희생하며, 헌신하고, 믿으려고 한다. 그런데도 친밀감을 얻기는커녕 더 나빠지고 고통이 뒤따른다.

어떤 경우에는 중독, 무책임, 통제, 학대가 이런 문제를 가져온다는 단순화된 설명 뒤에 혼란이 숨어 있다. '남편이 그렇게 지배적인 사람이 아니라면' 또는 '아내가 낭비를 멈춘다면' 등처럼 말이다. 많은 부부들이 부부 관계에 친밀감이 부족한 이유는 '문제'가 있기 때문이라고 생각한다. 그러나 그 '문제'가 해결되어도 부부가 다시 결합하거나 사랑을 되찾을 수 없다는 사실을 깨닫게 된다.

'문제'는 없지만 배우자 중 한 사람, 또는 두 사람 모두가 신혼 초에 품었던 기대대로 살지 못하는 경우도 있다. 아주 헌신적인 두 사람 사이에 사랑과 친밀감, 깊은 교제가 없다. 어떻게 이런 일이 일어날 수 있는가?

우리는 수년 동안 부부 관계를 연구하면서, 사랑을 만들어 내고 유지하는 데 여러 역학 관계가 작용하지만 가장 큰 문제는 바운더리라는 사실을 알게 되었다. 신혼 초에 바운더리를 세우지 않거나, 또는 바운더리가 무너지면, 결혼 생활도 무너진다. 그러면 서로가 처음에 가졌던 매력을 키워 가지 못하고, 친밀감이 생기지도 않는다. 그리고 서로를 진정으로 '아는 데' 결코 이를 수 없으며, 사랑 안에서 살아가는 능력이나, 개인 또는 부부로서 성장하는 능력도 기를 수 없다. 친밀감이 자라고 그것을 개발하기 위해서는 바운더리가 꼭 필요하다.

따라서 이 장에서는 『No라고 말할 줄 아는 그리스도인』을 읽지 않은 사람들을 위해 바운더리가 무엇인지를 살펴보려고 한다. 그리고 그 책을 읽은 사람들에게는 기억을 새롭게 하는 과정이 될 것이다.

바운더리란 무엇인가? 바운더리의 가장 단순한 의미는 소유권 경계선이다. 그것은 소유권이 시작되고 끝나는 지점을 말한다. 예를 들어, 지방 법원에 가서 자신의 주소를 찾으려면 소유권 경계선을 나타내는 지적도를 찾아야 한다. 거기에서 자신의 소유권이 시작되고 이웃의 소유권이 끝나는 경계선을 볼 수 있는데, 이것은 서로가 좋은 이웃이 되기 위해 반드시 필요한 요소다.

소유권

소유권 경계선이 어디인지 안다면, 그 땅이 누구 소유인지 알 수 있다. 물질적 재산에 대해 말할 때는 샘이나 수지가 그 땅과 거기에 있는 물건을 '소유한다'고 말한다.

소유권은 관계에서도 매우 중요하다. 관계 속에서 바운더리가 어디에 있는지 안다면, 감정과 태도, 행동 등이 누구의 '소유'인지 알 수 있다. 즉 이런 것들이 누구에게 '속한 것'인지 알 수 있다. 또한 그 가운데 어느 하나에 문제가 있다면, 그 문제가 누구에게 속한 것인지도 알 수 있다. 남편과 아내는 결혼 생활에서 각자 자신의 소유권을 인식해야 한다.

최근에 나(헨리)는 소유권이 부족한 한 부부를 만났다. 캐롤라인과 조는 결혼 생활에 대한 상담을 하려고 내 사무실로 찾아왔다. 그들은 말다툼을 멈출 수가 없다고 했다. 캐롤라인에게 무엇에 대해 말다툼하느냐고 묻자, 그녀는 목소리를 높였다. "조는 언제나 괜히 화를 내요. 그래서 정말 마음이 상해요. 때로는 아주 비열하기까지 하다구요."

나는 조에게 물었다. "당신은 왜 그리 화를 냅니까?"

그는 내 질문이 끝나자마자 곧바로 대답했다. "아내가 늘 나와 내 인생을 통제하려고 들기 때문이지요."

나는 다시 캐롤라인에게 물었다. "당신은 왜 남편을 통제하려 합니까?"

"남편은 내게 아무 관심도 없어요. 자기가 좋아하는 일에만 시간과 관심을 쏟아요." 그들은 각자 상대방의 행동을 비난했다.

나는 이런 질문과 대답을 계속하면, 그들 스스로 자신의 행동에서 우스운 면을 보게 될지도 모른다고 생각하면서 다시 물었다.

"당신은 왜 아내에게 관심을 기울이지 않습니까?"

그는 즉시 대꾸했다. "아내는 너무 잔소리가 심하고 나를 통제하려 들기 때문에, 나는 아내에게서 떨어져 있을 수밖에 없어요."

두 사람이 자기 행동에 대한 소유권을 갖게 하기 위한 마지막 시도로써, 나는 그녀에게 왜 잔소리를 하느냐고 물었다. 그녀는 한 박자도 쉬지 않고 대답했다. "남편이 내가 원하는 것을 하나도 하지 않기 때문이에요."

"당신은 왜?"라는 질문을 할 때마다, 탁구 경기를 관람할 때처럼 내가 고개를 이리저리 돌리는 것을 그 부부가 보기 원했다. 그들이 하는 대답은 언제나 상대방에 대한 것이었다. 소유권이라는 공이 자기 코트에 떨어질 때마다 그들은 네트 너머로 공을 다시 쳐 넘겼다. 두 사람 다 자기 행동에 대한 소유권을 취하지 않았다. 자기 행동의 '원인'이 상대방에게 있다고 생각했다.

나는 조가 이렇게 말하기를 원했다. "아내에게 화내는 이유는 내가 미성숙해서 아내에게 도움이 되지 못하기 때문이지요. 나 역시 유감스럽게 생각합니다. 아내가 어떻게 행동하든지 저는 아내를 올바로 사랑하고 싶어요. 저를 좀 도와주시겠어요?" 상담사의 귀에 이런 반응은 마치 교향곡처럼 들린다. 그러나 이 부부는 그런 교향곡과 거리가 멀었다.

나는 마치 관람석에 앉아 있는 것처럼 느껴졌다. 아담이 범죄한 후에 하나님이 에덴 동산에서 그를 만나시던 바로 그 상황에 놓여 있는 것 같았다(창세기 3:1-13). 아담은 선악과를 먹지 말라는 하나님의 명령에 따르지 않았다. 하나님이 무슨 일이 있었느냐고 그에게 물으셨을 때, 아담은 캐롤라인과 조처럼 소유권을 잊고 있었다.

"누가 너의 벗었음을 네게 알렸느냐? 내가 네게 먹지 말라 명한 그 나무 열매를 네가 먹었느냐?"

아담은 "하나님이 주셔서 나와 함께 있게 하신 여자 그가 그 나무 열매를 내게 주므로 내가 먹었나이다"라고 말했다. 아담은 자기 행동을 아내의 탓으로 돌렸다. "당신 때문에 내가…을 했잖아." 하나님은 하와에게도 같은 질문을 하셨다. 그분은 그녀가 한 행동에 대해 묻고 무슨 일이 일어나는지 지켜보셨다.

"네가 어찌하여 이렇게 하였느냐?"

"뱀이 나를 꾀므로 내가 먹었나이다." 하와는 자신의 행동과 불순종은 뱀 때문이라고 변명했다. "뱀이 없었더라면…."

본질적으로, 캐롤라인과 조는 아담과 하와처럼, 그리고 당신과 나처럼 말하고 있었다. "만약 당신이 없었더라면, 나는 좀 더 사랑스럽고 책임감 있는 사람이 되었을 텐데."

그러므로 바운더리를 명확히 하면, 한 사람의 소유가 어디에서 끝나고 다른 사람의 소유가 어디서부터 시작되는지 알게 된다. 무엇이 문제이고, 그 문제는 누구에게 속한 것인가? 당신에게 속한 것인가, 아니면 내게 속한 것인가? 일단 바운더리를 알고 나면, 씨름하고 있는 문제가 무엇이고, 누구에게 속한 것인지 알 수 있다. 예를 들어, 조는 자기 감정에 대한 소유권을 행사하지 않았고, 캐롤라인은 자기 행동에 대한 소유권을 행사하지 않았다. 이 '소유권'은 어느 관계에나 필요하며, 특히 결혼 관계에 필수적이다.

책임

바운더리는 무엇이 누구의 책임인지를 결정하는 데 도움을 준다. 누구의 소유인지를 알면, 그것이 누구의 책임인지도 알 수 있다. 조의 반응은 자신의 문제이지 캐롤라인의 문제가 아니라는 것을 이해한다면, 반응을 바꿀 책임은 조가 지게 될 것이다. 자기 반응을 캐롤라인의 탓으로 돌리는 한, 조의 반응을 바꾸는 사람은 캐롤라인이 된다. 조는 아내가 그렇게 통제하려 들지 않으면 자신이 그렇게 화를 내지 않을 거라고 생각할 것이다.

무엇이 누구의 책임인지를 알 수 있다면, 우리는 변화될 기회를 갖게 된다. 문제가 우리 것이고 우리에게 책임이 있다는 것을 깨닫게 되면, 우리는 변화라는 운전대를 잡게 된다. 우선 권한을 부여받는다. 캐롤라인은 조 때문에 생긴 것이라고 여겼던 고통의 책임이 자신에게 있다고 생각한 후에, 의지할 데 없이 무기력하게 느끼던 고통의 감정을 바꿀 수 있는 권한을 갖게 되었다. 남편에 대한 자신의 반응에 책임지기 시작하자, 그녀는 자신의 반응을 바꿀 수 있었다. 그녀는 남편이 화내는 것에 영향을 받지 않고 그에게 좀 더 직접적으로 반응하는 법을 배웠다. 또한 그녀는 무엇을 하라는 잔소리를 멈추고, 대신 어떤 것을 해달라고 부탁하면서 그에게 선택할 수 있는 권한을 주는 법을 배웠다.

책임은 행동을 수반한다. 어떤 일이 일어나려고 한다면 그것은 우리가 행동을 취하기 때문이다. 우리는 어떤 태도, 행동, 반응, 선택 등을 바꿔야 할 필요가 있다. 관계에 문제가 있다면, 비록 그것이 우리 잘못이 아니더라도 실제적인 결단을 내려야 한다.

조는 화내는 것이 자신의 문제이지 아내의 문제가 아니라는 것을 깨닫자, 그 책임을 졌다. 아내가 변화되어서가 아니라 자신이 성숙해져서 아내의 행동에 다르게 반응하여 '화를 내지 않을' 작정이었다. 그는 바운더리가 없으면 분노가 뒤따른다는 잠언의 가르침을 배웠다. "자기의 마음을 제어하지 아니하는 자는 성읍이 무너지고 성벽이 없는 것과 같으니라"(잠언 25:28). 그는 반발하는 법이 아니라 아내에게 위협과 분노를 느끼는 이유를 알아 가는 법을 배웠다. 다른 여러 새로운 것들도 그의 성장을 도왔다. 하지만 그 모든 것은 바운더리와 함께, 즉 자신이 책임져야 할 것을 명확히 함으로써 시작되었다.

각 배우자는 다음 사항에 반드시 책임을 져야 한다.

- 감정
- 태도
- 행동
- 선택
- 한계
- 욕구
- 생각
- 가치
- 재능
- 사랑

우리는 책임을 짐으로써 마음을 쏟을 수 있으며, 지금까지와는 다른 방식으로 느낄 수 있다. 우리가 고통스럽고 무기력하게 느끼는 이유는, 배우자의 태도 때문이 아니라 자신의 태도 때문이다. 우리가 행동하고 반응하는 방식이 문제이기에, 우리는 이런 방식을 바꾸어야 한다. 우리는 어떤 한계 이상으로 강요받는 것을 내버려 두고는 그에 대해 분개하거나 무기력해 한다. 그리고 욕구를 완성된 목표로 여기지 않거나, 약한 욕구는 다루지 않는다.

책임은 우리에게 좋은 삶을 살아갈 수 있는 권한을 준다. 하나님이 아담과 하와에게 책임을 주신 것은 그들에게 우리 모두가 원하는 삶, 즉 사랑, 좋은 환경, 우리의 능력과 재능을 사용할 기회로 가득 찬 삶을 살아갈 수 있는 권한을 주기 위해서다. 하나님은 아담과 하와가 선택한 삶을 살아갈 수 있는 능력과 기회를 주셨다. 그러나 그들이 생명의 길을 선택하지 않았을 때, 그 선택에 대한 책임을 져야 했다.

바운더리와 관련하여 좋은 소식은, 책임에 대한 하나님의 계획이 불변하다는 것이다. 우리는 배우자의 행동이나 문제에 휘둘리지 않는다. 부부는 상대 배우자의 문제에 희생되지 않을 수 있고, 심지어 결혼 관계 자체를 변화시킬 수 있다. 우리는 이 책의 후반부에서 비록 배우자가 결혼 생활을 변화시키는 데 관심이 없을지라도 결혼 생활을 더 좋게 변화시키는 법에 대해 살펴볼 것이다. 그러나 그 과정은 언제나 그 문제에 대한 자신의 책임을 질 때 시작된다.

자유

젠은 이렇게 말문을 열었다. "남편의 무책임 때문에 내 삶이 비참해지고 있어요." 그리고 나서 자신이 희생한 대가로 남편이 수년 동안 성인으로서 마땅히 해야 할 일을 어떻게 피해 왔는지를 이야기했다. 그녀는 남편의 행동 때문에 재정적으로나 성적으로 큰 고통을 겪었다.

젠은 깊은 절망감에 사로잡혀 있는 것 같았다. 그녀가 남편의 행동 방식에서 벗어날 방법은 아주 많았다. 자신과 부부 관계에 모두 도움이 되는 여러 가지 선택을 할 수 있었다. 그러나 내게는 뚜렷하게 보이는 그런 선택이, 그녀에게는 보이지 않았다.

나는 젠에게 물었다. "남편이 저지른 실수의 대가를 당신이 치르는 일과 남편을 다시 구하는 일을 그만두면 어떻습니까? 당신은 왜 스스로 빠져든 곤경에서 그를 계속 건져 내려고 합니까?"

그녀는 숨죽여 흐느끼고 비웃는 표현을 사용하며 말했다. "무슨 말씀을 하시는 거예요? 제가 할 수 있는 일이라곤 아무것도 없어요. 남편의 현재 모습은 말씀드린 바와 같고, 저는 그런 남편과 살 수밖에 없다고요."

희망이 없다고 생각했기 때문에 슬퍼한 것인지, 아니면 그녀에게 선택권이 있다고 말한 내게 화가 난 것인지 알 수 없었다.

젠과 이야기를 좀 더 나눈 후에야, 나는 그녀가 선택을 하지 못하는 이유를 알 수 있었다. 그녀는 자유롭게 행동해 본 적이 없었다. 대꾸하는 자유와 선택하는 자유, 그리고 자신에게 영향을 끼치는 남편의 행동 방식에 경계를 세우는 자유를 가져 본 적이 없었다. 그녀는 남편이 한 행동이나 남편이 하지 않은 행동으로 인해 자신이 희생양이 되었다고 느꼈다.

이런 젠의 태도는 조와 캐롤라인의 문제, 즉 조를 괴롭히고 캐롤라인을 그토록 심하게 반응하게 만든 문제와 똑같다. 캐롤라인은 조를 통제하려고 시도했으며, 조는 통제하려는 그녀의 시도를 종종 경험했다. 하지만 실제로 캐롤라인은 조를 통제하지 않았다. 조가 이 사실을 이해했다면 캐롤라인에게 그리 반발하지 않았을 것이다. 그는 자신을 자유롭게 행동하는 존재로 보지 못했다.

하나님은 모든 피조물을 자유로운 존재로 창조하셨다. 우리는 서로에게 노예 노릇을 하는 게 아니라 자유롭게 서로를 사랑하도록 지음받았다. 하나님은 우리가 인생, 다른 사람, 하나님, 자신을 대할 때 선택의 자유를 행사할 수 있게 하셨다. 그러나 하나님에게서 돌아섰을 때 우리는 자유를 잃어버렸다. 우리는 죄, 자기중심성, 다른 사람, 죄책감, 그리고 여러 역학 관계의 노예가 되어 버렸다.

바운더리는 우리의 자유를 다시 한번 깨닫게 도와준다. 바울은 갈라디아 교인들에게 바운더리를 세워 어떤 멍에에 대해서도 자유롭게 되라고 말한다. "그리스도께서 우리를 자유롭게 하려고 자유를 주셨으니 그러므로 굳건하게 서서 다시는 종의 멍에를 메지 말라"(갈라디아서 5:1).

젠은 남편의 행동 방식에 노예가 되었다고 느꼈고, 자신에게 있는 선택권은 보지 못했다. 조는 자신을 통제하려는 캐롤라인의 잔소리에 매여 있다고 생각했다. 그러나 하나님은 노예로 만드는 어떤 종류의 통제에도 절대로 매이지 말라고 말씀하신다.

배우자를 비롯해 다른 어떤 사람에게도 매이지 않을 자유가 있다는 것을 깨달을 때 많은 선택의 길이 열린다. 바운더리는 한 사람의 통제가 시작되고 끝나는 정확한 지점을 알려 준다. 앞에서 말한 소유권 경계선처럼 관계에서도 그렇다. 옆집 사람이 우리 집을 자주색으로 칠하라고 강요할 수 없듯이, 어느 누구도 우리에게 무언가를 하라고 강요할 수 없다. 그렇게 하는 것은 하나님이 확립하신 자유의 기본 법칙을 침해하는 것이다. 사랑이 활동하려면 각 배우자가 자신의 자유를 인식해야 한다. 바운더리는 우리가 가지고 있는 자유와 가지고 있지 않은 자유를 인식하는 데 도움이 된다.

결혼 생활은 노예 생활이 아니다. 자유에 깊이 뿌리 박은 사랑의 관계에 기초한다. 각 배우자는 상대방에게서 자유롭다. 따라서 상대방을 사랑할 자유도 가지고 있다. 통제가 있고 그 통제를 인식하는 곳에는 사랑이 없다. 사랑은 오직 자유가 있는 곳에 존재한다.

바운더리의 삼각형

태초부터 세 가지 실체가 있었다.

1. 자유
2. 책임
3. 사랑

하나님은 우리를 자유로운 존재로 창조하셨다. 그분은 우리에게 그 자유에 상응하는 책임을 주셨다. 그리고 책임 있는 자유 행위자로서 하나님을 사랑하고 서로를 사랑하라고 말씀하신다. 성경은 곳곳에서 이것을 강조한다. 우리가 이 세 가지를 행할 때—즉 자유롭게 살고, 우리의 자유에 따르는 책임을 지며, 하나님을 사랑하고 서로를 사랑하면—결혼 생활은 물론이고 인생에서 에덴 동산을 경험할 수 있다.

부부 사이에 이 세 가지 요소가 함께 작용하면 굉장한 일이 일어난다. 사랑이 자람에 따라 배우자들은 자기중심성, 죄로 가득한 행동 방식, 과거의 상처, 자신에게 지운 한계, 구속 등에서 점점 자유로워진다. 배우자들이 이런 것들에서 점점 자유로워지면, 자기 통제력과 책임감을 더욱 갖게 된다. 나아가 그들이 더 책임 있게 행동하면, 사랑은 더욱 커진다. 이런 순환은 계속 반복된다. 사랑이 자람에 따라 자유가 자라고, 자유는 더 큰 책임과 사랑을 불러온다.

결혼한 지 50년이 지난 한 부부가 시간이 흐를수록 결혼 생활이 더 좋아진다고 말할 수 있는 이유가 바로 이것이다. 그들은 사랑받은 결과로 진정한 자기 모습을 지킬 수 있는 자유를 더욱 갖게 되고, 그 사랑의 관계는 더욱 깊어진다.

한 여성이 이런 방식에 대해 말했다. "나는 탐과 결혼하기 전에는, 그가 있는 그대로의 내 모습을 알게 되는 것이 두렵고 불안했어요. 하지만 남편이 나를 사랑한 방식은 내게 큰 축복이 되었어요. 신혼 초에 내가 두려워하거나 무책임할 때, 남편은 인내하며 곧바로 대응하지 않았어요. 남편은 나를 사랑했고, 내게도 사랑을 더 요구했어요. 그는 내가 과거 모습으로 도망치도록 내버려 두지 않았지만, 동시에 내가 어땠는지에 대해서는 결코 야단치지 않았어요. 나는 사랑을 가로막는 나 자신의 장벽을 뚫고 나갈 책임을 지기 시작했어요. 내 결점을 남편에게 덮어씌울 수는 없었지요. 남편이 나를 사랑할수록 나는 변화되고, 과거의 방식에서 벗어날 수 있었어요."

그녀의 남편과 이야기를 나누었을 때, 그도 기본적으로 같은 내용을 말했기 때문에 나는 더욱 기분이 좋았다. 두 사람 모두 상대방의 성장과 관계의 성장에 촉매 역할을 하고 있었다.

이 이야기에서 우리는 바운더리 삼각형의 세 변에 해당하는 것을 볼 수 있다. 그들은 배우자의 문제에 반응하지 않을 자유가 있었고, 각자 자신의 문제를 책임졌으며, 배우자가 사랑받을 만하지 않을 때도 사랑했다. 그녀는 자신의 불안함을 피하지 않고 직면했으며 변화되었다.

배우자에게서 자유로워지자 배우자를 자유롭게 사랑할 수 있었다. 그리고 사랑은 계속 형태를 바꾸어 성장해 갔다.

자유가 없는 곳에는 노예 노릇이 있고, 노예 노릇이 있는 곳에는 반란이 있다는 것을 기억하라. 또한 책임이 없는 곳에는 굴종이 있다. 우리가 소유권을 취하지 않고 우리의 어리석은 생각으로만 일한다면, 일정 수준의 관계에 머무르고, 더 깊이 나아갈 수 없다.

사랑은 자유와 책임이 활동하는 곳에서만 존재할 수 있다. 사랑은 더 많은 자유를 창조하고, 자유는 더 큰 책임을 가져오며, 책임은 더 큰 사랑의 능력을 가져온다.

보호

사랑을 자라게 하는 바운더리의 마지막 요소는 보호다. 잠시 집을 떠올려 보라. 아마도 자신의 재산 주위에 어떤 보호막을 두었을 것이다. 예를 들어, 어떤 사람은 침입자로부터 재산을 보호하기 위해 담을 두르고 문에 자물쇠를 채운다. 도둑은 할 수만 있다면 들어와서 중요한 물건들을 훔칠 것이다. 예수님은 이렇게 말씀하신다. "거룩한 것을 개에게 주지 말며 너희 진주를 돼지 앞에 던지지 말라 그들이 그것을 발로 밟고 돌이켜 너희를 찢어 상하게 할까 염려하라"(마태복음 7:6). 우리는 이처럼 조심해야 하고, 악으로부터 자신을 보호해야 한다.

또 어떤 사람은 담을 두르지는 않지만 문을 잠근다. 하지만 그렇게 할지라도 '나쁜 사람들'이 들어오지 못하게 해야 할 때는 보이지 않는 경계선을 세운다. 그러나 우리가 잠근 대문이나 문은 벽이 아니다. '좋은 사람들'을 우리 집이나 소유지 안으로 초대하려면, 그 문을 열 수 있어야 한다. 즉 경계선은 들어갈 수도 있어야 한다. 바운더리는 나쁜 사람은 들어오지 못하게 막고, 좋은 사람은 들일 수 있어야 한다.

마음도 집과 마찬가지다. 악한 것이 닥쳐오면 높이 세우고, 때로는 낮출 수도 있는 보호용 바운더리가 필요하다.

레지나는 진절머리가 났다. 19년 동안 리와 결혼 생활을 하면서 애정에 충실하려고 애썼지만, 결국 정서적으로는 거의 죽을 지경에 이르렀다. 오래전부터 리는 알코올 의존증과 분노의 문제를 가지고 있었다. 때로는 이 두 가지 문제가 한꺼번에 닥쳐서 그녀를 참을 수 없게 했다. 게다가 남편이 던지는 비꼬는 말들은 그녀의 감정을 황폐하게 만들었다. 리는 이런 식으로 말했다. "당신 사이즈에 맞는 멋진 옷은 없나 봐?" 그리고 아이를 돌보는 일은 '여자의 일'이라 생각하며 도와주지 않았다.

그녀는 언제나 다툼을 피하고 사랑으로 사람들을 굴복시키는 사랑스럽고 융통성 있는 여인이었다. 비열한 사람에게 더 친절하려고 하고, 그들을 더 사랑하려고 애썼다. 이런 그녀의 사랑은 남편 리에게 도움이 되기는커녕, 오히려 점점 더 그녀를 사랑하지 않게 만들었다. 음주를 비롯해 좋지 않은 그의 행동은 점점 심해졌고, 그녀는 더 이상 견딜 수 없었다.

그녀는 고통을 당하면서도 침묵하는 것은 좋지 않다는 것을 알게 되었다. 같은 교회에 다니는 몇몇 교인들은, 리가 하는 나쁜 행동이 레지나에게 어떤 영향을 끼치는지 남편에게 말하라고 그녀를 격려했다. 그녀는 자기 주장을 펼치는 몇 가지 훈련을 한 다음에 리에게 맞서기 시작했다.

하지만 안타깝게도 리는 전혀 들으려고 하지 않았다. 때로는 그녀의 저항을 무시했고, 때로는 사과만 할 뿐 나아지지 않았다. 어떤 때는 화를 내거나 자신을 방어했다. 그러나 어느 때도 아내가 하는 말을 마음을 열고 받아들이거나, 자신이 어떻게 아내에게 상처를 주는지에 대해서는 주목하지 않았고 변화되지도 않았다.

결국 레지나는 남편에게 문제를 인정하고 그 책임을 지든지, 아니면 집에서 나가라고 말했다. 그녀는 남편이 술을 마시고 화를 내며 자신과 아이들에게 피해를 주는 일을 더 이상 방관하지 않으려 했다. 그녀는 '좋은 것을 보호'하고 악한 것이 파괴하지 못하도록 보호 조치를 취했다.

처음에 리는 아내의 말을 한 귀로 흘려들었지만 그녀의 의지는 확고했다. 결국 리는 집을 나갔다. 그가 나가지 않았다면 아마 레지나가 집을 나갔거나 법정으로 갔을 것이다. 자기 행동에 결과가 따른다는 것을 처음으로 겪은 리는, 자신의 문제를 심각하게 생각하기 시작했다. 그래서 약간의 도움을 받고 자신의 생활을 바꾸었다. 1년 반이 지난 후, 리와 레지나는 화해했고 그들의 결혼 생활은 정상을 되찾았다.

그들은 제자리로 돌아왔고, 결혼 생활도 원만해져서 레지나는 행복했다. 이것은 그녀가 고통스럽지만 보호 조치를 취한 결과였다. 그녀는 파멸의 고리에서 자신과 아이들을 구하기 위해, 그리고 궁극적으로는 자신의 결혼 생활을 구하기 위해 몇 가지 경계와 바운더리를 세웠다.

자기 통제

바운더리에 대해 많은 오해가 있다. 어떤 사람들은 바운더리를 이기적인 것이라고 생각하고 거부한다. 다른 사람들은 실제로 바운더리를 이기적으로 사용한다. 둘 다 옳은 태도는 아니다. 바운더리는 기본적으로 자기 통제에 관한 것이다.

한 내담자가 이렇게 말했다. "나는 남편에게 몇 가지 바운더리를 세웠어요. 남편에게 더이상 내게 그런 식으로 말하지 말라고 말했습니다. 하지만 전혀 먹혀들지 않았어요. 이제 어떻게 해야 할까요?"

"당신이 세운 것은 바운더리가 아닙니다."

"무슨 말씀이세요?"

"그것은 남편을 통제하려는 당신의 얄팍한 시도일 뿐입니다. 그것은 결코 상대방에게 작용하지 않아요." 나는 바운더리는 다른 사람이 아니라 자기 자신에게 세우는 것이라고 설명했다.

그녀는 "내게 그런 식으로 말하지 마세요"라고 말해서는 안 된다. 이런 요구는 강요할 수 없다. 하지만 남편이 다시 그런 식으로 말하면, 어떤 일을 하겠다거나 혹은 하지 않겠다고 말할 수는 있다. 그녀는 '자신에게' 바운더리를 세울 수 있었다. "내게 그런 식으로 말하면, 나는 이 방에서 나갈 거예요." 이런 위협은 자신이 행동을 취하는 것이기 때문에 완전히 실행에 옮길 수 있다. 그녀는 자신이 통제할 수 있는 유일한 사람, 즉 자신과 관련된 바운더리를 세워야 했다.

마당에 빙 둘러 담을 세울 때, 이웃에게 어떻게 행동하라고 지시하기 위해 세우는 것이 아니다. 자기 재산을 지속적으로 통제하기 위해 담을 세우는 것이다. 당신의 바운더리도 마찬가지다. 어떤 사람이 바운더리를 침범하더라도 자신에게 바운더리가 있으면, 자신을 통제할 수 있기에 더 이상 상대방에게 통제를 받거나 상처를 받지 않을 수 있다. 이것이 바로 자기 통제다.

그리고 자기 통제는 결국 이기심이 아니라 사랑에 기여한다. 우리는 자신을 통제하여 더 잘 사랑하고, 더 의도적으로 사랑하고, 더 계획적으로 사랑하여 우리가 바라는 배우자와의 친밀감을 얻을 수 있다.

바운더리의 예

물질 세계의 바운더리는 소유를 정하고 보호한다. 지역 사회 안에 집을 짓고, 집 둘레를 담으로 둘러싼다. 대부분의 집에는 문과 잠금 장치가 있다. 옛날에는 악어가 있는 작은 연못을 집 둘레에 설치했다고 한다.

비물질 세계, 즉 마음과의 관계에서 바운더리는 다르다. 당신의 마음을 연못으로 둘러싸면 우스워 보일 뿐 아니라 악어를 유지하는 데도 많은 비용이 든다. 그래서 하나님은 우리에게 대인 관계 영역을 위해 특별한 바운더리를 마련해 주셨다. 그 바운더리들을 살펴보자.

말

가장 기본적인 바운더리는 언어다. 당신의 말은 당신을 정의하는 데 도움이 된다. 다른 사람에게 당신이 누구인지, 당신이 무엇을 믿는지, 당신이 무엇을 원하는지, 당신이 무엇을 안 하는지를 말로 알려 준다. 바운더리로 사용되는 말 가운데 몇 가지 예는 다음과 같다.

- 아니요, 나는 그것을 하고 싶지 않아요.
- 아니요, 나는 그것에 참여하지 않을래요.
- 네, 나는 그것을 하고 싶어요.
- 그렇게 할게요.
- 나는 그것을 좋아해요.

- 나는 그것을 싫어해요.

당신의 말이나 침묵은 다른 사람에게 당신을 정의해 준다. 앞에서 언급한 스테파니를 기억하는가? 남편과의 관계를 멀리했던 스테파니는 자신이 무엇을 원하는지, 스티브가 하는 행동에서 무엇이 좋고 싫은지를 말하지 않음으로써 자기 소유권을 서서히 상실했다. 그녀의 침묵은 짓밟힌 채 무너진 담과 같았다.

진리

또 하나의 중요한 바운더리는 진리다. 하나님의 진리와 원칙은 우리에게 바운더리를 제공하고, 우리는 이 진리 안에서 살 때 안전하다. 여기에 우리가 어떻게 관련되어 있는지에 대한 구조를 정의하는 데 도움이 되는 몇 가지 진리를 제시한다.

- 거짓말하지 말라
- 간음하지 말라
- 탐하지 말라
- 다른 사람들에게 주라
- 서로 사랑하라
- 긍휼을 베풀라
- 용서하라

하나님의 영원한 진리에 따라 우리의 관계를 형성한다면, 우리가 맺는 관계들은 성공하고 번성한다. 이 바운더리들을 침범하면 우리는 진리가 주는 보상을 잃게 된다.

게다가 우리 자신에 대해, 그리고 관계 속에서 일어나는 것에 대해 정직하고 진실하면 바운더리가 명확해진다. 서로에게 진실하지 않으면 우리가 누구이며, 어떤 처지에 있는지에 대해 거짓된 인상을 주게 된다. 예를 들어, 레지나가 자신에게 상처를 주는 리의 행동에 순응할 때, 그녀는 자기 안에서 무슨 일이 일어나고 있는지에 대해 그에게 정직하지 않았다. 그녀는 행복하고 사랑하는 것처럼 행동했다. 그러나 실제로 그녀의 마음은 비참했으며 아주 많은 상처를 받았다.

바울은 이렇게 말한다. "그런즉 거짓을 버리고 각각 그 이웃과 더불어 참된 것을 말하라 이는 우리가 서로 지체가 됨이라"(에베소서 4:25). 우리가 서로에게 진실하지 않으면 실제 관계는 가려진다. 그러면 하나의 실제 관계 대신 두 개의 관계, 즉 겉으로 드러난 거짓된 관계와 안에 숨겨진 실제 관계를 갖게 된다. 친밀감도 잃고 결국 사랑도 잃게 된다. 사랑과 진실은 반드시 함께 존재한다.

결과

레지나는 '충분히' 겪고 난 후에야, 마침내 결과라는 바운더리를 세웠다. 그녀는 리가 술을 마시면 더 이상 함께 살지 않겠다고 말했다. 결과적으로, 바운더리는 그녀가 견딜 수 있는 한계를 명확히 했다. 그녀는 말이 통하지 않는 곳에서 행동을 취했다. 그를 차 버렸다.

하나님은 허용할 수 있는 것과 허용할 수 없는 것을 알려 주기 위해 우리에게 뿌린 대로 거둔다는 파종과 수확의 법칙(2장 참조)을 주셨다. 우리가 말로만 하면, 때때로 어떤 사람들은 '우리의 의도를 받아들이려' 하지 않는다. 실제로 부인하는 사람들은 진실한 말을 들으려 하지 않는다. 그들은 오직 고통과 손해에만 반응한다. 결과는 우리의 바운더리가 어디인지를 보여 준다.

어떤 배우자에게는 별거 같은 심각한 결과가 필요하다. 또 어떤 배우자에게는 바운더리를 명확히 하기 위해 별거보다는 덜 심각하지만 다음과 같은 결과가 필요하다.

- 신용 카드 폐기
- 자주 약속 시간을 지키지 않는 배우자가 약속한 시간까지 집에 오지 않을 경우에는 모임에 혼자 가기
- 배우자가 계속해서 늦으면 기다리지 않고 먼저 식사하기
- 독설적인 대화에는 상대하지 않기
- 과소비나 제때 일을 마치지 않는 등 계속되는 무책임 때문에 곤란을 겪을 때 구해 주지 않기

감정적 거리

때로는 상처를 주는 관계에 있는 동반자 중 한 사람이 변화될 의향이 없다. 동반자는 상처를 주는 일을 계속한다. 때로는 신의를 저버리거나 불륜을 저지른다. 이런 경우, 그가 자신의 태도나 행실을 뉘우치더라도, 배우자가 그를 믿기 위해서는 충분한 시간이 필요하다.

이런 상황에서는, 믿을 만한 사람으로 증명되기 전에 그를 신뢰하는 것은 현명하지 않다. 오히려 상태를 유지하며 문제를 해결하려는 것이 신중한 처사다. 이런 경우, 배우자는 더 이상 피해를 입지 않도록 잠언의 충고를 따라야 한다. "모든 지킬 만한 것 중에 더욱 네 마음을 지키라 생명의 근원이 이에서 남이니라"(잠언 4:23). 마음을 지키는 것에

는 다음과 같은 말이 포함된다.

- 당신을 사랑하지만 신뢰하지는 않아요. 우리가 이 문제를 해결할 때까지는 당신을 신뢰할 수 없을 거예요.
- 당신이 친절해진다면, 우리는 다시 친밀해질 수 있을 거예요.
- 당신이 문제 해결하기 위해 도움받는 것에 진지하게 임한다면, 그때 나는 충분히 안전하다고 느끼고 당신에게 다시 마음을 열 거예요.
- 당신이 나를 벌하려고 한다면, 나는 당신과 깊은 감정을 나눌 수 없을 거예요.

이런 경우, 부부는 가까이하는 것이 안전하다고 생각될 때까지 지혜롭게 처신해야 한다. 그러면 상처를 더 받거나 관계가 더 악화되는 것을 막을 수 있다.

그러나 이렇게 처신할 때는 오직 순수한 마음으로 해야 한다. 순수하지 않은 마음으로 이런 자세를 취하면, 분노나 복수의 감정을 실행으로 옮기는 데 바운더리를 사용하게 된다. 온전히 순수한 사람은 없기에 바운더리를 세울 때는 자신의 동기를 살펴야 한다. 그 바운더리가 자신의 불순한 동기를 위한 것인지, 아니면 사랑을 위한 것인지 확인해야 한다. 예를 들어, 상대방을 벌하기 위해 사랑하는 마음을 접거나 그 사람을 멀리하는 것은 갈등을 해결하기 위해서가 아니라 복수를 위해서 바운더리를 세우고 있다는 증거다.

물리적 거리

모든 시도가 실패로 돌아가면, 고통이 멈출 때까지 서로 떨어져 지내야 한다. 떨어져 지내면 고통을 피할 시간과 생각할 시간, 그리고 치료하고 새로운 것을 배울 시간을 얻을 수 있다. 심각한 경우, 떨어져 지냄으로 실제 위험을 피할 수 있다. 물리적으로 떨어져 있는 것은 최소한의 조치이지만 무엇보다도 중요한 조치다.

- 언쟁이나 흥분된 상황에서 물러나기
- 상황을 잘 판단하기 위해 일정 기간 시로 떨어저 지내기
- 중독을 치료하기 위해 자리 옮기기
- 신체적 학대 및 물질적 학대에서 벗어나기
- 아이들을 보호하기 위해 피난처로 옮기기

이런 바운더리들은 결혼 생활과 배우자를 더 큰 상해로부터 보호한다. "슬기로운 자는 재앙을 보면 숨어 피하여도 어리석은 자들은 나가다가 해를 받느니라"(잠언 27:12). 물리적으로 떨어져 있는 것은 때때로 결혼 생활과 배우자를 보호할 뿐만 아니라 치료의 여지를 준다. 이렇듯 물리적으로 떨어져 있는 것은 최후의 수단이지만, 때로는 결혼 생활을 지키고 구하는 수단이 된다.

다른 사람들

샌디는 제리에게 혼자서는 대항할 수 없었다. 그녀는 제리에게 바운더리를 세우려 할 때마다 심한 갈등으로 인해 실패했다. 그녀는 필요한 '가시'(spine)를 아직 갖지 못했다. 제리는 언제나 그녀를 압도했다.

나는 샌디에게 어떤 문제에 대해 제리에게 말하려면, 내가 함께 있을 때 말하라고 제안했다. 처음에 그녀는 그것을 비겁한 도피로 여기

고 그렇게 하지 않았다. 하지만 실패를 몇 번 거듭한 뒤에는 자신의 무능함을 인정했다.

그녀는 어려운 문제는 상담 시간에만 이야기했다. 제리를 감당할 수 없을 때는, 내가 그들의 이야기를 듣고 개입하기를 요구하는 등 점차 내게 의존했다. 그러면서 그들의 결혼 생활은 조금씩 바운더리를 세우며 새로운 길을 찾아갔다. 제리도 반응하기 시작했다.

그 후 샌디는 자신의 바운더리를 세우기 위해 자신을 지원해 주는 모임에 가입했다. 다른 사람들은 그녀가 결혼 초기에 갖지 못했던 '가시'에 해당했다. 차츰 그녀는 그들의 돌봄과 지원, 지도를 받았다. 하나님은 도움이 필요한 사람들에게 언제나 도움을 베푸신다. 도움을 받을 수 있는 몇 가지 방법은 다음과 같다.

- 갈등을 해결하도록 도와주는 주위 사람들을 활용하라.
- 자신을 보호하고 지원해 주는 주위 사람들을 활용하라.
- 치료받고 강해지도록 지원해 주는 단체를 활용하라.
- 바운더리를 가르쳐 주는 사람들을 활용하라.
- 어려운 문제를 해결하기 위해 안전한 장소를 제공해 주는 상담사, 친구, 목사 등을 활용하라.
- 극단적인 상황에서는 쉼터(shelter)를 활용하라.

다른 사람들은 당신에게 상처를 주지 않고 도와줄 수 있다. 하지만 당신이 갈등을 해결하기 위해 노력하지 않고 다른 사람들 뒤로 숨어 버리면, 그들은 아무 도움도 되지 않을 것이다.

시간

관계에서 생긴 문제들을 해소하는 또 다른 바운더리는 시간이다. 어떤 사람들에게는 갈등을 끝내거나 갈등이 애초부터 일어나지 않게 하기 위해 시간이 필요하다.

- 대화할 시간을 충분히 가지라.
- 어떤 특별한 문제에 대해서는 격한 상태에서 논의하기보다는 시간을 두었다가 논의하라.
- 목표마다 시기를 정하라. "이번 여름에는 서로 의사소통하는 문제를 다루기로 하고, 가을에는 성적인 부분을 다루기로 해요."

물질 세계에 여러 종류의 바운더리가 있듯이, 대인 관계의 세계에도 여러 종류의 바운더리가 있다. 집에 문을 설치하는 것보다 담을 설치하는 편이 적절할 때가 있는 것처럼, 물리적으로 떨어져 있기보다는 직면해서 진실을 알리는 것이 중요할 때가 있다.

스테파니

우리가 이 장을 시작하면서 말한 스테파니와 스티브 부부가 다른 부부들보다 더 심각한 문제를 겪고 있는 것은 아니었다. 하지만 스테파니는 일방적인 관계가 나쁜 결말로 끝날 때 생기는 감정적 거리를 느끼며 괴로워했다. 몇 가지 면에서 스테파니의 이야기는 결혼 생활에 좋은 바운더리가 필요하다는 사실을 잘 보여 준다. 명백한 문제가 있는 것은 아니지만 그녀는 불행했다. 더러는 이런 불행이 가장 나쁘다.

하지만 스테파니의 경우에는 결과가 좋았다. 그리고 그녀의 이야기는 우리가 이 장에서 살펴본 모든 원칙을 통합하고 있다.

스테파니는 먼저 자신과 스티브가 맞닿아 있는 경계선을 알게 되었다. 그 경계선을 이해했을 때, 그녀는 결혼 생활에서 자신이 차지하는 자리가 거의 없다는 사실을 알게 되었다. 남편에게 순응하고 그가 원하는 대로만 했기 때문에 그녀 자신은 거의 존재하지 않았다. 그녀다운 것이 무엇인지도 기억나지 않았다. 대학에 복학하고 자신에게 의미 있는 몇 가지 일을 하고 싶었지만, 남편이 현상 유지를 강요했기 때문에 그런 소원들은 잊혀진 지 오래였다. 이런 사항을 거듭 남편에게 말했지만 결국 자신을 잃어버리고 말았다.

스테파니는 무엇이 자기 것이고 무엇이 남편의 것인지 생각해 보았을 때, 자기를 잃어버렸기 때문에 남편을 비난할 수 없다는 것을 깨달았다. 남편이 원하는 대로 따른 것도 자신이었고, 갈등이 두려워서 남편이 원하는 것에 순응한 것도 자신이었다. 자신이 수동적인 자세를 취했기 때문에 그 책임을 져야 했다.

이런 생각에 이르자 스테파니는 성숙한 결정을 내렸다. 자신의 고통에 대해 책임을 지고, 문제를 관계 안에서 해결하려고 애썼다. 유순한 사람들이 자기를 잃어버리고 그 사실을 알게 되었을 때 일반적으로 하는 행동과 달리, 그녀는 '자기를 찾기 위해서'라는 이유로 관계를 떠나지 않았다. 수동적인 배우자가 '자기만의 삶'을 갖기로 결심할 때, 결혼 생활은 파산을 거듭한다. 그리고 결국은 떠나 버린다. 스스로 이런 행동이 '바운더리를 세우는 것'이라고 말할지 모르지만, 현실에서 나아진 것은 아무것도 없다.

바운더리는 오직 관계라는 맥락에서 세워지고 확립된다. 바운더리의 첫 번째 단계인 관계에서 멀어지는 것은 결코 바운더리를 세우는 것이 아니다. 그것은 다른 사람과 함께 바운더리를 개발하는 것을 막는 것이다. 바운더리가 실재하는 유일한 장소는 관계다.

스테파니는 도망치지 않았다. 그녀는 자신의 감정과 태도, 욕구와 선택의 소유권을 가지고, 그것을 남편에게 제시했다. 처음에는 많은 충돌이 생겼다. 그러나 결국 스티브도 성숙해졌다. 그는 인생이 자신만을 위한 것이 아니라는 것을 깨달았다. 자신이 계속해서 이전 방식대로 산다면 스테파니와 누리는 친밀감 등 자신에게 아주 중요한 것을 잃게 된다는 것을 알았다. 스테파니가 자기 인생을 책임졌을 때, 남편도 자기 인생을 책임졌고, 그들의 결혼 생활은 나아졌다.

그들은 동등하게 각자 자기 몫의 책임을 졌다. 스테파니는 자신이 스티브에게서 자유롭다는 것과, 늘 자신을 노예처럼 느끼던 감정이 내면에서 사라지고 있음을 깨달았다. 그녀는 자기 감정과 의견을 더 많이 표현했고, 스티브의 욕구를 즉시 채워 주는 일을 하지 않았다. 스티브가 자기 말을 경청하지 않을 때는 그 사실을 알렸다. 한편으로, 스티브는 아내의 자유를 사랑하고 그것을 기쁘게 받아들이는 법을 배웠다. 그녀의 독립성에 위협을 느끼기보다는 그것에 마음이 끌리기 시작했다. 부부가 이렇게 변화되자 그들의 사랑은 커졌고 개인적으로도 성장했다.

그러나 이 모든 것은 스테파니가 몇 가지 진지한 바운더리, 즉 자신을 정의하기, 소유권을 갖고 자신에 대해 책임지기, 자신의 자유를 깨닫기, 어떤 것을 선택하기, 관계에서 멀어지지 않고 변화를 시도하기, 따르는 대신 사랑하는 법 배우기 등 바운더리를 세우면서 시작되었다.

스테파니와 스티브의 관계는 점점 친밀해졌다. 그들은 서로 사랑할 자유를 지닌 독립된 존재가 되는 법을 배웠다. 이 부부가 잃어버렸다가 되찾은 요소는 깊은 친밀감이었는데, 성경에서는 이것을 누군가를 '아는 것'이라고 말한다. 그러나 명확한 바운더리가 없으면 그들은 서로를 잘 알 수 없고, 서로를 잘 알지 못하면 진실로 사랑할 수 없다.

그들이 각각 더 정의되었을 때, 그들은 사랑하고 사랑받을 수 있는 두 사람이 되었다. 그들은 상대방을 알고 즐거워하기 시작했다. 성숙하기 시작한 것이다.

이것이 바로 우리가 당신과 당신의 배우자에게 바라는 것이다. 이 책은 모든 부부들이 자신을 좀 더 명확하게 정의하고, 좀 더 자유롭고 책임감을 가지며, 좀 더 사랑하고 사랑받을 수 있게 도와줄 것이다. 이것이 바로 결혼을 창조하신 하나님의 높은 부름이다.

2.

결혼 생활의 바운더리 10가지 법칙

 우리가 바운더리 세미나를 할 때 가장 자주 받는 질문이 있다. "남편이 친밀하지 않은데 어떻게 해야 하나요?" "아내가 과소비를 할 때, 뭐라고 말해야 합니까?" 많은 부부들이 이런 문제 때문에 힘들어 한다.
 그러나 그들의 특수한 상황을 알지 못한 채 이런 질문에 대답하는 것은 아주 어려운 일이다. 친밀하지 않은 남편이 아내와 거리를 두는 이유는 신뢰에 문제가 있어서일지도 모른다. 또는 자기 생각에만 빠져 있어서 그럴 수도 있다. 반면, 남편은 정상인데 아내가 비현실적인 기대를 가지고 있기 때문일 수도 있다. 과소비를 하는 아내는 자아 형성에 문제가 있거나, 재정적 어려움을 감추려는 것일지도 모른다. 또는 남편이 지배적인 사람이기 때문일 수도 있다. 결혼 생활의 바운더리는 언제나 상황에 대한 이해를 요구한다. 그들의 결혼 생활을 이해하지 못한 채 "당신 남편이나 아내에게 이러저러하게 말하세요"라고 이야기하는 것은 유익하게 들릴 수 있지만, 쓸데없는 충고가 될 수도 있다.

이 책에서 실질적인 제안을 할지라도, 결국 원칙을 배우는 것이 기술을 배우는 것보다 더 유익하다. 이 장에서 우리는 실질적인 전략이 아니라 결혼 생활을 조직하는 원칙으로서 바운더리의 법칙에 대해 이야기하고자 한다. 이 법칙은 문제 해결을 위한 바운더리보다 높은 차원으로 당신을 이끌어 갈 것이다. 또한 바운더리가 어떻게 작용하는지를 이해하는 것뿐만 아니라, 문제를 해결하는 데도 도움이 될 것이다.

바운더리의 법칙은 바람직한 결혼 생활에 관한 것이 아니라, 있는 그대로의 결혼 생활에 관한 것이다. 중력이나 전자기 같은 과학 법칙처럼 바운더리의 법칙도 우리가 의식하든 그렇지 않든 언제나 작용하고 있다. 땅에서 멀어지기를 바라며 높이 뛰면서 "나는 중력의 존재를 인정하지 않아! 그것을 믿지 않아!"라고 말할 수 있지만, 여전히 땅에서 그렇게 많이 멀어질 수 없다. 중력의 법칙이 우리를 지배하기 때문이다.

바운더리의 법칙은 인생에서 책임이 어떻게 작용하는지에 대한 기준을 제공한다. 바운더리의 법칙을 읽고 나면, '우리가 결혼 생활을 하면서 다투는 이유가 바로 이것 때문이었구나!' 또는 '우리 관계가 잘 이루어지는 이유가 이거였어!'라고 생각하게 될 것이다. 어느 쪽이든, 이 10가지 법칙에 익숙해지면 유익할 것이다.

법칙 1: 파종과 수확의 법칙

에이미와 랜달은 결혼 생활을 하는 8년 동안 서로 사랑했다. 그러나 랜달은 화가 나거나 기분이 나쁘면, 에이미와 아이들을 피해 다른 곳으로

가 버리거나 그들에게 몹시 화를 냈다. 종종 회사 일이 잘 돌아가지 않을 때면 저녁 식사를 하는 내내 한마디도 하지 않았다. 어느 날 그가 한마디도 하지 않고 있는데, 아이들이 저녁 식사를 하면서 시끄럽게 이야기를 했다. 느닷없이 랜달은 "에이미, 아이들 좀 조용히 시킬 수 없어? 집에서 단 1분도 편안히 있을 수 없단 말야!"라고 말하며, 난폭하게 일어나 서재로 가 버렸다. 그는 서재에서 컴퓨터를 켜고는 아이들이 잠자리에 들 때까지 나오지 않았다.

에이미는 몹시 마음이 상하고 당황했지만 남편의 기분을 맞춰 주려고 했다. 남편의 기분을 나아지게 하려고 적극적으로 격려하며 유순하게 대했다. 에이미는 남편이 힘들게 일하고 있으며, 애정 어린 돌봄이 필요하다고 생각했다. 그래서 며칠 동안 온 가족이 아빠의 기분을 맞추는 데 집중했다. 모두가 그의 곁에서는 달걀 위를 걷듯이 걸었다. 그가 다시 폭발하는 것이 두려워서 아무도 불평하거나 어떤 문제에 대해 부정적인 의사를 표시할 수 없었다. 그리고 에이미는 끊임없이 그를 끌어내어 행복하게 해주려고 애썼다. 그녀의 감정 에너지는 랜달의 기분을 좀 더 좋게 하는 데 모두 소진되었다.

에이미는 남편의 기분이라는 문제를 해결하기 위해 최선을 다했다. 그러나 남편의 기분은 점점 더 나빠질 뿐이었다. 랜달의 기분은 더 우울해지고 더 심각해졌으며, 더 오랜 시간 지속되었다. 게다가 그는 자기 기분을 의식하지 못하는 것 같았다. 종종 "당신은 지레 지나치게 반응하고 있어"라고 말했다. 때로는 자기 기분이 이런 것은 그녀 때문이라고 비난하기도 했다. "당신이 조금만 더 신경을 써 주었다면, 이런 일이 일어나지 않았을 거야"라고 말했다. 에이미는 비참한 기분이 들었다. 무엇이 잘못된 걸까?

뿌린 사람이 거두게 하라

에이미와 랜달의 갈등은 바운더리의 첫 번째 법칙인 파종과 수확의 법칙의 중요성을 보여 준다. 간단히 말하면, 이 원칙은 우리의 행동에는 결과가 뒤따른다는 것을 의미한다. 우리가 다정하고 책임감 있게 행동할 때, 사람들은 우리에게 친밀히 다가온다. 우리가 무정하고 무책임하게 행동할 때, 사람들은 감정의 문을 닫거나, 피하거나, 점차 관계를 정리함으로써 우리에게서 멀어진다.

랜달은 결혼 생활에서 분노와 이기심, 그리고 애정 철회라는 씨앗을 뿌리고 있었다. 이것들은 에이미의 감정을 상하게 하고 가족을 분열시켰다. 그러나 그는 자신이 뿌린 것에 대해 어떤 대가도 지불하지 않았다. 언짢으면 언짢은 대로 자기 기분을 드러냈고, 그런 뒤 아무 일도 없었던 것처럼 자기 일을 했다.

그러나 에이미에게는 문제가 남아 있었다. 그녀는 남편의 기분을 전적으로 감당하고 있었다. 기분이 언짢은 남편을 행복한 사람으로 바꾸기 위해 자신이 하던 일을 멈추었다. 랜달은 '놀고' 있었고, 에이미는 '대가를 치르고' 있었다. 그리고 랜달은 자기 방식을 바꾸지 않았다. 에이미가 그의 문제와 씨름하고 있었기 때문에, 랜달은 스스로를 바꾸려는 자극을 전혀 받지 않았다.

랜달은 어떤 결과를 겪어야 했을까? 에이미는 그에게 이렇게 말할 수 있었을 것이다. "여보, 당신이 스트레스에 시달린다는 걸 알아요. 나는 어떤 식으로든 당신을 돕고 싶어요. 하지만 당신이 화를 내며 갑자기 나가 버리면 나와 아이들은 크게 상처를 받아요. 그런 행동은 솔직히 받아들이기 힘들어요. 나는 당신이 기분이 언짢을 때도 우리에게 좀 더 다정하면 좋겠어요. 다음에 또 그렇게 소리를 지르면, 우리 마음이 한동안 당신을 떠날 것 같아요. 우리는 집에서 나가 영화를 보러 가거나 친구들을 만날 거예요." 그녀가 이렇게 말했다면 랜달은 자기 행동의 결과, 즉 아내와 아이들에게 떨어져서 외로움을 겪는 대가를 치렀을 것이다. 누군가가 사람들을 잘못 대하면, 그 사람 주위에는 아무도 있으려고 하지 않는다. 외로움이라는 고통 때문에 랜달은 자기 감정을 다스리기 위한 조치를 취했을 것이다.

뿌린 대로 거두는 가운데 성장한다

하나님은 결혼이 사랑의 장소일 뿐 아니라 성장의 장소가 되도록 계획하셨다. 성장에 이르는 길 가운데 하나는, 행동이 결과를 불러온다는 사실을 배우는 것이다. 결혼은 긴밀하고 장기적인 관계이기 때문에, 배우자는 각자의 행동을 통해 서로에게 깊은 영향을 끼친다. "당신은 언제나 당신을 사랑하는 사람에게 상처를 준다"는 옛말이 있다. 이런 이유 때문에 파종과 수확의 법칙을 이해하고 적용하는 것은, 배우자의 문제를 떠맡은 사람은 물론이고 책임을 회피하는 배우자에게도 아주 중요하다. 복수의 마음으로 또는 배우자가 고통받기를 바라는 마음으로 행동하지 않는다면, 배우자가 이기심이나 무책임의 결과를 겪게 하는 것은 사랑의 행위다.

바운더리는 파종과 수확의 법칙을 지키는 열쇠다. 배우자에게 바운더리를 세우고 유지하는 것은 "나는 당신을 사랑하지만, 당신의 문제를 대신 떠안지는 않을 거예요"라고 말하는 것과 같다. 배우자를 구하는 행위를—배우자가 토라졌을 때 기분 좋게 하려고 애쓰기, 배우자의 신용카드 금액을 대신 지불하느라 희생하기, 어젯밤에 나간 배우자에게 전화하느라 고생하기 등을—거부하면, 배우자 스스로 그 문제와 씨름하게 된다.

관계와 기능 안에서도 뿌린 대로 거둔다

파종과 수확의 법칙은 결혼 생활에서 중요한 두 영역인 관계와 기능 안에서 작용한다. 결혼 생활의 관계적인 면은 부부가 서로 얼마나 깊게 결합되어 있는지, 서로 얼마나 긍정적으로 느끼는지 혹은 부정적으로 느끼는지 등 두 사람이 서로에게 지닌 감정적 유대감과 관련되어 있다. 결혼 생활의 기능적인 면은 청구서 지불하기, 시간 관리, 식사 준비, 집안 정리정돈, 자녀 양육 등 관계의 여러 측면에 있어서 '행동'과 관련되어 있다.

결혼 생활의 관계적인 면에서, 파종과 수확의 법칙은 배우자가 상대방의 마음에 어떤 영향과 충격을 주는 문제와 관련 있다. 에이미와 랜달은 관계적인 면에서 파종과 수확의 문제가 있었다. 랜달은 상처를 주고 까다롭게 굴었다. 그러나 그 행동의 결과는 에이미가 감당했다. 관계적인 면에서 파종과 수확의 법칙의 잘못된 또 다른 예로는, 남편의 시간과 주의를 온통 자신에게 써야 한다고 주장하는 욕심 많은 아내가 있을 것이다. 그녀는 이기심이라는 씨앗과 남편을 구속하는 씨앗을 뿌리고, 남편은 아내에 대한 원망과 죄, 자유의 상실이라는 열매를 거둔다.

결혼 생활의 기능적인 면에서, 파종과 수확의 법칙은 임무가 더 구체적이기 때문에 좀 더 쉽게 확인할 수 있다. 예를 들어, 한 남편이 과소비라는 씨앗을 뿌리면, 아내는 직업을 가져야 하거나 가계 예산을 맞추기 위해 음식이나 기타 생필품을 줄이는 결과를 거둔다. 또 아내가 집안일을 돌보지 않는 씨앗을 뿌리면, 남편은 집에서 불편해 하며 퇴근 후에도 귀가하지 못하고 밖에서 방황하는 결과를 거둔다.

관계적인 면에서든 기능적인 면에서든 문제는 같다. 문제를 가진 사람이 문제의 결과를 감수하지 않는 것이다. 그리고 상대방이 일으킨 문제의 결과를 감수하는 배우자가 이것에 대해 무언가를 말하거나 행하기로 결심할 때까지 결혼 생활은 변화되지 않는다. 이 결심의 실천 방안은 배우자의 행동이 어떤 식으로 마음을 아프게 하는지를 말하고, 그 행동에 경계를 세우는 것이다. 이렇게 하면 씨앗을 뿌린 사람이 결과를 거두게 되며, 바운더리 침범의 문제가 해결된다.

법칙 2: 책임의 법칙

결혼 생활의 바운더리를 세우려면 책임에 대한 올바른 생각이 필요하다. 우리는 결혼과 동시에 배우자를 깊이 사랑하고 누구보다 먼저 상대방을 돌봐야 할 책임을 갖는다. 자신이 배우자에게 어떤 영향을 주는지 신경 쓰며, 그의 안위와 감정에 관심을 기울인다. 어떤 배우자가 상대방에게 책임을 전혀 느끼지 않는다면, 그는 사실상 독신으로 살려는 것이다. 다른 한편으로, 책임의 경계선을 넘어서는 안 된다. 배우자의 삶을 위해 책임을 떠맡으려는 것을 피해야 한다.

    책임의 법칙은 다음과 같다. 우리는 서로 배우자에게 책임이 있지만, 배우자를 위해 책임이 있는 것은 아니다. 성경은 책임의 법칙에 대해 이렇게 가르친다. "너희가 짐을 서로 지라 그리하여 그리스도의 법을 성취하라… 각각 자기의 짐을 질 것이라"(갈라디아서 6:2, 5). 2절에 나오는 짐(burden)은 재정적 위기, 정서적 위기, 건강의 위기처럼 몹시 힘든 부담을 가리킨다. 배우자는 상대방이 엄청난 짐을 지고 있을 때 적극적으로 돕는다.

    그러나 5절에 나오는 짐(load)은 한 사람의 일상 생활에 대한 책임을 가리킨다. 이것은 자기 감정, 태도, 가치관, 일상사를 처리하는 것 등을 포함한다. 배우자는 서로의 짐(load)을 도와줄 수는 있지만, 궁극적으로는 각자 자신의 일상에 대한 책임을 져야 한다.

책임의 법칙을 지키지 않을 때 두 가지 극단적인 현상이 발생한다. 한편으로는, 남편이 아내를 사랑하는 책임을 소홀히 하는 것이다. 그는 이기적이고 배려하지 않으며 상처를 주는 사람인데, 자기 행동이 아내에게 어떤 영향을 끼치는지 생각하지 않는다. "그러므로 무엇이든지 남에게 대접을 받고자 하는 대로 너희도 남을 대접하라"(마태복음 7:12)는 예수님의 법칙을 따르지 않는다. 배우자에 대한 책임을 준수하지 않을 때 이런 현상이 나타난다.

다른 한편으로는, 아내가 맡아야 하는 책임을 남편이 지는 것이다. 예를 들어, 아내가 행복하지 않을 때 남편은 그것에 대해 책임을 느낄 수 있다. 아마도 자신이 돈을 충분히 벌지 못했고, 아내의 활동에 충분히 관심을 보이지 않았으며, 집안일을 충분히 돕지 못했다고 느낄지 모른다. 그래서 그는 불행해 하는 아내를 행복하게 해주려고 애쓰고 또 애쓴다. 하지만 이것은 불가능한 계획이다. 남편은 불행해 하는 아내에게 마음을 써야 하고, 상처를 주는 자기 행동에 책임을 져야 하지만, 아내의 감정까지 책임지려고 하면 안 된다. 그 감정은 아내의 것이며, 아내 자신이 다스려야 한다.

마지막으로, 책임의 법칙은 배우자가 상대방의 미성숙하고 그릇된 행동을 용인하지 않는 것이다. 부부는 상대 배우자의 파괴적인 행동이나 태도에 경계를 세워야 할 의무를 가지고 있다. 예를 들어, 남편이 도박을 한다면 아내는 남편이 자기 문제에 책임을 지도록 남편의 신용 카드를 없애고, 은행 계좌를 분리하며, 전문가의 치료를 받게 하는 등 적절한 경계를 세워야 한다.

법칙 3: 힘의 법칙

다른 어떤 것보다 더 많은 질문이 쏟아지는 법칙은 아마도 힘의 법칙일 것이다. 부부들은 자신들이 결혼 생활에서 무언가를 변화시킬 수 있는 힘을 가졌는지 알고 싶어 한다. 대개 그들은 자기 행동이 아니라 배우자의 행동을 바꾸는 데 관심을 쏟는다. 인간은 본성적으로 자기가 더 편해지기 위해 다른 사람들을 바꾸고 변화시키려고 한다.

우리가 바운더리 세미나에서 흔히 받는 질문은 이것이다. "어떻게 하면 제 배우자가…을 하게 할 수 있을까요?" 이런 질문을 통해 우리는 부부에게 힘의 문제가 있음을 알게 된다. 부부는 종종 배우자에게 영향력을 강하게 행사하기 위해 애써 바운더리를 사용하지만 잘 되지 않는다. 배우자는 각자 자신의 선택권을 가지고 있다. 누군가가 당신을 바꿔 놓으려 한다면 어떤 느낌이 들지 생각해 보라. 분노, 배신감, 거부감 등이 느껴질 것이다. 이런 느낌들은 결코 변화를 바라는 사람의 태도가 아니다.

힘의 법칙은 힘을 가지고 있는 것과, 가지고 있지 않은 것을 명확히 해준다. 우선 힘을 가지고 있지 않은 것에 대해 이야기해 보자. 우리에게는 다른 사람들의 태도와 행동을 지배할 수 있는 권한이 없다. 우리는 배우자를 성숙하게 할 수 없다. 골치 아픈 습관이나 인격의 결함을 감추게 할 수도 없다. 배우자가 식사 시간에 맞춰 오게 할 수도 없으며, 소리 지르지 못하게 할 수도 없고, 억지로 대화하게 할 수도 없다. 성령의 열매는 자기 동세이지, 다른 사람을 통제하는 것이 아니다(갈라디아서 5:23). 하나님은 우리에게 힘을 발휘하실 수 있지만 그렇게 하지 않으신다(베드로후서 3:9).

배우자를 우리가 바라는 사람이 되게 할 수 있는 힘이 우리에게는 없다. 자신이 되고 싶은 사람이 될 수 있는 힘도 없다. 나쁜 성질이나 식습관 등을 바꾸는 데도 우리는 무력하다. 우리는 싫어하는 것을 행한다(로마서 7:15). 결혼 생활에서 이런 무력함을 깨닫는 것은 유익하다. 무력함을 깨달으면 배우자의 고통을 더 잘 이해할 수 있고, 결혼 생활에서 적절한 바운더리를 세우는 것이 얼마나 오랜 시간이 걸리는지도 알 수 있다.

그러므로 오랫동안 상대방의 행동에 책임져 왔다면, 하루 아침에 성숙한 바운더리를 가질 수 있을 것이라고 기대하지 말라.

배우자를 변화시킬 힘을 가지지 못했다면, 무슨 힘을 가졌다는 말인가? 결혼 생활에서 상처를 주는 자신의 방식을 고백하고, 극복하며, 후회하는 힘이다. 당신은 상처를 주는 방식을 확인할 수 있고, 그것들을 극복하기 위해 하나님께 도움을 구하며 기꺼이 변화될 수 있다. 배우자가 당신을 괴롭히지만, 당신 역시 틀림없이 배우자를 괴롭히고 있을 것이다. 배우자가 당신의 바운더리에 귀 기울이기를 원한다면, 먼저 당신이 배우자의 바운더리를 침범하고 있는 것은 아닌지 물어 보라. 당신이 마음에 상처를 받거나 기분이 엉망일 때는 애써 모든 것을 잘 통제하려 하거나 침묵하며 물러날 것이다. 배우자의 성장을 가장 강하게 자극하는 것은, 진심으로 변하고자 하는 상대 배우자다.

결혼 생활에서 겪는 문제를 어설프게 다룰지라도 당신은 그것을 통해 성장하는 힘을 얻게 된다. 결혼 생활에서 겪는 문제 가운데 어느 한 사람에게만 모든 책임이 있고, 다른 배우자에게는 전혀 책임이 없는 경우는 거의 없다. 각자 그 문제에 대한 책임이 있다.

어떤 남편은 자신이 가족 가운데 엄격한 사람이고, 아내는 너무 느슨한 사람이라고 느낄 수 있다. 아이들이 딸려 있어서 늘 분주한 남자처럼 자신이 늘 바쁘게 일하는 것에 분개할 수도 있다. 그러나 그 문제는 아내가 할 일에 그가 개입함으로써 생긴 것인지도 모른다. 또는 그의 잔소리가 아내를 괴롭혔을 수도 있고, 아내가 그의 무력감을 알지 못했을 수도 있다.

능동적이든 수동적이든 당신에게는 그 문제에 기여하는 방식을 확인할 수 있는 힘이 있다. 그리고 시간이 흐르면서 스스로 변화될 힘도 있다. 예수님은 이런 과정을 먼저 자기 눈의 들보를 빼내는 것이라고 말씀하신다(마태복음 7:1-5).

우리는 누군가를 변화시킬 힘이 없지만, 그들에게 영향을 끼칠 수는 있다. 영향이란 누군가에게 어떤 결과를 일으키는 힘을 의미한다. 당신의 행동은 배우자에게 영향을 끼칠 수 있다. 예를 들어, 하루가 엉망이고 기분도 형편없을 때, 당신의 기분을 배우자에게 이해시킬 힘이 없다. 그러나 당신의 감정에 공감해 주기를 원한다는 것을 배우자에게 알릴 수는 있다. 당신이 배우자에게 먼저 공감해 줌으로써 모범을 보일 수 있고, 이런 문제들을 다루는 부부를 위한 지원 그룹에 참여할 수도 있다. 또한 배우자의 부주의함에 경계를 세울 수도 있다. 영향은 그 자체로 힘이 있다.

법칙 4: 존중의 법칙

어떤 사람들은 존중의 법칙이 열 명의 '악당'보다 강하다고 말한다. 그 이유는 이 법칙이 바운더리 세우는 것을 가르치는 것이 아니라 다른 사람들의 바운더리에 복종하는 법을 말하기 때문이다. 존중의 법칙은 우리의 바운더리를 다른 사람들이 존중해 주기를 바란다면, 우리도 그들의 바운더리를 존중해야 한다는 것이다. 우리가 다른 사람들의 경계를 소중히 여기지 않는다면, 그들이 우리의 경계를 소중히 여길 것을 기대할 수 없다.

우리는 마침내 "아니요"라고 말할 수 있고, 경계를 세우며, 선택할 자유를 갈망하게 되었다. 그러나 우리가 "아니요"라는 말을 듣는 것에 아직 마음이 내키지 않는다면, 우리 역시 똑같은 잘못을 저지르고 있는 것이다. 이것은 아이들이 느끼는 방식과 같다. 그들은 자유를 요구하지만 자신들의 기대를 무산시키는 다른 사람들의 자유는 바라지 않는다. 성숙한 성인은 자신이 자유로운 만큼 다른 사람들도 자유롭기를 바란다.

존중의 법칙은 사랑을 촉진시킨다. 배우자를 사랑한다는 것은 배우자에게도 선택의 자유가 있기를 바라고, 그것을 보호하는 것을 의미한다. 그리고 사물을 자기 방식으로 보려는 욕심을 죽이고, 배우자도 나름대로 마음과 가치와 감정을 가지고 있음을 인정하는 것이다. 친구에게 "싫어!"라고 말했는데, 그가 "네가 원하는 줄 알았어"라고 말한다면 어떤 느낌이 들겠는가? 아마도 죄책감이 들어 어디론가 숨고 싶을 것이다. 또는 당신의 바운더리를 고수했지만 화가 났을 것이다. 어느 쪽이든 그 친구와의 친밀감이 손상되었다. 이같이 "싫어"라는 말을 들을 자세가 되어 있지 않으면, 배우자도 똑같이 느낄 것이다.

결혼 생활에서 존중의 법칙을 지키기란 쉽지 않다. 결혼을 하면 두 사람의 인생은 서로 경계가 흐릿해진다. 기대와 감정이 불투명해지는 것이 문제다. 어떤 사람은 결혼 생활에서 사랑이란 배우자가 늘 자기 방식으로 사물을 보는 것이라고 생각한다. 그런 사람은 배우자가 "아니, 나는 산책하지 않는 게 좋겠어요. 지금 졸려요"라고 말하면, 자신이 사랑받지 않는다고 느낄 것이다. 때로는 이런 일이 두 사람의 시각이 대체로 일치하는 '신혼 여행 기간'에도 생긴다. 신혼 여행이 끝나면 실제로 두 사람의 의도와 욕구와 시각 등이 나타난다. 바로 이때 존중의 법칙을 적용해야 한다.

얼마 전 미용실에 머리를 하러 갔는데, 미용사가 내게 최근에 무엇을 하고 있는지 물었다. 나는 현재 쓰고 있는 책에 대해 이야기했다. 그녀는 'No 시리즈'에 큰 관심을 보였고, 『No라고 말할 줄 아는 자녀 양육』(Boundaries with Kids)에 대해 듣고는 몹시 흥분하여 말했다. "아이들을 키우는 데 도움을 되는 그 책을 당장 사야겠어요!"

그러나 내가 『No라고 말할 줄 아는 남편과 아내』에 대해 말하자, 그녀는 걱정스러운 미소를 지으며 말했다. "음, 저는 결혼 생활에서 모든 것을 유리하게 끌어가고 있어요. 남편이 그 책을 읽지 않으면 좋겠어요!" 그녀는 우리 모두가 어느 정도 느끼는, "나는 자유를 원하지만, 나의 자유를 축소할 수 있는 다른 사람의 자유는 원하지 않아"라는 내용을 소극적으로나마 인정하고 있었다.

우리 부부와 허물없이 지내는 닉과 콜린 부부가 어느 날 저녁 식사를 하면서 똑같은 문제를 언급했다. "때때로 콜린은 아무런 이유 없이 나를 멀리해." 닉이 말했다.

"아무 이유 없이 그러는 게 아니에요. 내가 '안 돼요'라고 말하면, 당신은 나를 통제하려고 해요. 그래서 내가 당신을 멀리하는 거예요." 콜린이 대답했다.

닉은 말했다. "나는 당신이 안 된다고 말하더라도 당신을 통제하지 않아!"

콜린은 더 이상의 대화를 피하면서 대꾸했다. "우리는 의견 차이가 있는 것 같네요."

대화는 다른 주제로 옮겨 갔다. 그날 저녁 늦게, 닉은 내게 2주 후에 야구 경기에 함께 가자고 했다. 나는 스케줄을 확인하고는 "미안하지만, 갈 수가 없어"라고 말했다.

닉은 짐짓 화가 난 듯 두 팔을 들어올리며 말했다. "제발 같이 가자. 스케줄을 조금만 조절하면 되지 않아? 친구 사이에 그 정도는 할 수 있잖아."

콜린이 그 광경을 보고 있다가 소리쳤다. "저런 식이에요! 저런 식! 내가 안 된다고 말할 때, 저 사람이 나를 통제하는 방식이 바로 저렇다구요."

닉은 놀란 것 같았다. 그리고 이렇게 말했다. "내가 뭘 어쨌길래?"

내가 한마디 거들었다. "닉, 콜린이 옳아. 나는 지금 안 된다고 말할 수 없을 만큼 압력을 받았거든."

닉은 좋은 일을 하고 싶어 하는 자신의 욕망이 존중이라는 경계선을 어떻게 가볍게 넘어서는지를 분명히 깨달았다.

당신의 결혼 생활에 존중의 법칙을 적용하라. 거실로 뛰어들어가 배우자에게 변화되어야 할 사항들을 적은 목록을 들이밀지 말라. 당신의 바운더리를 존중받기 원한다고 배우자에게 말하고, 또한 배우자의 바운더리가 존중받고 있다고 느끼는지 물어보라. "아니요"라는 말이 듣고 싶지 않을지라도, 배우자가 자유롭게 "아니요"라고 말할 수 있기를 바라며, 그것을 중요하게 여긴다고 말하라. 배우자에게 다음 질문

가운데 몇 가지를 물어보라.

- 내가 어떤 식으로 당신의 바운더리를 침범하고 있나요?
- "아니요"라고 말할 수 있는 당신의 권리를 내가 존중한다고 느끼나요?
- 당신이 경계를 세울 때, 내가 당신을 공격하거나, 움츠러들게 하거나, 죄책감을 주려고 한다고 생각해요?
- 다음번에 내가 당신의 자유를 존중하지 않으면 알려 줄래요?

이런 겸손한 질문들은 당신의 편의보다 배우자에게 더 관심을 기울이고 있다는 것을 보여 준다. 이런 질문들은 자기 희생에서 나오며, 사랑과 영혼의 너그러움을 드러낸다. 그리고 당신의 결혼 생활을 강하게 결속시킨다.

당신의 배우자가 신뢰할 만한 사람이라면, 이런 질문들을 하기가 한결 쉬울 것이다. 당신의 배우자가 신뢰할 만한 사람이 아니라면, 존중하는 당신의 마음을 이용할 수도 있는 사람에게 자신을 밀어넣고 있다는 느낌이 들 것이다. 그러나 배우자가 신뢰할 만한 사람이 아닐지라도, 그의 요구나 바운더리가 이치에 맞으면 존중해야 한다. 단, 이 말은 당신이 해를 입어도 좋다는 의미가 아니다.

배우자의 바운더리를 존중하되, 그에 대해 신뢰할 수 없는 면에 있어서는 여전히 경계를 세워야 한다. 늘 불같이 화를 내는 남편을 아내가 어떻게 대해야 하는지를 말함으로써 존중과 경계가 균형을 이룰 수 있다. 아내는 남편에게 화내지 말라고 지시해서는 안 된다. 좋아하지 않는 것에 항의할 수 있는 상대방의 자유를 존중해야 한다. 그러나 이렇게 말할 수는 있다. "당신이 그런 식으로 화내는 것을 나는 받아들일 수 없어요. 당신이 분노를 다른 식으로 표현할 수 없다면, 나는 당신과 떨어져 지낼 수밖에 없어요."

당신이 배우자의 바운더리를 존중하고 소중히 여기는 것은 서로 친밀해지고 사랑하게 하는 열쇠다. 자유라는 선물을 경험한 배우자는, 이 자유를 다시 당신에게 선물함으로써 사랑이 확대된다. 배우자의 바운더리를 존중할 때, 당신의 바운더리도 존중받는 길을 닦고 있는 것이다.

법칙 5: 동기 부여의 법칙

래리는 모든 스포츠를 좋아했다. 아내 젠은 래리를 사랑하지만 스포츠는 싫어했다. 래리가 하키 경기에 함께 가자고 조를 때 그 부부는 가장 큰 갈등을 겪는다. "제발, 재미있을 거야! 게다가 함께 보낼 수 있잖아." 래리는 자주 간청했다.

젠은 하키를 전혀 좋아하지 않았지만, '하나님은 내가 다정하게 대하기를 원하셔서. 그리고 나는 남편이 화내는 걸 바라지 않아'라고 생각하며, 종종 마지못해 경기장에 갔다. 그러나 이런 사실을 그녀 자신도 깨닫지 못했다. 젠은 자신이 하키 경기에 흥미 없어 한다는 것을 남편이 분명히 알 것이라고 확신하며 다음과 같이 행동했다.

- 늦게 떠나려고 집에서 꾸물대기
- 경기에 아무 흥미도 보이지 않기
- 경기 내내 안 좋은 기분으로 있기
- 남편에게서 마음을 멀리하기

- 끔찍한 시간을 보냈다고 남편에게 며칠씩 상기시키기

결국 래리는 흥미 없어 하는 아내를 하키 경기에 데려가는 데 지쳐 버렸다. 래리는 "당신은 정말로 가지 않는 게 좋겠어"라고 말하며 포기했다. 그러자 젠은 자신이 남편을 위해 희생한 것에 대해 남편이 고마워하지 않자 마음이 상했다. 그녀는 남편이 바라는 것에 "예"라고 말한 자신의 동기가 건강하지 못했고, 그래서 두 사람 다 원하는 것을 얻지 못했다는 것을 인식하지 못했다.

동기 부여의 법칙은 우리가 전적으로 "예"라고 말할 수 있기 전에, "아니요"라고 말할 수 있는 자유가 있어야 한다고 말한다. 어떤 것을 하지 않을 자유가 있다고 느끼지 못하면, 사실 아무도 사랑할 수 없다. 당신이 배우자에게 시간과 사랑을 주고 연약한 모습을 보이는 것은 두려움 때문이 아니라, 가치관에 따라 스스로 선택한 것이어야 한다. 어떤 것을 해야 한다고 느끼는 것은 누군가를 두려워하고 있다는 증거다. 다음과 같은 두려움을 지닌 배우자는 결혼 생활에서 바운더리를 세우지 못한다.

- 사랑을 잃는 것에 대한 두려움
- 배우자가 화내는 것에 대한 두려움
- 혼자 되는 것에 대한 두려움
- 나쁜 사람이 되는 것에 대한 두려움
- 죄책감에 대한 두려움
- 받은 사랑에 보답하지 않는 것(그래서 상대방의 마음을 아프게 하는 것)에 대한 두려움

- 다른 사람들에게 인정받지 못하는 것에 대한 두려움
- 배우자의 고통을 간과함으로써 배우자의 마음을 아프게 하는 것에 대한 두려움

두려움은 언제나 사랑에 역행한다. '해야 한다'는 것은 '선택'을 파괴한다. 반대로, 사랑은 두려움을 내쫓는다(요한일서 4:18). 자유롭게 사랑을 선택할 수 있을 때, 더 이상 앞에서 말한 두려움에 쫓기지 않는다. 애정에 쫓길 뿐이다. 앞에서 말한 두려움들 가운데 어떤 것과 씨름하고 있다면, 그 두려움이 당신을 지배하거나 당신의 바운더리를 빼앗아 가지 못하도록 그 과정을 통해 성숙해지도록 애쓰라. 가령 사랑을 잃을까 봐 두려워한다면, 무슨 일이 있어도 곁에 있어 줄 안전한 사람들을 찾아 솔직하게 행동하는 등 위험을 감수해 보라. 그들과 관계를 유지한다면 사랑을 잃을까 봐 두려워하는 마음이 줄어들 것이다.

젠은 두 가지를 두려워했다. 베푸는 마음을 지닌 사람으로 인정받지 못하는 것과, 남편 래리의 사랑을 잃는 것을 두려워했다. 그녀의 두려움은 선택하는 자유를 무력하게 만들었다. 그녀는 마치 래리가 자신의 머리에 총을 대기라도 한 듯, 하키 경기에 '가야 한다'고 느꼈다. 결과적으로 젠은 분노를 느끼고, 화내며, 남편에게서 멀어졌다. 젠은 남편이 자신의 선택을 빼앗아 간 악당이라고 비난했다.

자신의 동기에 주의를 기울인다는 것은, 좋아하거나 하고 싶은 것에만 "예"라고 말하는 것을 의미하지 않는다. 이것은 이기적인 것이다. 우리는 자주 배우자를 위해 희생하는 고통스럽고 불편한 선택을 한다. 그러나 이런 선택을 하는 동기는 상실에 대한 두려움 때문이 아니라, 사랑과 책임에 의한 것이어야 한다.

남편이 불륜에 빠진 한 부부가 있었다. 그의 아내에게는 치명적인 경험이었다. 그녀는 결혼 생활을 그만둘 권리가 있었다. 아무도 그녀를 비난하지 않을 것이다. 그러나 그녀는 이혼하지 않았고, 남편의 배신을 인내하며 결혼 생활을 유지하는 엄청난 고통을 감수했다. 그것은 마음이 편한 것도 아니었고, 하고 싶은 것도 아니었다.

그녀가 결혼 생활을 유지한 것은, 홀로 되는 것에 대한 두려움이나 재정적인 두려움이나 다른 어떤 것에 대한 두려움 때문이 아니었다. 그녀는 떠날 자유가 있다는 것을 알았지만, 남편과 하나님을 사랑했고 옳은 일을 하고 싶었다.

당신은 배우자가 원하는 것에 "아니요"라고 말할 자유가 있는 만큼, "예"라고 말할 자유가 있다. 이런 이유 때문에 결혼 생활에서 "거기에 전적으로 '예'라고 말할 수 없으므로 '아니요'라고 말할 수밖에 없네요"라고 말하는 것은 훌륭한 성장의 행동이다. 이것은 진실로 가장 좋은 선택이 무엇인지를 밝힐 여유를 준다. 또한 분개하며 마음을 멀리하는 사람에게서 배우자를 구해 낸다.

올바른 마음을 가진 사람이라면 배우자가 자신이 바라는 것을 따른다고 하더라도, 그것이 두려움 때문이라면 기뻐하지 않을 것이다. 배우자가 두려움 때문에 당신을 따른다면, 그는 사랑과 솔직함, 자유를 경험할 수 없다. 거기에 배우자의 몸은 있을지 모르지만 영혼은 없다. 동기 부여의 법칙은 그릇된 두려움을 없애도록 도와준다.

법칙 6: 평가의 법칙

트렌트는 어찌할 바를 몰랐다. 이내 메간이 또다시 신용 카드를 한도액까지 모두 써 버렸다. 메간은 문제가 생기고 기분이 울적할 때마다, 쇼핑하며 기분을 풀었다. 그들은 재정적으로 힘들었지만, 메간은 자신의 지출을 문제로 여기지 않았다. "언젠가는 갚게 될 거야. 그건 단지 빌린 것일 뿐이야"라며 합리화했다. 그러나 트렌트는 끔찍한 재정 상태가 두려웠다. 그리고 자신이 돈을 더 많이 벌면 이 문제를 해결할 수 있을 것이라고 여기며 더 열심히 일했다.

내가 트렌트에게 신용 카드를 없애는 것을 고려해 보았냐고 물었을 때, 그는 이렇게 대꾸했다. "그럴 수는 없어요. 당신은 내 아내의 삶이 얼마나 힘든지 모릅니다. 모든 사람에게는 배출구가 필요하잖아요. 아내가 쇼핑하고 집으로 돌아왔을 때, 기쁨으로 가득 찬 그녀의 얼굴을 봤다면 그렇게 말할 수 없을 거예요."

"카드를 없애면 그녀가 어떻게 느낄까요?" 내가 물었다.

트렌트는 눈물을 글썽이며 말했다. "아내는 정말로 상처를 받을 겁니다. 그녀는 어린아이처럼 아무것도 가진 게 없어요. 작으나마 지금 가지고 있는 것마저 빼앗아 버리면 그녀는 황폐해질 거예요. 사랑하는 사람에게 그런 일을 할 수 없지요."

트렌트는 메간의 고통을 잘 짐작하고 있었다. 그는 아내의 삶이 얼마나 메마른지 알고 있었고, 그것을 마음 깊이 느끼고 있었다. 또한 그녀를 편안하게 해주고 싶었다. 그러나 그의 관대함으로 그녀의 기분은 좀 나아질지 몰라도, 그들의 재정 상태는 엉망이 되어 가고 있었다.

트렌트는 아주 중요한 요소인 고통과 손해를 혼동하고 있었다. 메간은 과소비를 하면서도 전혀 고통을 느끼지 않았다. 그러나 그녀의 충동과 트렌트의 수용적인 태도 때문에 그들의 결혼 생활은 손상되고 있었다. 그녀의 마음이 상처받지 않는 대신 엄청난 손해가 생겨났다.

트렌트가 신용 카드를 사용하는 것에 경계를 세웠을 때, 그들 사이에 현실적인 대화가 오갔다. 메간이 큰 고통을 느꼈지만 더 이상 손해는 일어나지 않았다. 트렌트는 신용 카드의 사용 한도를 낮추고는 아내에게 그 한도액까지 다 써 버린다면 한 달간 카드를 사용하지 않겠다는 것에 동의해 달라고 말했다. 메간은 트렌트에게 화를 내고 분개했지만, 그가 두려워했던 것만큼 완전히 낙담하지는 않았다.

실제로 메간은 성숙해졌다. 트렌트는 손실, 실패, 스트레스 같은 아내 인생의 부정적인 면으로부터 아내가 중독되는 것을 방치하고 있었던 것이다. 신용 카드라는 완충물이 없어지자 그녀는 이런 문제들과 직면해야 했고, 그러면서 성숙하기 시작했다. 그녀는 괴로워했지만 더 이상 손해는 없었다. 그녀는 치료되고 있었다.

누군가가 괴로워한다고 해서 반드시 나쁜 일이 일어나고 있는 것은 아니다. 마치 배우자가 성숙해 가는 것처럼 좋은 일이 일어나고 있는지도 모른다. 평가의 법칙의 핵심은 이것이다. 우리는 자신의 바운더리가 다른 사람에게 주는 고통을 염두에 두어야 한다. 우리의 바운더리는 손상을 가져오는 고통의 원인인가, 아니면 성장을 가져오는 고통의 원인인가?

배우자에게 해를 끼치려고 경계를 세우는 것은 사랑이 아니다. 이것은 복수이며, 복수는 하나님의 손에 달려 있는 것이지 우리의 것이 아니다(로마서 12:19). 또한 배우자의 마음이 상하는 것을 바라지 않아서 그에게 경계를 세우지 않는 것도 사랑이 아니다. 때때로 괴로운 심정은 성장을 위한 기회가 된다. 우리가 배우자에게 맞서고, 경고를 하며, 행동한 결과를 감당하게 하는 것이 필요할 수도 있다. 괴로움을 주는 것이 두려워서 결혼 생활에서 경계를 세우는 일에 소홀하면 안 돼다. 괴로움은 이제까지 우리와 관련된 친구들 가운데 가장 좋은 친구일지도 모른다.

법칙 7: 순향의 법칙

에릭과 주디는 결혼한 지 11년이 되었다. 그들은 자신들의 결혼 생활이 견고하다고 생각했다. 그러나 의견이 일치하지 않을 때, 에릭은 주디에게 빈정댔다. 그는 자기 생각을 관철하기 위해, 또는 자신이 화가 났음을 보여 주기 위해 농담조로 마구 빈정댔다. 한편으로, 주디는 침묵을 지키고 유순했다. 에릭이 빈정대며 마음을 아프게 할 때, 그녀는 침묵을 지키며 남편과 똑같아지지 않으려고 애썼다. 그러나 나쁜 감정은 사라지지 않고 오랜 세월 쌓여만 갔다.

 어느 날 밤, 의견 충돌이 있었고, 에릭은 평소처럼 바늘로 찌르듯 주디의 마음을 아프게 했다. 갑자기 그녀는 분노를 터뜨렸다. "그만, 그만, 그만해요! 난 당신이 빈정대는 말이 너무 지겨워요. 이젠 더 이상 못 참겠어요!" 그녀는 한동안 소리를 지르다 멈췄다. 주디의 이런 모습을 본 적이 없었기 때문에 두 사람 다 충격에 빠졌다. 주디는 자신이 나쁜 사람인 것처럼 느껴지는 끔찍한 기분이 들었다.

 주디는 고통을 주는 남편의 말과 행동에 항의해야 했지만, 자기 감정을 표현하지 못한 채로 지냈다. 이런 감정이 계속 쌓여 있다가 마침내 격렬한 반응으로 나타난 것이다. 주디의 바운더리는 반작용적인 바운더리였다. 주디가 덜 유순했다면, 오래전에 남편과 마주 앉아 이렇게 말했을 것이다. "여보, 당신에게는 못된 구석이 있어요. 그것 때문에 내가 당신에게서 멀어지는 느낌이에요. 난 당신을 사랑하지만 당신이 이런 식으로 나를 대하는 건 견디기 힘들어요. 당신이 이 문제를 해결해서 다시는 내가 이런 고통을 겪지 않았으면 좋겠어요." 이 접근법은 '반작용적'이기보다 '순향적'이다.

순향의 법칙은 당신의 가치관, 소망, 욕구에 기초하여 문제를 해결하려는 행동을 취하는 것이다. 순향적인 사람들은 분통을 터뜨리지 않고 문제를 해결한다. 그들 자신이 곧 그들의 바운더리이기 때문에, 반작용적인 사람들처럼 바운더리를 자주 제기할 필요가 없다.

순향의 법칙에는 세 가지 면이 있다. 첫째, 반작용적인 바운더리는 결혼 생활과 성장에 필요하다. 희생하고 무력한 사람들에게는 악한 것과 나쁜 것에 격렬히 항의함으로써 생기는 자유가 요구된다. 둘째, 반작용적인 바운더리는 성장하는 데 충분하지 않다. 충동적으로 소리를 지르는 싸움은 어른다운 행동이 아니다. 한 배우자가 끊임없이 항의하는 '희생자' 역할에서 벗어나지 못하면 사랑은 사라지고 많은 해로운 일들이 생긴다. 셋째, 순향적인 바운더리는 사랑, 자유, 실제적인 관계를 유지시켜 준다. 순향적인 사람들은 자신의 자유를 지키며, 결혼 생활에서 의견을 달리하기도 하고, 문제를 제기하기도 한다. 하지만 배우자를 향한 사랑을 간직하고, 갑작스런 감정에 휩싸이지 않는다. 그들은 상대방의 행동에 반작용적으로 행동하는 단계를 지난 것이다.

이 법칙은 여러 성장 단계에 있는 다양한 사람들에게 적용된다. 당신은 아직 화를 내는 첫 단계에 있을 수도 있고, 반작용적인 바운더리의 단계를 지나고 있을 수도 있다. 이 단계를 지나는 동안 당신의 항해를 도와줄 사려 깊고 안전한 사람들을 찾으라! 당신의 배우자는 이런 사람이 아닐 수도 있다.

혹은 당신은 자신이 싫어하는 것들을 문제 삼아 끊임없이 불평하면서 이의 제기에 몰두할 수도 있다. 당신은 좋아하는 것이 아니라 싫어하는 것에 얽매여 있을지도 모른다. 당신은 슬픈 현실을 받아들이고, 마음 아파하며, 자신에게 중요한 것들과 접촉해야 한다. 그렇게 함으로써 당신의 항의와 긍정적인 가치들을 통합할 수 있다. 당신의 결혼 생활에 순향적인 바운더리를 세우고, 당신의 가치관과 사랑에 기초한 사려 깊은 바운더리를 세우라.

법칙 8: 시기심의 법칙

결혼 생활에서 바운더리를 세우는 데 가장 큰 장애는 시기심이다. 시기심의 법칙은 다른 사람이 가진 것에 바운더리의 초점을 맞추면, 결코 원하는 것을 얻지 못한다는 사실을 말해 준다. 시기심은 우리가 가진 것의 가치를 감소시키고, 그것이 충분하지 않다고 여기게 한다. 나아가 다른 사람이 가진 것에 초점을 맞추고 그들이 우리에게 없는 좋은 것들을 가졌다는 사실에 분개하게 한다. 아담과 하와는 에덴 동산에서 유일하게 금지된 열매를 따 먹을 때 시기심을 느꼈다. 그들은 이 열매를 제외한 모든 것을 소유했지만 만족하지 못하고 그것을 먹었다.

시기심은 자신의 처지를 변화시킬 힘도 없으면서 만족하지 못하게 만들기 때문에 비참하다. 시기하는 사람은 자신에게 있는 선택의 여지들을 충분히 이해할 수 있을 만큼 자신을 돌아보지 않기 때문에 바운더리를 세우지 않는다. 오히려 시기의 눈으로 다른 사람들의 행복에 초점을 맞춘다.

시기심과 소원을 혼동하지 말라. 소원은 무언가 바라는 것이 있으며, 그것을 얻기 위해 행동을 취하는 동기를 부여한다. 하나님은 우리의 소원을 이루어 주기를 원하신다(시편 37:4). 소원은 자신에게 없는 것이나 다른 사람들이 얼마나 많은 행운을 가졌는지에 초점을 맞추지 않는다. 소원은 우리에게 있는 것, 그리고 우리가 관계를 맺고 있는 사람들의 가치와 좋은 점들을 간직한다.

결혼 생활에서, 많은 바운더리 문제들 한복판에 시기심이 놓여 있을 수 있다. 예를 들어, 내 친구 베브는 남편 짐에 대해 이렇게 이야기했다. "그는 언제나 단호하고 주도권을 장악하는 반면, 나는 가정에서 별로 힘이 없어. 그렇기 때문에 그에게 '싫어'라고 말하기가 더 힘들어."

"왜지?" 내가 물었다.

"그는 직장에서 사람들을 다스리는 것처럼 종종 나를 지배하고 압도해. 나는 그렇게 취급당하는 것이 싫어. 게다가 남편처럼 되고 싶지도 않아. 그래서 나는 남편처럼 단호한 사람이 될 수 없어."

베브는 짐에게 바운더리를 세울 수 없을 거라고 단정했다. 자신은 무력하고, 짐은 지배적인 사람으로 보았다. 그녀가 바운더리를 세우는 것은 자신이 분개했던 남편의 공격성을 일부 소유하는 것을 의미했다. 짐에게 반칙이라고 외치면서도 그녀 자신의 바운더리를 개발하지 않았기 때문에, 그녀의 외침은 위협이 되지 못했다. 자신이 문제의 일부이며, 문제 해결에 있어서 상당한 부분을 차지한다는 것을 인식해야 결혼 생활에서 바운더리를 세울 수 있다. 시기심을 극복하고, 자신의 문제를 끌어안고, 행동을 취하라.

법칙 9: 행동의 법칙

행동의 법칙에 따르면, 우리의 문제를 해결하기 위해서는 수동적이기보다 주도적이어야 한다. '능동적인' 배우자와 '수동적인' 배우자는 어떻게 나뉘는가? 어떤 배우자는 좀 더 주도적이고, 목표를 정하며, 문제에 직면한다. 다른 배우자는 상대방이 먼저 행동하기를 기다렸다가 반응한다.

모든 조건이 같다면, 바운더리를 세우는 것에는 능동적인 배우자가 우세하다. 주도권을 잡으면 실수로부터 배울 기회가 더 많아진다. 능동적인 사람들은 실수를 많이 하지만 그 실수를 통해 성장한다(히브리서 5:14). 그들은 무언가를 시도하고, 한계를 경험하며, 그것을 적용한다. 그들은 용서받을 필요가 있는 일들을 하기 때문에 하나님의 용서를 깊이 경험한다.

수동적인 사람들은 위험을 감수하는 것을 두려워하기 때문에 배우는 데 어려움이 있다. 그래서 그들은 더 고된 시간을 보내고 나서야 자신의 삶과 바운더리를 책임진다. 하나님은 수동적으로 '뒤로 물러가는' 사람들을 기뻐하지 않으신다(히브리서 10:38). 하나님은 자기 백성들이 주변에서 머뭇거리기보다 자신과 함께 삶에 뛰어들기를 원하신다.

사람들은 여러 가지 이유로 수동적이다. 어떤 사람들은 사랑을 잃는 것을 두려워한다. 다른 사람들은 자기 삶을 자신의 문제로 인식하지 않는다. 또 어떤 사람들은 실수를 두려워한다. 심지어 어떤 사람들은 단순히 게을러서 수동적이다. 그러나 그 결과는 언제나 똑같다. 그들의 문제가 점점 더 악화된다는 것이다. 악은 그것에 대해 경계를 세우지 않을 때 번성한다. 이런 이유 때문에 알코올 의존증을 치료하기 위해서는 가족과 친구들의 적극적인 개입이 필요하다.

행동하지 않으면 문제는 사라지지 않는다. 영국의 정치가이자 웅변가인 에드먼드 버크(Edmund Burke)는 이렇게 말했다. "악이 성공하는 데 필요한 것은 선한 사람들이 아무것도 하지 않는 것이다." 아무것도 하지 않는 것, 또는 수동적인 것은 바운더리 개발과 결혼 생활의 성장을 방해한다.

한 배우자는 능동적이고 다른 배우자는 수동적일 때 생기는 몇 가지 문제들은 다음과 같다.

- 능동적인 배우자는 수동적인 배우자를 통제할 수 있다.
- 능동적인 배우자는 수동적인 배우자에게 버림받았다고 느낄 수 있다.
- 수동적인 배우자는 능동적인 배우자의 주도권에 지나치게 의존할 수 있다.
- 수동적인 배우자는 능동적인 배우자의 통제에 분개할 수 있다.
- 수동적인 배우자는 능동적인 배우자에게 너무 위협을 느껴 "아니요" 라고 말할 수 없다.

두 사람의 배우자가 바운더리를 세우는 데 능동적일 때, 그리고 서로 진실을 말하고 문제를 해결하며 목표를 정할 때, 부부는 함께 성장한다. 또한 어떤 문제에 힘을 쏟지 않아도, 그 문제의 해결을 상대방에게 의존할 수 있어 안전하게 쉴 수 있다. 언제나 상대방을 향해 다가가기 때문에 그들의 사랑은 더 커지고 깊어진다. 다른 사람이 첫발을 내딛기만을 항상 기다릴 수는 없다.

배우자가 첫발을 내딛기를 기다리지 말라. 첫 번째 행동은 언제나 당신의 몫이다. 당신에게 수동적인 경향이 있다면, 자신이 주도권을 잡는 것이 얼마나 힘든지 배우자에게 알리고, 좀 더 능동적으로 행동할 수 있도록 도와달라고 부탁하라. 그러면 언제나 좋은 친구가 곁에 있게 될 것이다. 이것이 바로 하나님이 일하시는 방법이다. 하나님은 문제(우리의 죄)를 일으키지 않지만, 해결을 위해 주도권(십자가)을 잡으신다.

순향의 법칙과 행동의 법칙에는 어떤 차이점이 있는가? 순향의 법칙은 감정적인 반응보다 신중하고 사려 깊은 가치관에 기초를 두고 행동을 취하는 것이고, 행동의 법칙은 상대방이 먼저 행동하기를 기다리는 수동적인 자세가 아니라 능동적으로 주도권을 잡는 것이다.

법칙 10: 노출의 법칙

당신은 아직 결혼 생활에서 바운더리를 세우지 않았다고 생각할지 모르지만 실제로는 그렇지 않다. 경계선, 명확한 정의, 감정, 의견을 가지고 있지만, 다만 이것들을 배우자에게 표현하지 않을 수 있다. 노출되지 않은 바운더리는 작용하지 않는다. 그것은 바운더리가 없는 결혼 생활과 같은 효과를 가진다.

노출의 법칙에 따르면, 우리는 바운더리를 서로에게 전달해야 한다. 하나님은 사랑과 진리를 잘 키워 가도록 바운더리를 의도하셨다. 배우자들은 자신이 원하는 것과 원하지 않는 것을 명확히 해야 한다. 상대방이 자신의 바운더리를 표현하는 것을 이해하려고 노력해야 한다. 바운더리를 '표현'하면 두 사람의 결혼 생활은 밀접하게 결합될 수 있다. 그러나 바운더리를 표현하지 않으면 배우자들은 감정을 덜 드러내게 되며, 사랑의 다툼이 생긴다.

아내의 이기심 때문에 상처를 받았을 때, 그냥 물러서는 남편을 예로 들어보자. 남편이 "나는 직장 일 때문에 힘들어"라고 말할 때, 아내는 "아이들과 지내는 것은 쉽다고 생각해요?"라고 응수할 수 있다. 이때 남편은 자신이 무시당하고 사랑받지 못한다고 느낀다. 그리고 아내는 자신이 남편의 감정과 입장을 무시했다는 것을 의식하지 못한다.

그 후로 남편은 춤을 출 때도 아내에게 자기 감정을 드러내지 않고 숨긴다. 그는 이렇게 생각한다. '무슨 소용이 있겠어? 내 기분을 망쳐 놓고, 오직 자기 이야기만 할 텐데.' 아내는 남편과의 유대감을 상실했지만, 그 이유를 알지 못한다. 또한 진실을 마주함으로써 인격적으로 성숙할 기회를 자신도 모르게 빼앗긴다.

따라서 이런 경우, 남편이 아내에게 알리는 편이 훨씬 낫다. "여보, 내가 기분이 엉망이라고 말했을 때, 당신이 나를 비난하며 당신 문제로 초점을 돌린 것이 내게 상처가 됐어. 그 일로 나는 당신에게 거리를 두게 되었지. 나는 당신과 더 가까워지고 싶고, 그래야 한다고 생각해. 그리고 노력하려고 해. 하지만 당신이 계속해서 나를 무시하고 내 말을 들으려고 하지 않으면, 나는 당신과 어느 정도 거리를 유지하고, 나를 이해하는 친구들과 마음을 더 나누려고 할 거야."

우리가 관계라는 빛 속에서 바운더리를 표현할 때, 배우자와 완전히 결합할 수 있다. 우리는 문제를 해결할 수 있고, 관계를 위해 갈등의 위험을 무릅쓰며, 능동적으로 사랑하는 자리에 설 수 있다. 표현하는 것은 치료와 성장이 일어나는 유일한 길이다.

다음 법칙들을 결혼 생활에 적용하라. 배우자와 관계를 맺는 법을 어떻게 바꿀지 생각하라. 당신은 이 법칙들에 따라 살아가며 성공하거나, 아니면 그것들을 부정하고 대가를 치러야 한다. 이 법칙들은 관계와 관

련된 하나님의 원칙을 결혼 생활에 적용하도록 도와줄 것이다.

바운더리의 10가지 법칙	
1. 파종과 수확의 법칙	우리의 행동에는 결과가 따른다.
2. 책임의 법칙	우리는 서로에게 책임이 있지만, 서로를 위해 책임을 떠맡으려고 하면 안된다.
3. 힘의 법칙	우리에게는 어떤 사물을 지배하는 힘은 있지만, 다른 사람을 지배하는 (사람들을 변화시키는) 힘은 없다.
4. 존중의 법칙	우리는 서로를 존중해야 한다.
5. 동기 부여의 법칙	우리는 전적으로 "예"라고 말할 수 있기 전에, "아니요"라고 말할 자유가 있다.
6. 평가의 법칙	우리는 자신의 바운더리가 다른 사람에게 주는 고통을 가늠할 줄 알아야 한다.
7. 순향의 법칙	우리는 자신의 가치관, 소망, 필요 등에 기초하여 문제를 해결하기 위한 행동을 한다.
8. 시기심의 법칙	우리가 바운더리의 초점을 다른 사람이 가진 것에 맞추면, 결코 원하는 것을 얻을 수 없다.
9. 행동의 법칙	우리는 바운더리를 세우는 데 수동적이기보다는 주도적이어야 한다.
10. 노출의 법칙	우리는 자신의 바운더리를 서로에게 알려야 한다.

3.

자신의 바운더리 세우기

 만성이 되어 버린 탐의 늦은 귀가에 린은 치질 대로 지쳤다. 탐은 자기 사업을 했기 때문에 종종 늦게까지 일했다. 처음에는 사소한 문제로 보였지만, 시간이 지남에 따라 탐의 늦은 귀가는 큰 문제가 되었다. 린은 시간에 맞춰 저녁 식사를 준비하고, 아이들을 돌보기 위해 일과를 조정하며, 남편도 제때에 귀가하기를 바랐다.

 탐에게 주의를 주고, 잔소리하고, 조르는 것은 효과가 없었다. 그는 자신을 변호하며 문제를 전적으로 부인했다. "식탁에 오르는 음식값을 벌기 위해 내가 어떤 일을 해야 하는지 당신은 몰라. 그리 자주 늦지도 않았는데 당신이 너무 예민한 거 아니야?" 린은 다른 방도가 없었다.

 결국 린은 지혜로운 몇 명의 친구들과 이 문제에 대해 의논했다. 그러고는 동시에 두 가지 효과가 있을 계획을 생각해 냈다. 어느 날 밤, 침대에 누운 린은 탐에게 말했다. "여보, 저녁 식사와 관련해서 내가 보인 형편없는 태도를 사과하고 싶어요." 탐은 침대에서 떨어질 뻔했다. 그는 정말로 아내의 사과를 듣고 싶었다. 린은 계속해서 말했다. "당신이 귀가할 때마다 난 불평하는 사람이었죠. 아마도 당신은 집에 들어가도 괜찮겠다는 생각이 들지 않으면 뭔가 환심을 살 만한 일을 해야 했을 거예요. 당신이 늦는 건 이상한 일이 아니죠. 당신인들 그러고 싶었겠어요?"

탐이 대답했다. "맞아. 나는 정말로 당신이 화내는 것을 원하지 않아. 그리고 내가 당신을 피하는 것도 그 때문이야. 사실 얼마 전에는 10분쯤 늦을 예정이었는데, 당신이 화낼 걸 생각하니 차라리 30분쯤 늦는 게 낫겠다고 생각했어. 어차피 당신이 화낼 거라고 생각했기 때문이지. 그래서 필름을 사러 슈퍼에 들렀거든."

린은 고개를 끄덕였다. "난 이제 당신이 늦더라도 화를 덜 내려고 해요. 그리고 당신을 좀 더 배려하고, 좀 더 친밀한 사람이 되려고 해요. 그러려면 당신의 도움이 필요해요. 난 잔소리를 심하게 하는 여자는 되고 싶지 않아요. 앞으로는 내 자세뿐 아니라 행동도 바꿀 거예요. 나는 당신을 사랑하니까, 당신이 나와 아이들과 함께 저녁 식사를 했으면 좋겠어요. 그러나 당신이 제시간에 집에 올 수 없을 때는, 음식을 냉장고에 넣어 둘게요. 당신이 언제 들어오든 그것을 데워 먹으면 될 거예요."

탐은 마지막 대목이 마음에 들지 않았다. "린, 당신도 알듯이 나는 혼자서 저녁을 차려 먹는 걸 싫어해! 하루 열 시간을 일하고 난 후에는 차려진 식사를 대접받고 싶어."

"당신이 그렇다는 걸 나도 알죠. 나도 당신에게 잘 차린 식사를 대접하고 싶어요. 그러나 당신이 일정을 조정할 때까지, 그런 일은 없을 거예요."

그 후로 며칠 동안 탐은 전자레인지에 저녁 식사를 데워 먹었다. 결국, 그는 제시간에 집에 오기 위해 일을 마치는 시간을 정했고, 린이 중요하게 여기는 가족 시간은 이루어졌다. 린이 탐에게 변화된 이유를 물었을 때, 그는 이렇게 대답했다. "내 생각에 당신이 두 가지를 동시에 노린 것 같아. 첫째로, 당신이 아주 다정하게 대했기 때문에 나는 집에 더 오고 싶었어. 그리고 둘째로, 단지 저녁 식사를 데워 먹는 것이 싫었어."

아무튼 누구의 문제인가

린은 태도에 중대한 변화를 줌으로써 작지만 만성적인 문제를 해결했다. 그녀는 탐을 바꾸려고 애쓰지 않고, 자신 안에서 변화를 시도했다. 린은 남편의 늦은 귀가가 문제라는 시각에서, 남편의 늦은 귀가로 인한 자신의 괴로움이 문제라는 시각으로 관점을 바꿨다. 이것은 그녀가 통제할 수 있는 것에 이르는 문을 열어 주었다. 배우자를 비난하던 태도를 바꿔 문제를 자신의 것으로 끌어안을 때, 우리는 변화할 수 있는 힘을 얻어 문제를 해결할 수 있다.

린은 자신에게 두 가지 경계를 세웠다. 첫째, 탐의 늦은 귀가를 충동적으로 공격하지 않았다. 남편의 모든 위반 행동에 맞섬으로써 자신을 정당화할 수 있었지만 그녀는 자신이 화내는 문제에 경계를 세웠다. 화내는 것은 문제를 해결하지 못하기 때문이다. 둘째, 탐이 합리화하는 것을 도와주는 꼴이 되어 버린 자신의 행동에 경계를 세웠다. 그녀는 남편의 책임 회피를 자신이 도와주고 있다는 것을 깨달았다. 그래서 남편 스스로 저녁 식사를 데워 먹지 않게 해주려는 자신의 마음에 "안 돼"라고 말했다. 이 두 가지 경계는 부부에게 큰 변화를 가져왔다.

아무도 읽고 싶어 하지 않는 장

차례를 보며 이 책을 띄엄띄엄 읽는 독자가 있다면, 처음으로 펼친 곳이 3장이 아니었으면 좋겠다. 아무도 이 장을 읽고 싶어 하지 않을 것이다. 우리는 자신보다는 배우자에게 "아니요"라고 말할 방법을 찾고 싶어 한다. 그러나 이 장에 실린 생각들은 모든 부부의 결혼 생활에서 긴강한 바운더리가 개발되기를 바라는 소망에서 나온 것이다. 이 책 『No라고 말할 줄 아는 남편과 아내』는 『배우자에 대한 바운더리』(Boundaries on Your Spouse)와는 다르다. 이 책은 배우자를 변화시키고, 고치고, 무언가를 하게 만드는 것에 관한 책이 아니라, 두 사람 모두 성장할 수 있는 환경을 만들기 위해 부부 관계에 바운더리를 세우는 것에 관한 책이다.

그러므로 결혼 생활에서 세우는 첫 번째 바운더리는 자신과 관련된 것이다. 우리는 더 큰 목적을 성취하기 위해, 말하고 싶은 것과 행동하고 싶은 것을 할 수 있는 자유를 포기한다. 우리는 린처럼 누군가와 맞서는 것이 무익하다고 판명되면, 그렇게 하지 말아야 한다. 성경은 이렇게 말한다. "거만한 자를 책망하지 말라 그가 너를 미워할까 두려우니라 지혜 있는 자를 책망하라 그가 너를 사랑하리라"(잠언 9:8).

많은 배우자들이 바운더리 개념을 상대방의 방식을 '바꾸는' 데 사용한다. '결혼 생활'의 문제보다는 '배우자'의 문제를 찾아내고, 문제의 책임을 배우자에게 돌린다. 그러나 배우자를 비난하는 것은 문제를 지나치게 단순화시키기 때문에 문제 해결에 도움이 되지 않는다.

결혼 생활에 바운더리를 세우는 실제적인 방법은, 어떤 문제든 그것을 해결하기 위해 주도적이 되어야 한다는 것이다. 당신의 배우자는 다음과 같은 사람일 수도 있다.

- 탐처럼 늘 늦는다.
- 재정적으로 무책임하다.
- 관계를 멀리하고 피한다.
- 화를 낸다.
- 당신을 지배하려고 든다.

배우자가 이런 문제가 많은 사람이 아닐지라도, 당신은 문제를 해결하기 위해 주도적이 되어야 한다. 이것은 종종 불공평해 보일 것이다. 사람들은 "내가 일으키지도 않은 문제를 내가 왜 해결해야 해?"라고 말한다. 합리적인 질문이다. 그러나 이런 질문은 이 세상에 존재하지 않는 공평함을 요구하는 것일 뿐이다. 이런 질문은 사람들이 문제에 빠져 있는 동안 계속 항의하고 불평하게 만든다.

하나님은 이와 다른 방식으로 보신다. 그분은 문제를 일으킨 사람이 누구든, 그것을 해결하기 위해 조치를 취해야 한다고 말씀하신다. 형제에게 원망 들을 만한 일을 했으면, 먼저 가서 형제와 화목해야 한다(마태복음 5:23-24). 또 우리에게 죄를 지어도 그에게 가야 한다(마태복음 18:15). 잘못이 누구에게 있는지는 무의미하다. 우리는 문제를 해결하려고 해야 한다. 하나님은 이런 방식으로 행하신다. 그분은 우리의 버려진 상태와 우리가 저지른 문제를 보셨을 때, 결코 그분의 것이 아닌 문제를 해결하기 위해 자기 아들을 보내어 죽게 하셨다. 마치 옛 노래 가사처럼 말이다. "우리는 갚을 수 없는 빚을 졌지. 그분은 자신이 지지 않은 빚을 갚으셨지."

들보 제거하기

먼저 자신에게 바운더리를 세워야 하는 또 다른 이유는, 종종 우리에게 비난의 여지가 있기 때문이다. 대체로 배우자들은 말없이 함께 춤을 추지만, 그 춤은 문제를 지속시키고 결백한 배우자에게도 대가를 치르게 만든다.

예를 들어, 몰리는 당좌 예금 계좌에서 끊임없이 예금을 인출했다. 서비스 수수료가 계산서에 나왔고, 스캇은 아내의 무책임에 화가 머리끝까지 났다. 몰리는 마음이 상해서 예금을 인출하지 않았다. 며칠간 계좌는 좋은 상태였지만, 재정은 다시 바닥났다.

내가 스캇에게 왜 계좌를 정지시키거나 몰리에게 서비스 수수료를 물게 하지 않느냐고 묻자, 그는 소용없을 것이라고 대답했다. 나는 스캇과 오랜 시간 이야기하면서 그가 무책임한 사람들에게 화를 잘 내는 사람이라는 것을 알게 되었다. 그가 하는 이야기의 대부분은 정치인, 직장 동료, 아이들, 몰리가 얼마나 믿을 수 없는지에 대한 것이었다. 그리고 자신은 믿을 만한 사람이라고 자랑했다.

스캇이 무책임한 사람들에게 계속 항의할 수 있도록 결국 몰리는 무책임한 상태로 있어야 했다. 몰리가 재정적으로 문제 되는 행동을 정리한다면, 스캇은 계속 화를 낼 수가 없다. 그래서 그는 아내가 자기 행동에 대한 대가를 치름으로써 문제를 깨달을 수 있는 모든 실제적인 시도를 방해했다. 그녀를 몰아세움으로써 자신은 덜 무기력하다고 느꼈다.

스캇이 이런 사실을 깨닫게 되었을 때, 자신이 통제할 수 없는 것들에 대한 두려움 때문에 화를 낸다는 것을 알게 되었다. 그는 자신이 사람들을 바꿀 수 없다는 두려움, 슬픔, 그리고 바꾸고 싶은 사람인 몰리에 대해 이야기했다. 결국 두 사람은 몰리가 계좌에 대해 책임지기로 하는 성공적인 계획에 동의했다.

'잘못을 저지르지 않은' 배우자는 자신이 문제에 능동적으로 기여하는지 수동적으로 기여하는지 확인해야 한다. 예수님은 이것을 우리 눈의 들보라고 하셨다. "먼저 네 눈 속에서 들보를 빼어라 그 후에야 밝히 보고 형제의 눈 속에서 티를 빼리라"(마태복음 7:5). 들보는 우리가 깨닫지 못하지만 문제를 지속시키는 태도나 감정이다. 스캇이 자신의 들보인 방어적인 분노를 제거하자, 부부는 더욱 성장할 수 있었다.

우리 삶의 소유권 갖기

우리가 자신에게 바운더리를 세우는 데 가장 중요한 것은 자기 삶의 소유권을 갖는 것이다. 우리는 자신의 마음과 사랑, 시간과 재능에 책임을 져야 한다. 자기 삶의 소유권을 행사하고, 하나님의 빛 안에서 살아가며, 성경의 방식대로 자라고, 인격이 성숙해 가야 한다. "오직 사랑 안에서 참된 것을 하여 범사에 그에게까지 자랄지라 그는 머리니 곧 그리스도라"(에베소서 4:15). 이것은 다른 누군가가 아니라 바로 우리가 해야 할 일이다.

그러나 이 일이 말처럼 쉽지는 않다. 우리는 자기 영혼의 상태를 염두에 두기보다는 자신을 미치게 하고 비참하게 하는 사람을 더 염두에 둔다. 다른 사람을 비난하는 것은 진리의 빛을 자신에게서 다른 사람에게로 옮기는 일이다. 우리가 앞에서 본 것처럼, 아담과 하와는 자신의 실패를 다른 사람의 탓으로 돌렸다(창세기 3:11-13).

우리가 자신에게 바운더리를 세우는 것은 무시하고, 자신이 생각하기에 경계가 필요한 사람에게 바운더리를 세우는 것에 초점을 맞추면, 결국 자신의 영적 성장을 가로막게 된다. 영적 성장은 다른 모든 성장과 마찬가지로 우리가 투자하는 방향으로 진행된다. 다른 사람을 변화시키는 데 투자하면, 노력의 결실은 그들에게로 돌아갈 것이다. 그러나 우리는 먼저 투자해야 하는 더 중요한 일들을 무시해 버린다.

예를 들어, 당신이 배우자에게 다음과 같이 반응한 적이 있는지 생각해 보라.

- 배우자가 화낼 때 물러나기
- 배우자의 무책임함에 분개하기
- 배우자의 부주의함에 책임을 돌리기
- 배우자의 이기심에 대항해 자신도 이기적으로 되기

배우자가 자주 화를 내고, 무책임하며, 부주의하고, 이기적인 사람이라고 가정해 보자. 그의 잘못에 계속 반응하기만 한다면, 당신은 성장하지 못한다. 이런 방식은 먼저 하나님 나라와 그의 의를 구하는 것(마태복음 6:33)이 아니다. 이것은 상대방으로부터 만족을 구하는 것이다.

우리는 배우자의 문제보다는 자신의 문제를 더 염려해야 한다. 이 말이 얼마나 중요한 말인지는 누구나 알 것이다. 이 세상에서 가장 두려운 것은, 언젠가 하나님이 우리를 불러 이 세상의 삶에 대한 책임을 물으신다는 것이다. "이는 우리가 다 반드시 그리스도의 심판대 앞에 나타나게 되어 각각 선악간에 그 몸으로 행한 것을 따라 받으려 함이라"(고린도후서 5:10). 그리스도의 심판대 앞에서 우리는 배우자를 비난할 수 없으며, 그의 죄와 문제 뒤에 숨거나 그를 탓할 수는 없을 것이다. 그때 우리는 하나님과 일대일로 대화할 것이다.

결혼 생활에서 자신에게 세우는 바운더리는 부부간에 세우는 바운더리보다 더 중요하다. 부부는 결혼 생활을 성장하게 하는 책임을 각각 부분적으로 지지만, 자기 영혼의 성장을 위한 하나님에 대한 책임은 전적으로 자신에게 있기 때문이다. 다시 말해, 결혼 생활은 반만 책임지면 되지만, 내 영혼은 전적으로 내가 책임져야 한다. 자신에게 세운 바운더리는 하나님과 관련된 것이다.

'착한' 배우자 되기

결혼 생활에서 자신에게 바운더리를 세우는 것의 또 다른 측면은 '착한' 배우자라서 생기는 문제다. 많은 결혼 관계에서 상대 배우자보다 뚜렷하게 이기적이고, 무책임하며, 문제를 회피하고, 통제적인 배우자가 있다. 이런 사람의 상대 배우자는 고통당하는 성자로 인식되며, 사람들은 그토록 문제가 많은 배우자와 함께 사는 고통을 어떻게 견뎌 내는지 의아해한다. 이런 인식 때문에 종종 '착한' 배우자들은 자신에게 적절한 바운더리를 세우지 못한다.

여기에는 많은 이유가 있다. 첫째, 고통당하는 배우자는 자신의 문제보다 상대방의 문제에 더 많은 초점을 맞춘다. 결점이 분명하면 할수록 친구들은 고통당하는 사람의 문제보다는 배우자의 결점에 대해 더 많이 이야기한다.

내 친구는 아내가 떠나자 망연자실했다. 그러나 다른 사람들의 눈에만 보기 좋았던 그의 행동 때문에 아내가 떠났다는 것을 이해하는 데 수년이 걸렸다. 그의 친구들은 떠나 버린 배우자를 끊임없이 비난함으로써 그가 이 사실을 깨닫지 못하게 했다. 친구들은 이렇게 말했다. "너처럼 다정하고 좋은 사람을 떠나다니, 그녀는 너무 이기적이야!" 친구들이 그에게 말하지는 않았지만 그가 정말로 들어야 할 말은 이것이었다. "그녀는 이기적이었지만, 너도 수동적이었고 네 감정을 그녀에게 표현하지 않았어."

둘째, '착한' 배우자는 부부 관계에서 종종 자신이 무력하나고 느낀다. 더 잘 사랑하고, 더 많이 사랑하려고 노력하지만 문제는 지속된다. '착한' 배우자가 된다는 것이 대개 보살피고 긍휼히 여기는 것을 의미하기 때문에, 신뢰하고 정직하게 대하며 경계를 세우고 결과를 치르게 하는 것처럼 관계에 도움이 되는 조치를 도외시한다.

셋째, '착한' 배우자는 도덕적 우위를 쉽게 차지한다. 자신이 문제를 일으킨다는 사실이 명확하게 드러나지 않기 때문에, '내가 남편(아내)보다 더 파괴적일 리 없어'라고 생각할 것이다. 이런 생각은 위험하다. 우리는 모두 죄 아래 있으므로 모든 것을 죄의 본성에 따라 행할 수 있다(로마서 3:10-18). "그런즉 선 줄로 생각하는 자는 넘어질까 조심하라"(고린도전서 10:12)는 말씀처럼 주의해야 한다. 우리가 자신의 선함에 초점을 맞추면, 우리의 마음은 사랑과 용서에서 멀어진다.

같은 규칙으로 살기

배우자가 따라야 할 규칙이 있다면 우리도 그 규칙을 똑같이 따라야 하기 때문에 바운더리는 우리 자신에게도 필요하다. 배우자가 제시하는 바운더리를 받아들이면 결혼 생활에서 좋은 균형추를 갖게 되며, 한 사람이 올라가면 다른 사람은 내려가는 관계가 아니라 서로 유익한 관계를 유지하게 된다. 부부는 서로의 바운더리를 인정하고 존중해야 한다. 하나님 외에는 어느 누구도 자기가 원하는 것을 하면서 상대방에게 따르라고 할 수 없다. 배우자의 무질서에 대해서는 항의하면서, 통제하려는 자신의 성향을 보지 못한다면, 배우자가 변화되는 것을 기대할 수 없다. 그 사람은 자신이 하지 않는 일을 상대방에게 요구한다는 점에서 위선자가 된다. 이 위선은 상대 배우자에게 좋은 영향을 주지 못할 것이다.

내가 아는 한 부부는, 아내가 자기 말을 듣고 있지 않다고 생각되면 말문을 닫아 버리는 남편의 성격 때문에 어려움을 겪었다. 아내는 말문을 닫아 버린 남편에게 종종 화를 냈고, 그들은 오랫동안 언쟁을 하기도 했다. 또다시 남편이 말문을 닫아 버렸을 때, 마침내 아내는 남편에게 이렇게 말했다. "내가 당신의 마음을 상하게 한 것이 무엇인지 말해 줘요." 그러자 남편은 울음을 터뜨렸고, 그렇게 함으로써 고립된 상태에서 벗어났다. 그는 아내가 자신의 분노와 좌절에 경계를 세우고, 그의 상처에 관심을 보였을 때, 아내와의 관계로 되돌아갔다.

자신에게 경계를 세워 배우자를 자유롭게 하기

우리가 자신에게 경계를 세우면 배우자가 자유롭게 선택하고 성장할 수 있는 환경이 조성된다. 배우자를 변화시키고 싶은 유혹은 누구에게나 있다. 통제, 잔소리, 인정받기 위한 순종, 비난은 배우자가 성장하는 데 절대로 무익하다. 우리가 통제하면 배우자는 반발할 것이다. 그는 자신의 외로움, 사랑에 대한 욕구, 감사, 건전한 죄책감, 자기 행동의 결과 등을 경험하지 못할 것이다. 또한 자신을 변화시키려는 배우자의 시도가 어떤 느낌인지를 보여 주려고 그러한 시도와 상관없이 지내며, 심지어 앙갚음하는 데 관심을 더 갖게 될 것이다.

예를 들어, 브라이언은 피터팬 증후군을 겪었다. 그는 자라고 싶지 않았다. 놀이에 빠져서 지겨운 일과 책임 등을 멀리하려 했다. 당연히 직업적으로나 재정적으로 문제가 많았다. 아내 앤디는 브라이언의 짐을 자신이 대신 지고 있다고 느꼈다. 그래서 남편에게 죄책감을 가지라고 잔소리했다. "당신이 내게 무슨 일을 저지르고 있는지 알아요? 나는 이제껏 당신을 위했지만, 결국 당신은 나를 이런 식으로 대하고 있어요!"

이런 말은 청년 시절 브라이언이 무책임할 때, 어머니가 하던 말과 비슷했다. 어머니에게 돈 문제로 죄책감을 느끼면 그는 어머니에게서 벗어나기 위해 무슨 일이든 저질렀다. 그는 앤디에게도 똑같이 행동했다. 그녀가 항의할수록 브라이언은 더 멀리 달아났고, 청년 시절에 겪었던 것 같은 숨막히는 죄책감을 느꼈다.

마침내 앤디는 브라이언을 통제하려는 자신의 시도에 경계를 세웠다. 그녀는 남편을 비난하지 않고, 다정하게 보살피듯 대했다. 그리고 남편의 직업과 돈 문제에 확고한 경계를 세웠고, 교회의 재무 상담사에게 도움을 청했다. 브라이언은 좀 더 성숙한 모습을 증명하기까지 한동안 돈을 쓸 권리를 어느 정도 상실했다. 그는 앤디가 잔소리를 하지 않자 자유로워져서 변화되었다. 전에는 앤디나 어머니에게 그저 반발했을 뿐이었다. 이제는 자유롭게 되어 그가 몹시 원했던 그녀의 사랑을 느꼈다. 그리고 돈을 상실했을 때의 고통과, 재무 상담사와 만나 자초지종을 설명하는 고통도 겪게 되었다. 그는 성장하기 시작했다.

우리는 배우자가 성장하게 할 수 없다. 그것은 그와 하나님 사이의 일이다. 그러나 그에게 필요한 사랑과 경계를 경험하게 할 수는 있다. 자신의 미성숙이 초래한 결과를 그가 직접 감당하게 하는 것이 잔소리나 비난을 하는 것보다 훨씬 쉽게 그를 변화되게 한다. 통제하려고 하지 말고 진실해지라.

이 장의 후반부에서는 결혼 생활에서 우리에게 바운더리를 세워야 하는 두 가지 중요한 영역을 다룰 것이다. 하나는 인격의 문제이고, 다른 하나는 배우자와 어떻게 관계를 맺는가 하는 문제다.

자기 인격에 바운더리 세우기

리즈와 그렉은 내 친구다. 리즈는 다른 사람에게는 물론이고 자신의 인격에도 바운더리를 세워야 한다는 것을 보여 준다. 리즈는 그렉과의 결혼 생활이 만족스럽지 않았다. 그렉은 좋은 사람이지만 자기도취가 심해서 인격 성장에는 관심이 없었다. 리즈는 자신이 참석했던 세미나와, 그리고 그렉이 읽었으면 하는 책의 내용에 대해서 그에게 이야기했다. 그러나 그렉은 듣기만 할 뿐 실천하는 데는 전혀 관심이 없었다.

수년 간 결혼 생활을 하면서 인격 성장에 대한 그렉의 무관심은 리즈에게 큰 손실이 되었다. 리즈는 자신이 그렇듯이 하나님을 추구하고 끊임없이 성장하기를 바라는 사람과 결혼하고 싶었다. 어쨌든, 그녀는 곤경에 빠졌지만 결혼 생활에 적응했다. 그녀는 남편을 사랑하고 남편과 함께하는 삶에 투자하면서도, 인격 성장을 추구하는 다른 사람들과 친밀하게 지내고 정기적으로 만났다. 그녀는 지금까지 여러 해 동안 그들과 만나고 있다.

리즈의 행동은 내게 깊은 인상을 주었다. 그녀는 "내가 당신의 마음을 아프게 하거나 괴롭게 하지는 않나요?"라고 남편에게 물었고, 남편이 뭐라고 말하든 마음에 새겼다. 그렉이 그녀의 인격에서 어떤 면을 지적하면, 리즈는 그것을 고치고 성숙해지려고 애썼다. "내가 당신의 마음을 아프게 하거나 괴롭게 하지는 않소?"라고 한 번도 물은 적이 없는 남편에게 그녀는 먼저 겸손을 보여 주었다.

리즈는 그렉에게 '당신이 나를 위해 변화되면 나도 당신을 위해 변화되겠어요'라는 무언의 조건을 달지 않았다. 단지 그녀는 하나님이 원하시는 사람이 되고 싶었고, 남편이 그녀의 약점을 가장 잘 관찰할 수 있다고 생각했다. 그렉이 자신의 성장에 관심을 갖는 것은 그녀가 몹시 바라고 기도하는 것이지만, 그녀의 문제는 아니었다.

신앙인의 최고 소명은 하나님을 사랑하고 서로를 사랑하는 것이듯(마태복음 22:37-40), 배우자의 최고 소명도 사랑이다. 사랑은 배우자를 위해 할 수 있는 모든 것을 하는 것을 의미한다. 그리고 자신의 인격에서 문제가 되는 부분에 바운더리를 세우는 것은 결혼 생활에서 할 수 있는 가장 사랑스러운 일이다.

우리는 인격이 성장함에 따라 더 다정해지고, 감정이 풍부해지며, 더 정직해지고, 신념이 확고해진다. 같이 살기에 더 좋은 사람이 된다. 한 사람이 정신적으로 성장하면서, 배우자를 간섭하고 판단하며 자기중심적으로 되어 배우자를 멀리하는 것을 보면 안타깝다. 영적으로 성장하는 사람의 배우자는 불행해져서는 안 되며 더 행복해져야 한다.

완전함이 아니라 과정으로

우리의 인격은 스스로 성숙하지 못한다. 우리는 배우자를 변화시킬 힘이 없고, 단지 '아니요'라고 말함으로써 우리의 파괴적인 행동과 태도를 바꿀 수도 없다. "내가 행하는 것을 내가 알지 못하노니 곧 내가 원하는 것은 행하지 아니하고 도리어 미워하는 것을 행함이라"(로마서 7:15)는 말씀처럼, 우리는 자신을 변화시킬 수 없다.

하지만 우리에게는 약간의 힘과 선택권이 있다. 우리는 자신의 결점을 진실하게 이야기하겠다고 결정할 수 있다. 즉 자신의 결점을 관계라는 빛에 비추어 참회하고 해결하며 성숙해지겠다고 결정할 수 있다. 자신에게 경계를 세우는 것은 때때로 협력하는 관계에 행동을 취하는 것이 아니라 그저 성가신 감정, 행동, 태도에 조치를 취하는 것을 의미한다.

우리 삶에는 우리가 경계를 세워야 할 인격의 문제들이 있다.

하나님인 척하기

우리의 본성은 하나님을 찾으려 하지 않고, 하나님이 되려고 한다. 우리 인격에서 가장 나쁘고 치명적인 이러한 결점을 우리는 끊임없이 고백해야 한다. 우리가 아무리 하나님인 척해도, 배우자의 행복을 책임지거나 지켜 줄 수 없다.

이런 부분을 하나님의 권위에 복종시켜야 한다. 하나님께 도움을 구하려는 마음보다 하나님인 척하려는 욕망이 더 강하다는 것을 고백하라. 하나님의 생명과 그분의 백성들과 지속적으로 연결되어 있으라. 예배, 기도, 친교, 성경 읽기 등 영적 훈련을 하라. "또한 너희 지체를 불의의 무기로 죄에게 내주지 말고 오직 너희 자신을 죽은 자 가운데서 다시 살아난 자같이 하나님께 드리며 너희 지체를 의의 무기로 하나님께 드리라"(로마서 6:13). 우리가 하나님의 사랑에 거하면, 우리 삶에 하나님이 함께 계셔서 죄를 제한해 주신다. 하나님을 사랑하면, 그분의 말씀에 복종하게 된다(요한복음 14:23).

부인(否認)

우리가 자신과 관련된 진실을 인정하지 않는다면, 배우자에게 깊은 결속을 이루는 사랑을 주지 않는 것과 같다. "만일 우리가 죄가 없다고 말하면 스스로 속이고 또 진리가 우리 속에 있지 아니할 것이요"(요한일서 1:8). 우리가 자신에 관한 것을 부인한다면 사랑이 없는 것이다. 예를 들어, 강한 척하느라 자신이 불안정과 싸우고 있는 것을 부인하면, 배우자는 당신을 사랑할 수 없고 당신의 불안정한 부분에 긍휼을 가질 수 없다. 이 때문에 결혼의 결속력이 약해지고 배우자와 좀 더 친밀한 관계를 맺는 것이 어려워진다.

자신과 관련된 진실을 부인하는 성향에 경계를 세우는 법을 배우라. 부인의 반대는 고백 또는 진실에 동의하는 것이다. 대체로 배우자는 진실을 파악한다. 자신의 실패, 약점, 이기심, 해로움 등을 부인하며 합리화시키는 성향을 버리라. 자신이 어떤 사람인지 고백할 때, 배우자와 한마음이 될 수 있다. 그리고 배우자가 당신의 연약한 면들을 감싸는 것을 허락할 수 있다.

여러 해 동안 나는 많은 남편과 아내들과 대화를 나눴는데, 그들은 자신의 인격과 관련된 사항을 부인하지 않았을 때, 배우자에게 따뜻한 환대를 받고 아주 놀라워했다. 배우자는 상대 배우자가 자기 약점을 인정함으로 감수해야 하는 크나큰 위험을 이해했고, 그에 대해 동정적이며 협조적이었다. 하나님이 그분의 사랑의 빛 안에 살고, 또 그 안에서 성장하기를 바라는 소원을 배우자의 마음에 주셨다는 것을 기억하라. 하나님은 사람에게 영원을 사모하는 마음을 주셨다(전도서 3:11). 자신을 열어서 그런 마음이 삶에서 살아 숨쉬게 하라.

관계를 멀리하기

감정의 결합을 이루고 유지하는 데 실패한다면, 심각한 인격의 문제가 있는 것이다. 한 배우자 또는 두 배우자가 상대방에게 자신을 드러내기를 꺼리거나 피하는 데는 많은 이유가 있다. 어떤 사람들은 기본적으로 신뢰에 문제가 있다. 다른 사람들은 관계가 자신을 구속하고 상처를 줄까 봐 두려워한다. 또 어떤 사람들은 관계를 끊음으로써 자유를 느끼거나 경계를 세울 수 있다. 그 원인이 무엇이든 감정의 고립은 생명의 근원이신 하나님, 그리고 다른 사람들과 관계 맺는 것을 멀리하게 한다.

관계를 멀리하는 것은 때때로 결혼 생활에 마음을 두고 있지 않다는 것을 명백히 드러낸다. 남편을 향해 "저기에 있지만 없는 거나 다름없어요"라고 말하는 아내도 있다. 또 어떤 아내는 사랑하고 지원해 주지만 남편에게 그것을 받지는 못한다. 또는 어느 수준으로 관계는 유지하지만, 그 수준을 넘어서면 뒤로 물러나기도 한다.

이상적인 결혼 생활은 부부의 모든 것이 서로 결합하는 것이지만, 대부분의 부부들은 상대방을 멀리하려는 성향 때문에 힘들어 한다. 그들은 관계를 멀리할 때, 더 안전하고 보호받는다고 느낀다. 그러나 이 상태를 그대로 두면, 그들의 결합은 서서히 깨질 수밖에 없다. 결혼 생활을 지탱하려면 사랑이 필요하다.

관계를 멀리하고 싶은 유혹을 받는다면, 이런 성향에 바운더리를 세우기 위해 다음과 같은 조치를 취할 수 있다.

- 배우자의 협조를 받으라. 당신이 그를 멀리하는 것 같은 느낌을 받으면 알려 달라고 부탁하라. 그리고 당신이 멀리하는 것이 그에게 어떤 영향을 끼치는지 물어보라. 배우자를 아프게 하는가? 외롭게 하는가? 당신의 회피가 다른 사람들에게 어떤 영향을 끼치는지를 아는 것이 당신의 단절을 제한하는 방법이다.
- 당신이 관계를 멀리하는 이유를 찾으라. 당신은 거절, 통제, 심판을 두려워할 수 있다. 배우자가 당신에게 상처를 주었기 때문에 벌하는 것일 수도 있다. 그 이유를 이해하면 당신은 그 행동에 경계를 세울 수 있다.
- 관계를 회피하는 당신의 성향에 "안 돼"라고 말하고, 관계를 회복하는 것을 도와줄 수 있는 다른 사람들에게 도움을 구하라.

무책임

인류가 타락한 이후, 우리는 삶이 자신의 문제이지 다른 사람의 문제가 아니라는 현실을 받아들이지 않았다. 우리는 모두 누군가가 우리를 대신해 책임지기를 원하며, 자기 행동의 결과를 피하고 싶어 한다. 이런 태도는 아이들이나 미성숙한 어른들이 살아가는 방식이다. 그들은 자기 짐을 지는 것이 '공평하지 않다'고 말한다. 인생에서 자신의 책임을 회피하려고 발버둥치며 결국 배우자를 미치게 한다.

우리 가운데는 다른 사람들보다 책임지기를 더 싫어하는 사람들이 있다. 예를 들어, 직장이나 결혼 생활에서 어떤 기획이나 허드렛일 또는 회계 업무를 끝내지 않고 그냥 놔두어서 다른 사람이 그 일을 마무리하게 만드는 사람이 있다. 또는 다른 사람이 "아니요"라고 말할 때 언쟁하는 사람도 있다. 다른 사람들의 거절을 받아들이지 못하는 것은 자신의 실망과 슬픔을 떠안는 데 어려움이 있다는 것을 보여 준다. 그리고 다른 사람에게 자유를 허용하는 데도 갈등이 있다는 것을 보여 준다. 자신의 무책임이라는 문제에 도움이 될 수 있는 것들은 다음과 같다.

- 무책임을 지적해 줄 수 있는 안전한 사람들에게 자신을 맡기라. 예를 들어, 내게는 '특이한' 친구가 있다. 그녀는 일을 시작하면 끝내는 법이 없다. 점심 약속을 잊어버리고, 사람들을 기다리게 한다. 그녀는 친구들에게 "내 별난 행동이 너희를 괴롭히면 내게 알려 줘. 내가 변화되는 데 큰 도움이 될 거야" 하고 정기적으로 부탁한다. 그러면 친구들은 그렇게 한다.
- 당신의 문제에서 비롯된 결과와 대가를 모두 감당하라. 사람들에게 이제는 기회를 그만 달라고 말하라. 예를 들어, 당신이 늦는다면 자신을 놔두고 그냥 모임에 가라고 말하라. 결과를 치르는 일은 당신의 삶을 더 나아지게 할 것이다.
- 침묵이나 잔소리는 당신에게 아무 도움이 되지 않는다는 것을 배우자에게 알리라. 당신을 사랑해 달라고 배우자에게 말하고, 그와 동시에 당신이 스스로 경계를 세우지 않으면, 경계를 제공해 달라고 하라.

자기중심성

다른 사람의 상황보다 자신의 상황을 더 많이 생각하는 것은 지극히 자연스러운 일이다. 태양이 자기 머리 위에만 뜬다는 생각은 말할 수 없이 파괴적이면서 결혼 생활을 파경에 이르게 하는 문제다. 자기 욕심을 버리지 않으면 결혼 생활은 성공적으로 항해할 수 없다. 그러나 자기도취가 심한 사람들은 결혼 생활에서 관계에는 신경 쓰지 않으면서 자신은 중요한 것을 얻을 수 있다고 생각하고, 종종 독신처럼 살려고 한다. 그 결과 배우자를 남처럼 생각하고, 그의 생각이나 감정을 가치 없다고 여긴다.

결혼 생활은 이기적이어서는 안 된다. 결혼 생활은 우리의 약점과 실패를 배우자에게 드러내고, 그것을 통해 우리가 가진 선함의 한계를 알 수 있다. 또한 모든 것이 자신을 중심으로 돌고 있다는 사고 방식도 없어진다. 자신이 자기중심적이지 않다고 주장하는 태도는 배우자에게 많은 상처를 준다.

내가 아는 한 부부도 이 문제를 해결해야 했다. 아이들이 초등학교와 중학교를 다닐 때, 남편은 일을 마치고 집에 도착할 무렵이면 엄청난 갈등을 겪었다. 그에게는 꿈이 있었다. 자신이 집에 도착하면 아내와 아이들이 자신을 맞으러 달려 나오고, 식탁에 앉아 자신의 하루에 대해 이야기하는 것이었다.

실제로 그의 가족은 그를 맞이하며 정말로 행복해 했다. 그러나 환호성을 지르며 달려와 그를 맞이하는 사람은 없었다. 그들은 앉은 채로 말했다. "아빠, 다녀오셨어요?" 그가 집에 돌아와 하루를 돌이켜 보는 동안 그에게 무슨 일이 있었는지 아무도 주의를 기울이지 않았다. 그는 비현실적인 꿈을 포기하고, 가족을 비난하거나 멀리하지 않기 위해 애써야 했다.

자기중심성에 바운더리를 세우는 데 도움이 되는 몇 가지 방안은 다음과 같다.

- 당신이 배우자의 입장은 생각하지 않고 현실을 당신의 방식대로 봐야 한다고 강요하면 알려 달라고 부탁하라.
- 완전하고 특별해지려는 욕구를 버리라. 사랑받으려고 자신을 꾸미지 말고, 자신을 있는 그대로 인정하라.
- "착해지라"는 재촉에 "싫어"라고 말하고, 용서하고 슬퍼하는 법을 배우라. 용서하고 슬퍼하는 것은 당신과 배우자의 실제 인격을 인정하는 데 도움이 된다.

도덕적 심판

많은 사람들이 배우자를 판단하고 비판하고 비난한다. 그들은 배우자의 차이점을 받아들이는 것을 어려워하며, 그 차이점을 흑백논리로 본다. 그리고 사랑받고 싶고 인정받고 싶어서 한 배우자의 행동을 종종 잘못 이해한다. 그들은 죄와 죄인을 모두 미워한다.

결혼 생활에서 도덕적으로 심판하는 것만큼 사랑을 메마르게 하는 것도 없다. 아마도 판사와 함께 산다면 언제나 심리를 받는 기분일 것이다. 심리를 받는 배우자는 벌을 피하기 위해 달걀 위를 걷는 것처럼 걱정이 많을 것이다. 이처럼 두려운 분위기에서는 사랑이 자랄 수 없다. "사랑 안에 두려움이 없고 온전한 사랑이 두려움을 내쫓나니 두려움에는 형벌이 있음이라"(요한일서 4:18). 자기 행동에 따르는 결과를 알면, 배우자의 사랑은 자랄 수 있다. 이것이 사랑이 성장하는 법칙이다. 그러나 벌에 대한 두려움은 아주 다르다. 배우자의 영혼과 인격을 심리하고 형을 선고한 다음에는 관계에서 제외된다.

당신이 결혼 생활에서 '판사' 노릇을 하고 있다면, 거기에서 벗어나 성장하게 도와줄 내용은 다음과 같다.

- 당신의 태도가 사랑하는 사람들에게 어떤 상처를 주는지 물어보라. 도덕적으로 심판하는 사람들은 자신이 얼마나 상처를 주는지 알고는 종종 놀란다.
- 당신의 양심이 공격적이라는 것을 깨달으라. 도덕적으로 심판하는 사람들은 대부분 자기 안에 형을 선고하는 매우 엄격한 판사가 있다. 당신의 잘못에 대해 하나님과 다른 사람들로부터 긍휼과 용서를 받아들이는 법을 배우라. 이것은 양심이 부드러워지도록 도와준다.
- 다른 사람들의 잘못을 긍휼히 여기는 마음을 개발하라. 우리는 모두 하나님의 도움 없이는 잃어버린 바 된 사람이라는 것을 기억하라.

이런 인격적인 문제들은 결혼 생활에서 서로 멀리하고 조화를 이루지 못하는 근원일 수 있다. 그러나 그 문제들을 자기 문제로 받아들이고, 문제를 일으키는 해로움에 경계를 세울 때, 하나님이 성장하게 하시는 과정에 자신을 맡길 때, 사랑은 자랄 수 있다.

통제하려는 시도에 바운더리 세우기

우리 모습 가운데 가장 경계를 세워야 할 것은 배우자를 통제하려는 성향일 것이다. 에덴 동산 시절부터 우리는 서로의 삶을 통제하려고 했다. 배우자를 바꿔 놓기 위해 사용하는 전략과 술책, 조작은 끝이 없다. 그리고 통제는 신의와 사랑을 파괴한다. 우리는 조건 없이 사랑해야 한다. "당신이 이것이나 저것을 하면 나도 당신을 사랑할게"라고 말해서는 안 된다. "그리스도께서 우리를 자유롭게 하려고 자유를 주셨으니 그러므로 굳건하게 서서 다시는 종의 멍에를 메지 말라"(갈라디아서 5:1). 우리가 통제를 받는다고 느끼면, 자유는 사라지고 사랑은 위협받는다.

'배우자를 통제하는 것'은 결혼 생활에서 바운더리를 세우는 것과 정반대다. 바운더리는 다른 사람에 대한 통제를 멈추고 자신을 통제하는 것이다(갈라디아서 5:23). 바운더리는 배우자의 무책임함을 그대로 방치하지 않으면서, 동시에 배우자의 자유를 보장한다.

어떤 사람이 통제하는 사람인지 어떻게 판단할 수 있는가? 몇 가지 판단 기준은 다음과 같다.

- 배우자의 '아니요'를 존중하지 않는다. 이런 사람은 배우자의 결정을 바꾸려 하고 그의 감정을 무시한다.
- '잘못된' 선택에 벌을 내린다. 이런 사람은 자기가 싫어하는 것을 배우자가 하겠다고 하면, 난처해 하거나 피해자처럼 행동한다. 또는 그를 인정 없는 사람이라고 비난한다.
- 자유를 무가치하게 여긴다. 이런 사람은 배우자의 선택이 자유로운 결정인가보다는 그 결정이 '옳은 것인가'에 관심이 더 많다.
- 나쁜 결과들. 통제하는 사람의 배우자는 분개하고, 억압된 감정을 행동으로 옮기거나 앙갚음한다.

하나님은 우리의 결정을 통제할 수 있는 유일한 분이시다. 그것은 정당한 일이다. 그러나 하나님은 그렇게 하지 않으시고 우리에게 선택할 자유를 주셨다. 우리가 파멸을 가져오는 선택을 하면 슬퍼하신다. "예루살렘아 예루살렘아 선지자들을 죽이고 네게 파송된 자들을 돌로 치는 자여 암탉이 그 새끼를 날개 아래에 모음같이 내가 네 자녀를 모으려 한 일이 몇 번이더냐 그러나 너희가 원하지 아니하였도다"(마태복음 23:37). 하나님은 우리의 자유를 아주 귀하게 여기시고, 우리에게 이익이 되는 일이라도 강제로 시키지 않으신다. 이렇게 값비싼 자유가 없으면 우리는 사랑할 수도 없고 하나님께 응답할 수도 없다.

이제는 배우자를 통제하려는 방법과, 이 나쁜 성향에 바운더리를 세우는 방법에 대해 살펴보려고 한다.

통제는 여러 맛을 띤다

커너는 기시감(既視感)을 느꼈다. 그는 스테이시와 이런 논쟁을 너무 많이 했기 때문에 그녀가 하려는 말을 거의 미리 말할 수 있을 정도였다. 평소처럼, 논쟁은 작은 것으로 시작해 점점 커졌다. 커너는 몇 주 전, 스테이시와 오페라를 보러 가기로 마지못해 약속했다. 그는 오페라를 좋아하지 않았지만 아내의 고집을 꺾을 수가 없었다. 하지만 그의 머릿속에는 작은 득점판이 있었다. 거기에 오페라를 보러 간 날짜를 기록해 두었다. 그가 보러 가고 싶은 경기에 영향력을 행사하기 위해서 말이다.

한 친구가 커너에게 프로 야구 관람권을 주었다. 그는 야구 경기를 보러 가고 싶었지만, 스테이시는 그날이 친정 어머니가 오래전부터 오시기로 한 날임을 상기시켰다. 커너는 자신이 오페라에 함께 가 준 것을 스테이시에게 상기시켰다. 스테이시는 흔들리지 않았다. 그러자 커너는 감정을 터뜨리며 이렇게 말했다. "내가 당신을 위해 한 모든 것의 대가가 고작 이거야? 당신은 어쩌면 그렇게 감사할 줄 몰라?"

스테이시는 커너의 짜증을 여러 번 겪었지만, 이 말을 듣고는 눈물이 왈칵 쏟아졌다. 그녀는 흐느끼며 말했다. "나를 이렇게 아프게 하려면 왜 나와 결혼했어?" 그러고는 2층으로 뛰어올라 갔다.

커너는 곧바로 자기 잘못을 깨닫고 아내를 따라 2층으로 올라갔다. 그는 아내를 안정시키고 장모님이 오실 때 집에 함께 있기로 약속했다. 커너와 스테이시는 서로 상대방에게서 자유를 얻으려고 애썼다. 커너의 마음은 여전히 분노를 느꼈지만, 지금은 자신이 잘못했다는 생각으로 그런 감정을 누르고 있었다.

커너가 화를 낸 것은, 스테이시의 마음을 바꾸려는 공격의 수단이자 그녀가 형평성을 유지하지 않았기 때문에 벌하려는 것이었다. 한편 스테이시가 울어 버린 것은, 남편이 화낸 것을 벌하기 위한 간접적인 방법이자 그의 마음을 바꾸려는 수단이었다. 두 사람 다 상대방의 자유로운 선택을 귀하게 여기지 않았다.

커너와 스테이시 같은 부부들이 서로를 통제하기 위해 시도하는 몇 가지 방법이 있다.

죄책감
배우자에게 죄책감을 느끼게 하는 것은, 우리 행복에 책임이 있다는 것을 느끼게 하기 위해서다. 다시 말해서, 배우자의 자유가 상대방을 해친다는 인상을 줌으로써 배우자를 통제하려는 것이다. 배우자가 자기와 다른 선택을 하면 그것은 사랑이 아니라고 생각한다. "당신이 참으로 나를 사랑한다면" 또는 "당신은 어쩌면 그렇게 이기적일 수 있어?"와 같은 말을 하거나, 기분이 나빠 말을 하지 않는 것으로 그런 메시지를 전달한다. 스테이시가 울어 버린 사건은 남편에게 죄책감을 갖게 하려는 의도를 선명히 보여 주는 예다.

분노

자기가 하고 싶지 않은 것을 배우자가 원할 때, 실망한 상대방은 종종 화를 낸다. 화를 내는 것은 우리가 하나님이 아니라는 사실과, 현실을 통제할 수 없다는 사실에 대한 가장 기본적인 항의다. 커너의 경우처럼 화내기는 직접적일 수 있다. 또는 소극적일지라도 공격적인 행동이나 비꼬는 말처럼 우회적일 수 있다. 앙갚음하겠다는 위협을 내포할 수도 있으며, 폭력을 휘두르는 극단적인 상황에서는 위험할 수도 있다.

배우자의 바운더리 끊임없이 공격하기

배우자가 "아니요"라고 말했을 때, 그의 마음을 바꾸려고 거듭 시도하는 사람이 있다. 끈질긴 방문 판매원처럼, 배우자가 지쳐 떨어질 때까지 논쟁하고, 감언이설로 꾀고 간청한다. 어린아이가 원하는 대답을 들을 때까지 계속 조르는 것처럼, 그는 배우자의 바운더리를 존중하며 살려고 하지 않는다.

사랑 억제하기

사랑을 억제하는 것은 통제하기 위한 방법 가운데 가장 강력한 방법일 것이다. 이것은 배우자가 동의하지 않으면, 배우자가 만족스럽게 변화될 때까지 마음을 합하지 않는 것이다. 하나님은 사람을 창조하실 때 사랑의 결합을 생명의 원천이 되게 하셨으므로 사랑을 억제하는 것은 정말로 강력한 무기다. 누군가 이 원천을 우리에게서 거두어 가면, 우리는 존재의 기반을 잃게 된다. 사랑하는 사람과 결합하기 위해 무언가를 해야 한다는 것은 우리에게 엄청난 중압감으로 작용한다.

통제를 제한하는 바운더리 따르기

배우자를 진심으로 사랑하고 그가 영적으로 성장하기를 바라는 사람들은 이런 통제를 시도하는 것을 포기한다. 배우자에게 자유와 사랑을 주기 위해 이런 전략들을 기꺼이 버린다. 배우자를 통제하려는 시도에 경계를 세울 수 있는 몇 가지 방법을 살펴보자.

배우자를 통제하는 데 따르는 대가를 깨달으라

배우자를 통제하는 데 따르는 대가는 겉으로는 승낙을 받을지라도, 결국 배우자의 마음을 잃는 것이다. 죄책감, 분노, 공격, 사랑 억제하기 등은 자유와 사랑을 부정한다. 배우자는 그럭저럭 따를지 모르지만, 종종 분개하거나 마음을 합하지 않는다. 사랑에 더 높은 가치를 둔다면, 배우자를 통제하려는 자신의 욕구에 바운더리를 세우라.

자신의 통제가 어떤 영향을 끼치는지 알려 달라고 부탁하라

결혼 생활의 핵심은 공감의 결합이므로 배우자의 감정은 당신에게 중요하다. 종종 통제를 받는 배우자가 자신이 얼마나 상처받고 마음을 멀리하게 되는지 알리면, 통제하는 배우자에게 그 고통에 긍휼을 느끼고 통제하지 않으려고 애쓸 것이다.

자신의 무력함을 인정하라

우리가 배우자를 아무리 믿고 싶을지라도, 그는 준비가 될 때까지 자신의 결정과 의견과 감정을 바꾸지 않는다. 우리는 우리 뜻대로 '좌지우지'할 수 없는 사람과 살고 있음을 깨달아야 한다. 이 무력감은 매우 고통스러운 감정이다. 화를 내어 배우자를 통제하면, 있지도 않은 힘이 자신에게 있는 것처럼 착각하게 된다. 자신의 무력함을 인정하면 마음은 아프지만 현실과 마주할 수 있다.

슬퍼하는 법을 배우라
슬픔은 진실을 인정하는 데 도움이 되며, 바꾸거나 가질 수 없는 것을 놓아주는 네 도움이 된다. 배우자에게 자유를 허락하면 종종 바라는 것을 상실하는 슬픔을 느낄 것이다. 그러나 이런 슬픔을 허용하면 자유로워져서 현실을 받아들일 수 있고, 결혼 생활에 적용할 수 있는 새로운 방법을 찾을 수 있다.

배우자만 의지하지 말라
배우자가 당신의 욕구를 만족시킬 수 있는 유일한 사람이라면, 당신은 그를 통제하려는 성향을 가질 것이다. 사랑, 동의, 진실, 용서의 원천이 되는 사람을 배우자로만 제한하지 말라. 우리는 성취한 것들을 인정받고 싶은 욕구를 가지고 있다. 하지만 배우자가 크게 칭찬해 줄 거라고 기대하지 말라. 이런 욕구를 만족시켜 줄 친구나 다른 사람들을 찾으라. 이런 욕구를 만족시켜 주는 다른 사람들이 있다면, 배우자에게 더 많은 자유를 줄 수 있을 것이다.

배우자와 개별적인 사람이 되라
어떤 사람들은 자신이 아니라 배우자에 의해 자신을 정의한다. 그럴 때 배우자가 동의하지 않거나 다른 결정을 내리면, 자신이 배우자에게 공격을 받았다고 생각한다. 예를 들어, 남편이 어떤 일로 아내에게 화를 낸다. 그녀는 남편이 자기를 미워한다고 느끼고 자신을 보호하기 위해 반격한다. 남편의 감정에 초연할 수 없는 것이 문제다. 자신의 바운더리로 자신을 더 많이 정의할 때, 배우자의 감정과 결정은 자신이 아닌 배우자와 더 관련 있다는 것을 경험하게 된다. 그렇게 되면 우리는 자유로워져서 배우자에게 자유를 허용할 수 있다.

자신의 자유가 귀한 만큼 배우자의 자유를 귀하게 여기라
"남에게 대접을 받고자 하는 대로 너희도 남을 대접하라"(마태복음 7:12)는 예수님의 황금률은 남편과 아내가 서로를 어떻게 대해야 하는가에 대한 근본적인 가르침이다. 누군가가 당신이 선택할 자유를 해쳤을 때 어떤 느낌을 받았는지 떠올려 보라. 그러므로 배우자의 선택에 긍휼을 가지라.

배우자를 통제하는 대신 바운더리를 세우라
종종 아내는 남편에게 "아니요"라고 말할 수 없거나 자유롭지 못하다고 느끼기 때문에 남편을 통제하려고 한다. 남편의 반발을 두려워하고 자신을 보호할 수 없다고 느낀다. 자신을 통제하는 바운더리를 세우지 못하고, 오히려 남편을 통제한다. 자신이 적절한 바운더리를 세울 때, 안전하다고 느끼고 배우자를 통제하지 않을 수 있다.

～～～～～

이같이 결혼 생활은 배우자를 통제하는 것보다는 자신을 하나님의 통제와 원칙 아래 두는 것과 더 관련이 있다. 우리가 배우자를 통제하지 않을 때 더 많이 사랑할 수 있고, 자신의 자유를 보호할 수 있으며, 두 사람 다 성장하는 환경을 제공할 수 있다.

    다음 장에서는 배우자와 개별적인 한 사람이 되는 것이 얼마나 중요한지 살펴볼 것이다. 아이러니하게도, 개별적인 존재가 되는 것이 배우자와 하나 되는 열쇠다.

2부

결혼 생활의 바운더리 세우기

4.

하나가 되기 위한 둘

하나 됨. 이것은 사랑의 최종 목표다. 남녀가 처음 만날 때 꿈꾸는 것이기도 하다. 어떤 사람이 마침내 '하나'가 되었다고 느끼고 묘사한 내용이나 영화를 보면, 주인공 남녀가 완전히 하나가 되는 환상을 가지고 서로의 눈을 바라보는 모습이 나온다.

실제로 하나 됨은 전혀 환상이 아니다. 그것은 하나님이 계획하신 결혼의 모습이다. 성경 말씀처럼 태초에 에덴 동산에서 "사람이 혼자 사는 것이 좋지 않"(창세기 2:18)기 때문에, 그리고 모든 사람이 추구하는 하나 됨을 확립하기 위해 하나님은 남자와 여자를 함께 있게 하셨다. 예수님도 "사람이 그 부모를 떠나서 그 둘이 한 몸이 될지니라 이러한즉 이제 둘이 아니요 한 몸이니"(마가복음 10:7-8)라고 말씀하신다. 결국 그 영화들은 옳다. 하나 됨은 실재하는 삶이다.

그러나 그 영화들은 하나 됨에 이르기 위해 필요한 것들을 보여 주지 않는다. 사람들은 대부분 하나 됨의 첫 환상을 경험한다. 사랑에 빠지는 첫 단계에서, 남녀는 내면의 모든 바운더리를 다 포기하고 서로가 녹아드는 데서 행복을 느낀다. "그는 내가 꿈꿔 온 전부예요" "그녀는 여신이야" "우리는 너무나 완벽하게 어울립니다" 등의 말을 한다.

이런 관계는 첫 단계에서 그들이 갈망해 온 '하나 됨'의 상태를 경험하기 때문에 아름다울 수 있다. 그러나 이런 경험은 실제적인 하나 됨이 아니다. 단지 '예고편'일 뿐이다. 하나 됨은 관계가 성장하고 '둘이 하나 됨'에 따라, 즉 시간이 지나면서 형성된다.

영화들은 처음의 행복감과 하나 됨이 사라지고 환상에서 깨어나는 것을 우리에게 보여 주지 않는다. 두 사람은 "무엇이 잘못 됐지? 내가 잘못 결혼했나?" 하며 의아해한다. 이때 절반 이상의 사람들이 포기하고 각자의 길로 간다. 해결책은 새로운 사람을 찾는 데 있지 않고 자신의 성장에 있다는 것을 모른 채, 다른 사람과는 '더 잘' 해나갈 수 있을 거라고 생각한다. 그러나 새로 시작하는 개인적인 관계든 부부 관계든 그들이 지금 피하고 싶어 하는 성장의 고통이 똑같이 요구된다.

이 장에서는 결혼한 모든 부부가 성장하는 데 필요한 방법을 살펴볼 것이다. 우선 '둘이 하나 됨'에 필요한 전제를 살펴보자. '둘이 하나 되기' 위해서는 처음부터 둘이 있어야 한다는 것이다. 둘은 각 개인을 완성한다. 이 말은 무슨 뜻인가? 바운더리와 무슨 관계가 있는가?

'둘이 됨'

하나 됨에 필요한 것은 온전한 두 사람이다. 성경은 온전한 사람을 성숙한 사람으로 정의한다. 온전한 사람은 성장하는 사람으로 살아가며 관계를 위해 필요한 모든 것을 할 수 있다. 즉 사랑을 주고받으며, 독립적이고 자립적이 되며, 정직하게 가치관대로 살고, 책임을 지며, 자신감을 갖고, 문제와 실패를 다루며, 재능을 사용하고, 생기 있게 지낼 수 있다. 결혼한 두 사람이 온전하다면, 그들이 만들어 가는 하나 됨도 온전할 것이다. 어느 한 사람이라도 온전하지 못하면, 하나 됨은 그 온전하지 못함으로 인해 고통을 겪을 것이다. 온전하지 못한 배우자는 자신이 관계에 기여할 수 있는 것보다 온전해지는 것을 우선적으로 생각하기 때문에 관계를 고통에 빠뜨린다.

따라서 한 배우자나 두 배우자가 결혼을 통해 한 사람으로서 온전해지기를 기대한다면, 그 결혼 생활은 실패하고 만다. 결혼은 온전하지 못한 한 사람이 결혼 생활을 통해 온전해지는 장소가 아니다. 온전한 두 사람이 만나 각각의 '나'보다 더 크고 나은 '우리'를 이루기 위해 의도된 장소다. 프레드릭 뷰크너가 『어둠 속의 휘파람』(*Whistling in the Dark*)에서 "하늘의 뜻에 맞는 결혼은 남자와 여자가 각자 홀로 지낼 때보다 더 풍성한 '우리'를 이루는 장소"라고 말한 것과 같다.

그러나 결혼은 성인들의 계약이므로, 현재 두 사람 다 성인이 아니라면 시도해서는 안 된다. 결혼 생활이 잘 이루어지려면, 개별적인 두 사람이 어느 정도 성인의 요소를 갖춰야 한다. 지금까지 결혼 생활에 필요한 것을 모두 갖춘 성인과 결혼한 사람은 없었다. 기쁜 사실은, 이 성인과 온전함을 향해 우리가 성장해 갈 수 있다는 것이다. 우리가 어떻게 하느냐에 따라 우리의 관계도 하나 됨을 더욱 이루어 갈 것이다. 성인에게 필요한 사항을 살펴보기에 앞서, 두 사람의 하나 됨과 관련하여 중요한 한 가지를 살펴보려고 한다.

온전해지는 것 vs 서로를 온전하게 하는 것

앞에서 말한 것처럼, 결혼은 한 개인을 온전하게 하기 위해 계획된 것이 아니다. 온전한 두 사람이 각자의 것과 다른 무언가를 시작하고 형성하기 위해 계획된 것이다. 당신을 전인적 인간으로 만들기 위해서가 아니라, 당신의 온전함에 새로운 영역을 경험하게 하기 위해 계획된 것이다.

그러나 많은 사람들이 결혼을 온전함, 즉 성숙에 이르는 지름길로 생각한다. 그래서 건강한 상태에서 결혼하지 않고 연약한 상태에서 결혼한다. 자신이 갖지 못한 것을 보상받기 위해 다른 사람과 결혼하는 것이다. 불완전함에서 벗어나기 위해 결혼하는 부부는 하나 됨을 이룰 가능성이 매우 적다.

한 부부가 "우리는 서로 균형을 잘 이루고 있어"라고 말할 때, 남자가 돈벌이를 잘하고, 여자가 집안일을 잘하는 경우를 일컫는 것이라면 좋을 수 있다. 그러나 이 말이 남자 없이는 여자 혼자 사업이나 노동 현장에서 살아남을 수 없음을 의미하는 것이라면 좋지 못하다. 만약 그렇다면, 그녀는 '식권'과 결혼했거나 어린아이같이 의존하는 자신을 돌봐줄 사람과 결혼한 것이다. 그리고 남자는 밖에 나가서 일하느라 자신이 돌볼 수 없는 가정을 보살필 '어머니'와 결혼한 것이다.

'둘이 하나 됨'의 결정적인 요소는 두 사람이 결혼하기 전에 온전해야—즉 성인이어야—한다는 것이다. 이것은 남편과 아내가 똑같은 재능과 능력, 심지어 똑같은 방식을 소유해야 한다는 것을 의미하지 않는다. 남편과 아내가 개인의 핵심 영역에서는 모두 성인의 기능을 갖춰야 한다는 것을 의미한다.

남편은 아내의 사업 수완을 갖지 않았을 수도 있다. 아내는 남편의 창의성이나 분위기를 좋게 만드는 능력을 갖지 않았을 수도 있다. 그러나 이런 특징은 서로를 보완하는 것이지 온전하게 하는 것이 아니다. 보완은 서로 다른 시각, 재능, 능력, 경험 등을 관계에 들여와 동반자 관계를 형성하는 것을 의미한다.

내가 아는 한 부부는 회사를 함께 경영하는데, 남편은 제작에 능숙하고, 아내는 판매를 잘한다. 또한 재무 관리와 이익을 실현하는 능력을 서로 보완하는 부부도 있다. 같은 일에서 한 사람은 문제를 찾아내는 데 능숙하고, 다른 사람은 기회를 찾아내는 데 능숙하다. 이런 일들에 부부가 팀을 이루면 서로 유익하다.

온전하게 한다는 것은, 개인이 미성숙한 경우에 이를 온전하게 하는 것을 의미한다. 이것은 인격의 불균형을 바로잡으려는 시도다. 각 사람은 이런 인격의 불균형을 개선하여 온전하고 균형 잡힌 모습으로 관계에 임해야 할 책임이 있다.

결혼이 줄 수 없는 온전함의 영역들

앞에서 말한 바와 같이, 많은 사람들이 자신의 인격에서 부족한 면을 채우기 위해 결혼한다. 종종 이런 의도가 '사랑에 빠지는' 경험 뒤에 도사리고 있다. 한 영역에서 온전하지 못한 사람은 그 영역에서 강점을 가진 사람을 만나 '온전하다'는 중독된 느낌을 가지려 한다.

아만다는 직장 동료들이 모인 곳 근처에 있다가, 그때 방을 가로질러 오는 에릭을 보게 되었다. 그는 유쾌하고, 강하며, 자신감이 넘쳤다. 다른 사람들과 어울려 이야기하는 모습에서 그의 자신감이 뚜렷이 보였다. 에릭의 상황 장악력을 보며 그녀는 가슴이 울렁거렸다.

그녀는 에릭 주위에 있는 사람들에게 다가가서 그를 소개받았다. 에릭은 대화를 주도하면서 그녀와 주위 사람들을 편하게 만들었다. 아만다가 처음에 끌렸던 감정은 더욱 커져서, 모임이 끝날 무렵에는 '반해 버린' 느낌이 들었다. 그는 상황을 아주 잘 장악하는 사람 같았다. 이런 왕자를 만나다니!

두 사람은 데이트를 시작했고, 아만다가 받은 첫인상은 정확했다. 에릭은 유쾌하고, 상냥하며, 자신감이 넘쳤다. 때로는 너무 강해서 그녀의 말을 듣지 않는 것 같은 느낌이 들었다. 그러나 그들의 '사랑'은 강했고, 그를 원하는 그녀의 감정도 강해서 문제의 심각성을 판단하는 그녀의 능력이나 이성은 제 기능을 발휘하지 못했다.

그들은 곧 결혼했다. 그러나 처음에 에릭에게 끌렸던 감정들은 아만다에게 최악의 악몽이 되어 버렸다. 실제로 그는 지나치게 강하고 자신감이 넘쳤다. 말솜씨가 좋고 거만했다. 관계가 지속되면서 그녀는 점점 더 그에게 좌우되고 결정권을 갖지 못했다. 그렇게 몇 달이 지난 후에 그들은 상담을 받으러 왔다.

에릭이 너무 지배하려 든다는 것이 아만다의 불평이었다. 그녀가 언제나 뿌루퉁하고 말없이 화를 낸다는 것이 그의 불평이었다. 그들은 자신의 온전하지 못한 면이 상대방 안에서 '온전하게' 될 거라고 생각했는데, 이 잘못된 해결 방식은 지금 그들이 안고 있는 문제와 관련되어 있었다.

아만다는 매력적이고 사랑스러우며 사교적인 사람이어서 늘 다른 사람을 기쁘게 했다. 모두가 그녀를 사랑했다. 하지만 그녀에게도 연약함이 있었다. 그녀는 적절한 단호함을 갖지 못했다. 다른 사람들에게 맞서기보다는 맞추는 편이었다. 자신을 변호하거나, 자신에게 필요하고 자신이 원하는 것을 옹호하지 않았다. 그녀는 삶에서 좀 더 단호해질 필요가 있었다. 이것이 그녀가 가진 온전하지 못한 면이었다. 지배적인 아버지 밑에서 자랐기 때문에 그녀는 다른 사람들에게 대항하는 능력을 개발하지 못했다. 온전해지려면 반드시 그런 능력이 필요했는데, 그녀는 그것을 자기 안에서 개발하는 대신 에릭에게서 찾았다. 그래서 에릭의 강함을 보았을 때 그토록 '온전하다'고 느낀 것이다. 문제는 그녀가 관계에서 그에게 맞설 만큼 강하지 않고, 하찮게 여겨지고 있으며, 에릭이 원하는 것은 무엇이나 받아들일 수밖에 없다는 데 있었다. 그녀는 그에게 분개하기 시작했다.

에릭은 그 반대였다. 그의 인격에서 다른 사람들에게 순종함, 취약성, 적절한 무력감 등이 사라지고 있었다. 그는 이런 특징이 자기 안에 거하지 못하도록 늘 통제력을 발휘했다. 하지만 그것들도 온전한 사람에게 실제로 있어야 할 면들이기에, 한편으로는 경험하고 싶었다. 그리고 그런 면들을 아만다에게서 발견했다. 그녀의 '상냥한 마음'과 양보하는 능력은 정말 매력적이었다. 적어도 그녀가 더 이상 상냥하지 않고 너무 많이 요구하는 그에게 화를 내기 전까지는 그랬다. 그녀와 마찬가지로 에릭도 온전하지 못한 면들과 싸우고 있었기 때문에, 처음에 끌렸던 것들이 이제는 싫어지기 시작했다.

아만다와 에릭은 둘 다 전인적으로 온전한 사람이 아니었다. 그들은 자신에게 없는 것을 가진 사람과 하나 됨으로써 자신의 온전하지 못함을 해결하려고 했다. 그러나 이것은 어긋난 결과를 가져왔다. 그들은 내면의 자신과 조화를 이룰 수 없는 면을 가진 상대방과 싸우고 있었다. 그래서 성경은 성숙의 관점에서 온전함에 대해 그토록 자주 언급하는 것이다 (야고보서 1:4).

그들은 상대방이 주는 허상의 안정감에 기초를 둔 하나 됨이 아니라, 두 사람의 실제적 친밀감에 기초를 둔 하나 됨을 위해, 그리고 그 하나 됨을 이루기 위해 '둘'이 되어야 했다. 에릭은 자신의 이기심, 다른 사람의 말을 경청하지 않고 그들에게 존경받지 못함, 자신을 다른 사람에게 맞추고 통제되는 것에 대한 두려움을 직면하고 성장해야 했다. 아만다는 좀 더 단호해지고 자신을 변호하는 법과 자신을 변호할 때 일어나는 갈등에 의연해지는 법을 배워야 했다. 그녀는 아버지의 승인이 필요한 어린 소녀에서 벗어나 남편과의 불화를 조정할 수 있는 성숙한 성인으로 성장해야 했다.

에릭과 아만다의 이야기는 성장에 이르는 지름길이 없다는 것을 보여 준다. '결혼'한다고 해서 성숙으로 건너뛸 수 있는 것은 아니다. 배우자와 진실한 하나 됨을 이루기 위해서는 온전한 개인이 되어야 한다.

서로를 온전하게 하는 것과 서로를 보완하는 것의 차이가 무엇인지 이해했는가? 에릭은 여전히 아만다가 결코 될 수 없는 수완이 뛰어난 사업가였다. 반면에 아만다는 에릭이 결코 될 수 없는 조직가이자 프로젝트 매니저였다. 그는 창의적이고 기업가다웠다. 그녀는 조직적이었다. 그들은 팀을 구성하는 데 좋은 재능을 가지고 있었다. 서로를 잘 보완해 주는 것이었다.

그러나 인격과 관련된 기본적인 사항은 서로 보완할 수 있는 것이 아니다. 그것은 온전한 사람이 되는 데 필수적인 것이다. 남편과 아내라 하더라도 서로 빌릴 수 없으므로 두 사람 다 가져야 하는 능력은 다음과 같다.

- 정서적으로 연결되는 능력

- 수용하고 느낌을 공유하는 능력
- 적절한 강인함과 단호함을 지니는 능력
- "아니요"라고 말하는 능력
- 상황을 주도하는 능력
- 최소한의 조직을 갖추는 능력
- 완벽하지는 않더라도 실제적일 수 있는 능력
- 완벽하지 못한 점들을 인정하고 자비와 용서를 베푸는 능력
- 슬퍼하는 능력
- 스스로 생각하고 의견을 표현할 수 있는 능력
- 배우고 성장할 수 있는 능력
- 위험을 감수하는 능력
- 재능을 찾아 사용하는 능력
- 책임지고 끝까지 힘쓰는 능력
- 자유로워지고, 내적 요인이나 외적 요인에 통제되지 않는 능력
- 성적 관심을 주고받을 수 있는 능력
- 영혼에 관심을 가질 수 있는 능력
- 윤리 의식을 가질 수 있는 능력
- 지적인 삶을 살 수 있는 능력

이런 능력은 모든 사람이 표현하지는 못하더라도 누구에게나 있는 능력이다. 남편과 아내 모두 자신에게 있는 이런 정신적이고 인간적인 특징들을 개발하고 있는지 확인하라. 만약 그렇다면 각자 온전한 사람이 될 것이고, 두 사람은 '하나 될' 수 있다.

그러나 이런 특징들을 어떻게 계속 개발할 수 있는가? 어떻게 온전

하고 성숙하고 전인적인 사람이 될 수 있는가? 성인이 되는 데 필요한 것은 정확히 무엇인가?

성인은 자신의 보물들을 책임진다

1장에서 자신의 바운더리 안에 있는 마음과 보물들을 책임지는 것이 중요하다고 말했다. 그 목록은 다음과 같다.

- 감정
- 태도
- 행동
- 선택
- 경계
- 욕구
- 생각
- 가치
- 재능
- 사랑

사람들은 모두 이런 보물들을 가지고 있으며, 그것을 책임져야 한다. 소유권과 책임감이 없을 때, 다른 사람을 비난하게 되고 문제를 해결하지 못한다.

그래서 성인 또는 온전한 사람에 대한 첫 번째 요구 사항은 자기 영혼의 모든 보물들을 책임지는 것이다. 그렇게 하지 않으면, 그들의 결혼 생활은 자기 삶의 여러 면을 자기 것이 아니라고 부인하고, 상대방을 비난하거나 상대방에게 고치거나 보상하라고 요구하면서 그 상태에 머물러 있을 것이다.

예를 들어, 자기 감정을 책임지지 않는 아내는 자신이 불행하게 느껴질 때마다 배우자를 비난한다. 이런 부류의 무책임은 "내가 기분이 안 좋은 건, 당신이 뭔가 나쁜 일을 하기 때문이야. 당신은 뭔가 다르게 해야 해"라고 말하는 것과 같다. 행복과 온전함을 상대방에게 의존하기 때문에 참으로 많은 사람이 이혼하고 불행해진다.

이것을 어떻게 피할 수 있을까? 첫째, 1장에서 말한 각자의 보물들에 소유권을 가짐으로써 피할 수 있다. 둘째, 배우자에게 소유권을 가지라고 요구함으로써 피할 수 있다.

소유권 갖기

1980년대 유행어였던 상호의존(codependency)이라는 말을 기억하는가? 이 말은 기본적으로 다른 사람의 문제를 책임지고, 그 사람에게 자기 문제를 책임지라고 요구하지 않는 것이다. 이 말을 언급하는 이유는, 성숙하고 온전한 성인은 자신의 책임을 질 뿐만 아니라 자신이 사랑하는 사람들에게도 그들의 책임을 지라고 요구하기 때문이다. 상호의존 관계에 있으면서 다른 사람에게 책임을 지라고 요구하지 않는 것은 자신의 책임을 지지 않는 것과 같다. 상호의존 관계의 한 예를 살펴보자.

스쿠터와 매기의 관계는 곤경에 빠졌다. 스쿠터가 나(헨리)를 찾아와서 가장 먼저 한 불평은 자신에 관한 것이었다. "나는 좋은 남편이 아닌 것 같습니다. 나는 계속해서 매기를 실망시킵니다. 어떻게 해야 좋아질지 모르겠어요." 그는 남편으로서 실패했기 때문에 죄책감을 느끼고 있었다.

나는 무언가를 형편없이 했을 때의 느낌에 대해 공감하며, 그가 그렇게 형편없이 실패하는 것이 무엇인지 물었다. 그는 너무 많은 것을 말했다. 몇 가지 예는 다음과 같다.

1. 아내에게 필요한 것을 모두 사 줄 만큼 돈을 충분히 벌지 못해 그녀를 실망시킴
2. 너무 많은 일 때문에 자신이 녹초가 되어 아내를 불행하게 함
3. 아내에게 중요한 일들을 깜빡 잊고 하지 않음
4. 부부 사이에 문제를 일으키는 여성과 계속 함께 일함

나는 스쿠터가 수년 동안 아내에게 상처를 주는 일들을 계속하고 있다면, 그는 아주 무딘 사람이고, 그런 일에는 많은 어려움이 있을 거라고 생각했다. 경제적 무책임과 불이행, 자포자기, 아내를 중요한 사람으로 대하지 않음, 잘못된 대상에 대한 빗나간 충절. 이 얼마나 둔감한 사람인가!

나는 각각의 상황에 대해 좀 더 구체적으로 그에게 물었다. 하지만 다음 사실을 알고 나서 놀라지 않을 수 없었다.

1. 스쿠터가 돈을 충분히 벌지 못한다는 의미는 아내에게 2년마다 새 차를 사 줄 만큼 벌지 못한다는 것이었다.
2. 스쿠터는 집에서 일했지만 회의를 하러 외출해야 하는 일정이 꽉 차 있

었다. 그는 하루에 서너 시간은 시내에 나가 일해야 했고, 매기는 자신이 버려졌다는 느낌을 가졌다.
3. 매기는 스쿠터에게 해야 할 일 목록을 주었는데, 그는 지정된 시간에 그것을 전부 할 수 없었다.
4. 스쿠터가 사업상 함께 일하는 여성을 매기는 좋아하지 않았다. 그 여성은 현재 진행하는 프로젝트를 잘하고 있었으나 매기는 그녀를 싫어했다. 그리고 남편이 자신에게 동의한 사항을 잘 이행하지 않는 것이 그녀 때문이라고 느꼈다.

스쿠터에게 몇 가지 문제점이 있었다. 하지만 그 문제점은 그가 나쁜 남편이라서가 아니라, 그가 너무 상호의존 관계에 있어서 매기에게 감정과 태도에 대해 스스로 책임지라고 요구하지 않는다는 것이다. 그는 아내의 요구를 모두 충족시킬 책임이 없으며, "안 돼"라고 말한 것에 대한 비난은 마음에 둘 필요가 없음을 배워야 했다.

매기의 비현실적인 소원들은 그녀의 질투와 만족하지 못하는 것에 책임이 있었다. 하지만 그는 그녀에게 굴복했고, 그녀에게 자신의 문제들을 스스로 책임지라고 요구하지 못했다.

우리가 서로에게 줄 수 있는 좋은 선물 가운데 하나는 정직과 대면이다. "친구의 아픈 책망은 충직으로 말미암는 것이나 원수의 잦은 입맞춤은 거짓에서 난 것이니라"(잠언 27:6). 사랑하는 사람이 우리에게 괴로운 진실을 말하며 '아프게 꾸짖을' 때 우리는 성장한다. 배우자의 미성숙함에 굴복하지 않고 진실을 말함으로써 책임을 요구하는 것은 정말로 선물이다.

자신과 배우자의 보물들을 귀하게 여기기

이 책의 첫 부분에서 했던 이야기를 기억하는가? 스테파니는 자신이 남편 스티브에게서 멀어지고 있다는 것을 깨달았다. 그녀는 현재의 결혼 생활이 '자기를 위한' 것이나 '자기와 남편을 위한' 것이 아니라, 단지 '남편만을 위한' 것으로 느껴졌다. 스테파니는 자신의 '보물들'을 귀하게 여기지 않았고, 나중에서야 자신의 불행을 깨달았다. 그녀는 자신의 보물들을 무시했고, 결혼 생활에서 그것을 개발할 만큼 귀하게 여기지 않았다.

스테파니는 '스티브를 위해 사는' 반면, 자신의 감정과 태도, 재능은 도외시했다. 그녀의 보물들은 허비되고 있었다. 그러나 그 보물들은 그녀 안에 살아 있었기에 삶에 만족하지 못하는 형태로 그녀에게 계속 외치고 있었다. 마침내 그녀는 자신의 보물들을 귀히 여기게 되었고, 그 보물들 때문에 가장 좋은 상태에 이르게 되었다.

우리는 하나님이 우리에게 주신 영혼의 보물들을 무시하기 쉽다. 우리가 그것들을 무시하면 결과가 뒤따른다. 마찬가지로, 우리는 배우자의 보물들을 귀하게 여겨야 한다. 성숙한 사람은 관계를 맺고 있는 사람의 보물들을 키우고, 개발하며, 돌보는 것에 대해 생각한다. 사랑하는 사람이 어떻게 행동하는지, 어떻게 느끼는지, 그 사람의 성장을 어떻게 도울지에 대해 늘 생각한다. 성숙한 남편과 아내는 배우자의 감정과 생각, 태도에 큰 가치를 둔다.

최근에 참석했던 회의의 휴식 시간에, 두 남성이 장래 계획을 세우며 이야기를 나누고 있었다. 한 남성이 아침을 먹으며 전망 있는 투자에 대해 논의하자고 했다. 그러자 다른 남성이 "아내가 어떻게 생각할지 알아보고 다시 이야기하자"고 대답했다. 처음에 이야기를 꺼냈던 남성은 "왜 아내의 생각을 확인해야 하는 거야? 네 뜻대로 결정할 수 없어?" 하고 물었다.

그는 그렇게 하는 것은 결정권이 있고 없고의 문제가 아니라는 것을 알지 못했다. 아내가 자신의 계획으로 어떤 영향을 받을지 알아보겠다는 것이었다. 하지만 그 남성이 정말 알고 싶었던 것은 아내의 견해였다. 자신의 계획에 대한 아내의 지혜와 의견을 듣고 싶었다. 다시 말해, 그는 아내의 보물들을 귀하게 여겼다. 그것들은 그에게 중요했다. 이런 태도는 그가 아내에게 의존하며 스스로 생각할 수 없다는 의미가 아니다. 그에게도 생각이 있었지만, 그는 아내의 생각에 아주 높은 가치를 부여했기에 그녀의 견해를 놓치고 싶지 않았다.

'놓치고 싶지 않다'는 것은 배우자의 보물들을 귀하게 여기는 좋은 방식이다. 하나님은 우리에게 서로를 알고 공유할 배우자를 주셨다. 상대방의 영혼의 보물들을 귀하게 여기는 것은 하나님이 부부에게 주신 놀라운 선물을 놓치지 않는 것이다. 배우자의 보물들을 귀하게 여기는 이 과정은 성숙한 사람들이 행하는 것이며, 온전한 사람이 되어 가는 과정이다. 또한 그것은 다른 사람의 개별성과 온전함을 인정하는 것이다. 즉 이렇게 말하는 것이다. "당신도 한 인격체라는 걸 알아요. 난 당신에게 관심이 있어요."

"당신은 내가 아니야"라는 개념 이해하기

"당신은 내가 아니야"라는 개념은 바운더리의 가장 중요한 부분이다. 우리는 서로 상대방의 확장된 존재가 아니다. 우리는 각자 권리를 가진 개인이다. 우리는 모두 "세계는 나를 중심으로 돈다"는 식의 타고난 자기중심성을 극복해야 한다. 자기중심성을 극복하는 몇 가지 사항을 제시하겠다.

배우자를 내 목적의 대상이 아닌 한 인격체로 보기

첫 번째는 배우자도 욕구와 감정을 가진 개별적인 한 인격체로 보는 능력이다. 다시 말해서, 배우자는 우리의 욕구를 충족시키기 위해 존재하는 것이 아니다. 어린아이들은 엄마가 자신의 소원을 전부 들어 줄 거라고 느낀다. 그들은 엄마가 자신과 분리된 삶을 가지고 있고, 자신의 필요와 동떨어진 감정을 가지고 있다고 생각하지 못한다. 유아에게나 허락되는 이런 사고를 성인들이 가지고 있다면, 배우자와의 관계를 파괴시킨다.

샐리와 짐은 '갈등들'을 가지고 와서 내게 풀어놓았다. 그들은 둘 다 상대방을 권리가 있는 인격체로 보지 않았다. 샐리는 남편 짐이 하루 종일 열심히 일해서 피곤하며 잠자고 싶어 한다는 것을 알아차리지 못하고, 그와 이야기를 나누고 싶어 했다. 그녀는 잠자고 싶어 하는 남편의 욕구를 자신에게 관심을 두지 않는 것으로 여겼다.

똑같은 방식으로, 짐은 마쳐야 할 일을 끝내지 못했을 때 종종 화를 냈다. "내 파란 셔츠 어디 있어?"라고 묻는 짐의 말은 질문이라기보다 비난에 가까웠다. 그는 샐리가 돌봐야 하는 일이 너무나 많아 자신이 필요할 때 그녀의 손길이 미치지 못할 수 있음을 이해하려고 들지 않았다.

다른 사람을 그들이 우리에게 끼치는 영향으로만 판단하면, 큰 문제에 봉착하게 된다. 이것은 자기중심성이다. 사람들은 상대방을 자신의 필요의 대상으로 간주하며, 그들을 있는 그대로 보지 않는다. 사람들을 실제 있는 그대로 보지 않을 때, 사랑은 깨지고 만다.

배우자의 경험 인정하기

배우자의 권리를 인정하는 두 번째 방법은 상대방의 경험을 인정하는 것이다. 자기 경험만 고집하지 않고 배우자의 경험을 인정하며 이해하고 확인하여, 그것을 토대로 배우자를 긍휼히 여겨야 한다. 이러한 능력을 공감이라고 한다. 공감은 친밀함의 근본이다.

배우자를 권리가 있는 한 인격체로 인정할 수 없다면, 배우자와 공감할 수 없다. 또한 배우자의 경험을 언제나 자신과 관련된 것으로 여기거나, 배우자의 생각이 아니라 자신의 생각에 따라 배우자의 감정에 반응하게 될 것이다.

캐런과 윌은 공감에 대한 문제를 가지고 있었다. 그들은 어제 있던 일에 대해 이야기했다. 캐런은 그들의 관계에 대해 느끼고 있는 감정을 남편과 나누고 싶었다.

"요즘 나는 당신에게서 친밀함을 못 느껴요." 캐런이 말했다.

"무슨 말이야?"

"우리가 떨어져 있다는 느낌이 들어요."

"뭐라고? 나는 업무 시간 이외의 모든 시간과 힘을 당신에게 쏟았는데, 당신은 고마워할 줄 모르는군. 이젠 그렇게 노력해야 할 이유를 모르겠어." 윌이 대꾸했다.

그러자 캐런은 울기 시작했다. 그녀는 자신이 혼자이며, 자기 말을 들어 줄 사람이 없다고 느꼈다. 그들의 관계는 언제나 이런 식이었다. 캐런이 어떤 것에 대한 자신의 느낌을 말하면, 윌은 자신을 비난하는 말로 받아들였다. 그는 아내의 말을 들을 수도 없고, 아내의 경험을 나눌 수도 없었다. 그는 자신의 과거를 놓아주지 못했기에 그녀와 공감할 수 없었다. 카렌은 깊은 단계에서 그와 연결되려는 자신의 시도가 막혔다는 느낌이 들었다.

좋은 바운더리를 갖는 것은 상대방에게서 충분히 분리되는 것이다. 즉 배우자의 반응 없이도 자신의 경험을 갖도록 인정하는 것이다. 이런 분명한 분리의 자세는 배우자의 경험에 반발하지 않고, 놀보며, 공감할 수 있게 해준다. 다른 사람의 경험을 인정하지 않는 것은 오해와 싸움의 주된 원인이 될 수 있다.

다를 수 있는 자유 인정하기

배우자의 권리를 인정하는 세 번째 방법은 배우자에게 다를 수 있는 자유를 인정하는 것이다. 부부가 무언가 서로 다를 때 어떤 행동을 취하는지는 전적으로 그들이 얼마나 독립적인가에 달려 있다. 부부가 하나 됨에 이를 수 있는가 하는 것도 그들이 관계 안에서 서로 다른 의견, 감정, 기호, 욕구를 갖는 것이 가능한가에 달려 있다.

한 사람은 성관계를 원하는데 다른 사람은 원하지 않는다. 성관계를 원하는 횟수가 다르다. 한 사람은 외출하기를 원하는데 다른 사람은 원하지 않는다. 한 사람은 큰 집을 원하는데 다른 사람은 돈을 절약하고 재정적 부담을 피하고 싶어 한다. 이런 상황에서 부부는 어떻게 하는가? 그것은 부부가 서로의 차이점에 얼마나 아량을 베풀 수 있느냐에 달려 있다.

좋은 결혼 생활을 하는 부부라면, 서로 상대방의 차이점을 귀히 여기고 그것을 존중한다. 그들은 서로 이해하고, 듣고, 논리적으로 따져 보고, 타협하고, 때로는 자신의 욕구를 포기한다. 먼저 '둘이 됨'이 있어야 하나 됨으로 발전할 수 있다.

개인의 차이점을 인정하지 않는 결혼 생활에서는 부부가 서로 상대방이 선호하는 것을 '나쁘다'고 생각한다. 또는 그 차이점을 사랑의 결핍이나 자신에 대한 모욕으로 여긴다.

시몬은 제리와 이런 문제를 가지고 있었다. 시몬은 제리가 출석하는 교회를 좋아하지 않았다. 그는 아내가 그토록 좋아하고 의미 있다고 생각하는 그 교회의 예배에 마음이 가지 않았다. 그리고 그녀는 남편이 좋아하는 것을 받아들일 수 없었다.

제리는 종종 모임에서 이렇게 말했다. "시몬이 정말로 나를 사랑한다면, 나와 함께 교회에 가고 싶을 텐데. 왜 그렇게 안 하는지 모르겠어요. 그게 나한테 얼마나 중요한지 알면서도 말이에요."

시몬은 그 교회의 지나친 표현주의가 자신을 압도해 모든 것과 동떨어진 느낌을 받게 한다는 것을 그녀에게 설명하려고 애썼다. 그러나 그녀는 그의 차이점에 대해 들으려고 하지 않았다. 그녀에게는, 단지 자신에게 중요한 것에 남편이 마음 쓰지 않는다는 것을 의미할 뿐이었다.

차이점은 나쁜 것이 아니다. 그것은 사랑이 자라는 여러 바탕들 가운데 일부다. 차이점은 부부 사이에 처음 관계가 시작될 때 상대방을 좋아하게 된 면이자, 나머지 생애 동안 그들이 싸우게 될 면이다. 왜냐하면 차이점은 흥미로우며, 자신에게 없는 것을 즐기는 것 같은 느낌을 준다. 하지만 상대방에게서 독립할 만큼 충분히 성숙하지 않았다면, 차이점은 위협이 된다. 차이점은 미성숙한 사람들에게 거리감, 사랑의 결여, 버려짐, 거부, 심지어 극복해야 할 도전 등으로 느껴진다. 그리고 이런 위협에서 자신을 보호하기 위해 사랑을 접어 두게 한다.

배우자의 차이점에 아량을 베푸는 능력은 결혼 생활의 바운더리에서 중요한 요소다.

배우자의 존재 소중히 여기기

"난 그녀의 설명을 듣고 싶었습니다." 로버트는 수잔의 댄스 교습에 대해 말했다.

"하지만 당신은 춤을 싫어하지 않습니까?" 나는 그가 그녀의 설명을 왜 듣고 싶어 했는지 의아해하며 물었다.

"나는 그녀의 눈과 귀를 통해 듣고 보고 싶었습니다. 그녀는 내가 잡아낼 수 없는 것을 잡아내거든요."

로버트는 수잔을 사랑했다. 그가 수잔을 사랑한 이유 가운데 하나는 그녀가 댄스에서처럼 사물을 매우 감각적으로 경험하기 때문이었다. 그는 그녀가 삶을 대하는 방식을 사랑했다. 다시 말해서, 그는 아내의 인생 경험을 소중히 여겼다. 그녀의 본질, 즉 자신에게서 독립된, 있는 그대로의 그녀를 사랑했다.

로버트는 자신과 상관없는 수잔의 한 면을 사랑했다. 그녀는 그의 어떤 욕구나 관심을 만족시키려 하지 않았다. 그녀는 단지 자기다워지려고 했고, 그는 단지 그녀가 알고 경험하는 것을 통해 기쁨을 얻고 있었다. 그는 있는 그대로의 그녀를 소중히 여겼다. 그녀가 그에게 무언가를 주지 않더라도, 그녀는 그에게 소중했고 사랑받았다.

"당신은 내가 아니야"라는 개념의 또 다른 면은, 한 사람을 볼 때 우리의 바람과 욕구에 관련시키지 않고 있는 그대로 보고, 그 사람을 사랑하고 감사하는 능력이다. 자신과 상관없이, 그리고 자신이 상대방에게서 얻는 것과 상관없이 그의 존재를 소중히 여기는 것은 사랑의 멋진 면이다. 그것은 아주 좋은 바운더리, 즉 배우자를 나와 다른 독립된 사람으로 보는 능력을 원한다. 배우자를 나름의 권리와 가치와 좋은 면을 가진 존재로 보는 능력이 필요하다. 이것이 사람을 알아 가는 기쁨이다. 부부가 함께 성장하면서 이런 사랑의 멋진 면을 보여 줄 때 나는 가장 기쁘다.

성인은 서로의 자유를 존중한다

자유는 사랑의 필수 조건이다. 우리가 누군가 통제한다면 사랑은 불가능하다. 통제는 사랑이 아니라 굴종을 가져온다. 서로가 배우자에게 자유롭고 독립된 인격체가 되는 것을 인정하는 능력은 견고한 관계의 보증 수표다.

여유를 가질 자유

리치는 우리 모임에서 자신과 메리의 관계를 설명했다. 그는 오랫동안 독신이었다. 친구들은 모두 그가 결혼하지 않을 거라고 단정했다. 리치는 성공한 변호사이자 고상하고 매력 있는 결혼 상대자였다. 많은 미혼 여성들이 그를 쫓아다녔지만 모두 허탕을 치곤 했다.

그는 메리와 깊은 사랑에 빠졌다. 모든 사람이 깜짝 놀랐지만 오래가지 않을 거라고 확신했다. 그러나 2년이 지났고, 리치와 메리는 여전히 데이트를 했다. 친구들은 리치가 '비상 탈출'할 날이 다가오고 있다고 생각했다. 그런데 리치는 메리에게 청혼했고, 그들은 결혼했다.

그날 메리에 대한 그의 설명을 들으면서, 나는 그가 그녀를 아는 데서 순수한 기쁨을 얻고 있다는 걸 알 수 있었다. 그는 모든 결혼한 부부들에게 교훈이 될 만한 이야기를 했다. "난 그녀가 나를 통제하지 않아서 정말 고마워요. 때때로 나는 친구들과 시간을 보내고, 나만의 관심사(그는 자동차 경주광이었다)를 위해 자유로운 시간을 가집니다. 그녀는 내게 자유를 줘요. 내가 데이트했던 여성들 가운데 내게 자유를 준 사람은 그녀가 유일해요."

나도 메리를 알고 있다. 그의 말은 사실이다. 그녀는 리치와 함께 지내기를 좋아했지만 그가 자신만의 시간과 공간을 갖게 해주었다. 그것은 그녀에게 희생이 아니었다. 그녀가 온전함을 이루는 시간이기도 했다. 그녀 역시 자신만의 관심사가 있었다. 그녀는 테니스를 몹시 좋아했으며, 남는 시간에 자원봉사 활동을 많이 했다. 그녀는 리치에게 자유를 주었을 뿐만 아니라, 자신의 자유도 누렸고 상호 동등하게 즐기고 있었다. 리치는 묶여 있다는 느낌이 들지 않았으며, 그녀 역시 그랬다.

잠언 31장은 이런 관계를 아주 잘 보여 준다. 남편과 상관없이 자신의 활동을 많이 하고 있는 한 여인을 묘사한다. 그녀는 밖에 나가서 사고팔며, 남편은 동료들과 앉아서 자기 아내를 칭찬한다. 그들은 둘 다 자신의 개별성을 지니고 있지만 깊이 결합되어 있다. 개인으로서 자유로울 뿐 아니라 서로 깊이 결합되어 있는 이런 균형은 온전함의 가장 중요한 요소다. 그것은 결혼 생활은 물론이고 개인의 성장과 발전을 가져온다.

그러나 많은 사람들은 상대방에게 자유를 주는 데 어려움을 느낀다. "누군가를 사랑한다면 그들을 자유롭게 해주라. 당신을 사랑한다면 그들도 그렇게 할 것이다. 그리고 당신을 사랑하지 않는다면 그들을 쫓아가서 죽이라"는 속담은 상대방에게 자유를 주는 데 어려움을 느끼는 사람들에게 효과가 있을 것이다. 자유는 우리를 불쾌하게 하기 전까지는 좋다.

온전한 두 사람 사이의 좋은 결혼 생활은 자신의 개성과 자유를 가질 수 있고, 이것이 실제로 그들의 관계를 튼튼하게 만든다. 그들은 떨어져 있다가 다시 만나 서로의 경험을 나누고 이로써 친밀감이 더욱 커진다.

문제가 있는 결혼 생활은 한 배우자가 떨어져 있는 시간, 개별성, 자유를 위협으로 느끼는 것이다. 이런 배우자는 개별성을 사랑의 결여나 버림받음으로 느낀다. 그들은 배우자와 함께 있을 때만 사랑받는다고 느낀다. 내가 상담한 어느 부부가 있다. 남편은 친구들과 일주일에 한 번씩 볼링을 치기 원하는데, 아내가 이것을 언짢게 여겨 남편을 '무심한' 사람이라고 비난했다. 어떤 이들은 자기 배우자가 어느 정도의 개별성을 가지고 있으면, 자신을 버리고 다른 사람을 찾을 거라고 생각하며 두려워한다.

부부에게 어느 정도의 개별성은 좋고, 어느 정도의 개별성은 나쁘다는 기준은 없다. 개별성의 정도에는 절대성이 없으므로 우리는 고통을 겪지 않도록 지혜롭게 타협해야 한다. 그러나 자유에 대해 기본적인 이해가 있는 부부, 즉 개별성을 위협으로 여기지 않는 부부는 세세한 사항을 정할 수 있다.

내가 아는 가장 성공적인 부부는 연초에 한 해를 어떻게 보낼지 함께 구상한다. 연예계 변호사인 남편은 업무상 여행을 많이 한다. 부부는 그 해에 며칠을 밖에서 보낼지 결정한다. 예를 들어, 100일로 결정한 후에 누적된 날이 이것을 넘어서면 그들은 어떤 계약이라도 "아니요"라고 거절한다. "그들은 '아니요'라고 거절한다"는 말에 주목하라. 그들은 함께 결정한다. 배우자의 자유를 당연하게 여기므로, 자유가 있는지 없는지가 아니라 그 자유를 어떻게 보낼지에 대해 이야기한다.

그러나 자유는 인간의 모든 특권 가운데 가장 두려운 것이다. 아담과 하와는 하나님을 거역하는 데 그 자유를 사용했다. 바울이 갈라디아서에서 경고하듯이, 우리도 아담과 하와처럼 자유를 잘못 사용할 수 있다. "형제들아 너희가 자유를 위하여 부르심을 입었으나 그러나 그 자유로 육체의 기회를 삼지 말고 오직 사랑으로 서로 종노릇하라 온 율법은 네 이웃 사랑하기를 네 자신같이 하라 하신 한 말씀에서 이루어졌나니"(갈라디아서 5:13-14). 하나님과 맺은 관계와 부부가 서로 맺은 관계는 자유를 위한 것이다. 그러므로 자유를 이기심을 만족시키는 데 사용하면 안 된다.

어떤 배우자들은 자신의 욕망을 충족시키기 위해 결혼 생활을 희생시키면서 자유를 누린다. 대부분의 시간을 골프장에서 친구들과 보내느라 아내를 골프 과부로 만드는 사람들이 많다. 사냥꾼과 낚시꾼의 아내들도 대부분 혼자 주말을 보낸다. 이런 자유의 오용은 이기적이며, 결혼 생활의 성장은 물론이고 각자의 성장과 발전에도 전혀 도움이 안 된다. 누구나 이기적일 수 있으며, 앞에서 말한 것 같은 타고난 이기심에 빠질 수 있다.

성경은 이런 위험을 가장 잘 해결할 수 있는 방법을 제공한다. "네 이웃 사랑하기를 네 자신같이 하라." 다른 말로 하면, 개별성 훈련을 통해 당신의 자유와 개별성이 배우자에게 어떤 영향을 끼치는지 확인해 보라. 소홀히 대접받고 싶은가? 분명히 아닐 것이다. 그렇다면 황금률을 지키라.

황금률은 쌍방 간에 작용한다. 당신은 개별성을 가질 자유도 있지만, 통제할 자유도 있다! 사람은 누구나 자신만은 예외이고 싶어 한다. 따라서 배우자의 개별성과 자유를 통제하고 싶다면, 자신에게도 똑같은 질문을 던지라. "갇히고 싶은가?" 당신의 대답은 분명히 "그렇지 않다"일 것이다. 황금률은 자유가 자기중심적 면허증이 되는 것을 막는 최선의 방책이다.

현실에 대한 좋은 두려움

자유를 자기중심적으로 사용하는 것을 황금률이 막지 못한다면, 아마도 두려움이 막을 것이다. 통제의 결과를 두려워할 때 사람들은 통제하는 것은 멈춘다. 하나님은 인간을 창조하실 때 두 가지 일을 하도록 계획하셨다. 하나는 '후견인과 청지기'(갈라디아서 4:1-2) 역할을 하는 부모에게서 떠나 독립하는 것이고, 또 하나는 자유롭게 되는 것(갈라디아서 5:1)이다.

배우자의 자유와 개별성을 통제한다면, 당신은 더 이상 사랑의 대상이 되지 않는다. 당신의 배우자는 하나님의 계획의 일부이기 때문에 당신은 반항할 두 가지 존재가 되고 만다. 당신은 노예의 주인이 되고, 부모가 된다. 어느 것도 배우자가 의도한 모습은 아니다.

당신이 통제하는 사람이라면, 마지막에 치러야 할 대가를 기억하라. 당신의 배우자는 자유로운 성인이 되기 위해 당신의 통제와 싸울 것이다. 그는 개별적이고 통제받지 않는 자유로운 존재로 지어졌다. 그리고 '우리'를 형성하기 위해 당신에게 개별성을 줄 것을 결정할 수 있는 존재로 지어졌다. 당신이 그 자유를 빼앗으면 더 이상 '하나'가 되기 위한 '둘'은 존재할 수 없다. '하나 됨'은 사라지고 오직 당신 자신의 확장만 남게 된다.

또한 이 자유를 빼앗겼을 때, 배우자는 부모 기능을 하는 당신을 '떠나' 다른 사람에게로 '갈' 것이다. 아이들에게는 '후견인과 청지기'의 보호가 필요하다. 배우자의 자유를 통제함으로써 그의 부모가 되지 말라. 능동적이든 수동적이든 반발을 사게 될 것이다.

통제에 대한 반발은 많은 사건이나 문제의 동기가 된다. 통제받는다고 느끼는 배우자는 책임 있는 바운더리를 가지고 통제에 저항할 만큼 성숙한 사람이 아닐 것이다. 그는 '자유롭다는 느낌을 얻기' 위해 돌출 행동을 한다. 자기를 수용해 주는 사람을 찾게 되고, 그리하여 연애 사건이 일어난다. 자유를 갈망한 나머지 도살장으로 끌려가는 양처럼 되고 만다. 잠언은 음탕한 여인을 조심하라고 경고한다. "여러 가지 고운 말로 유혹하며 입술의 호리는 말로 꾀므로 젊은이가 곧 그를 따랐으니 소가 도수장으로 가는 것 같고 미련한 자가 벌을 받으려고 쇠사슬에 매이러 가는 것과 같도다 필경은 화살이 그 간을 뚫게 되리라 새가 빨리 그물로 들어가되 그의 생명을 잃어버릴 줄을 알지 못함과 같으니라"(잠언 7:21-23).

'여러 가지 고운 말'은 종종 아첨과 자유의 말과, 집에서 잔소리와 죄책감을 주는 통제 때문에 겪는 고통과 마음의 가책에 '안도감'을 주는 말을 가리킨다. 이렇게 잔소리하는 부모가 되지 말라. 자유를 주고, 사랑의 섬김 안에서 그 자유를 책임 있게 사용할 것을 요구하라.

갈망하기

당신은 왜 결혼할 마음이 생겼는가? 아마도 많은 이유가 있을 것이다. 그중에는 틀림없이 건전한 이유도 있고, 그렇지 않은 이유도 있을 것이다. 그러나 한 가지 확실한 것은, 결혼은 아담이 독신으로 지낼 때 하나님이 "사람이 혼자 사는 것이 좋지 아니하니"(창세기 2:18)라고 말씀하시며 그 문제를 해결하기 위해 만드셨다는 것이다.

하나님은 인간을 만드실 때, 혼자 살지 않고 관계를 갈망하게 하셨다. 우리는 모두 이런 갈망을 가지고 있다. 미혼인 사람은 이런 갈망을 친구와 친척에게서 만족시키는 반면, 결혼한 사람은 한 걸음 더 나아간다. 그들은 인생의 동반자를 찾음으로써 이런 갈망을 충족시킨다. 하나님은 관계를 향한 이런 갈망을 충족시키고, 인생이라는 여행에 동반자를 주기 위해 특별히 결혼을 만드셨다.

이 동반자 관계가 자유에 대한 우리 토론의 중심에 있어야 한다. 부부 가운데 한 사람이 배우자의 자유를 제한하고 통제한다면, 동반자 관계는 파괴된다. 그러나 그 이상으로, 자유는 그 자체로는 온전하지 않은 개별성을 키워 준다. 그러므로 자유는 아이러니하게도 부부가 서로를 몹시 갈망하게 하여 서로가 계속 함께하도록 할 것이다. 개별성이 일으키는 문제를 해결하기 위해서는 함께하기를 바라는 개별성을 충분히 가짐으로써, 결혼 생활에 자유를 세워야 한다.

이러한 역설은 하나님의 영역 안에서 진리들이 균형을 이루게 한다. 개별성과 일체감은 밀접한 관련이 있다. 개별성을 너무 많이 가지고 있으면 결합되지 않아서 관계를 유지하지 못한다. 반면 개별성을 전혀 가지고 있지 않아도 결합할 두 사람이 없어지므로 관계가 존재하지 않게 된다.

그러므로 하나님의 계획의 일부로서 자유가 필요하다는 것을 알고, 두 사람을 위한 자유와 일체감 사이에서 올바른 균형을 찾으라. 당신이 두 가지를 다 가지고 있는지 확인하라. 당신이 자유를 준다면, 당신은 갈망할 것이다. 당신이 일체감을 가지고 있다면, 다른 사람과 함께하는 당신을 표현하는 일에 더 많은 자유를 주고 더 많은 사랑을 창조할 것이다. 친구, 취미, 일, 시간은 모두 교제하는 것의 일부다. 그것들을 키워가라. 그러면 그것들이 몇 배로 당신에게 돌아올 것이다.

5.

귀하게 여기는 것 갖기

"관대하게 대하는 대로 받는다"는 속담을 어디서 처음 들었는지 기억나지 않지만, 나(헨리)는 그것을 믿게 되었다. 다시 말해, 불완전한 세계에서는 불완전과 마주칠 수밖에 없고, 불완전을 관대하게 대하면 불완전을 다스릴 수 있는 방법을 확실히 찾을 수 있다. 불완전한 일들은 우리 인생, 특히 결혼 생활에서 자주 문제를 일으킨다.

관대하게 대하는 모든 나쁜 것들에서 얻는 바가 있다면, 결혼 생활의 좋은 것들에서는 어떤가? 좋은 것들은 어디에서 오는가? 그것들은 보통 '관용'이라는 가치관에서 온다. 긍정적인 면이든 부정적인 면이든, 결국 우리는 가치 있게 여기는 것을 가질 수 있다. 부부 관계를 귀하게 여긴다면, 이것을 파괴하는 것이 무엇이든 용납하지 않을 것이다. 그리고 부부 관계를 실현하고 성장시키기 위해 애쓸 것이다. 이런 가치관 때문에 관계는 정체성과 형식, 특징을 갖는다.

관계 안에서는 일어나는 일과 일어나지 않는 일이 있다. 당신이 귀하게 여기는 일은 일어나고, 귀하게 여기지 않는 일은 일어나지 않는다. 예를 들어, 결혼 생활에서는 이렇다.

1. 우리는 정직이라는 가치를 침해하는 어떤 것도 용납하지 않을 것이다.
2. 우리는 둘 다 실제로 결혼 생활에서 정직함이 굳건히 세워지도록 노력할 것이다.

당신의 가치관이 결혼 생활에 유익한지, 아니면 무익한지 확인하라. 그 가치관은 결혼 생활에서 궁극적으로 핵심이 되고, 결혼 생활을 보호하는 바운더리가 된다.

1장에서 바운더리란 무언가가 끝나고 무언가가 시작되는 것을 정의하는 소유권 경계선이라고 했다. 당신의 가치관은 결혼 생활의 궁극적인 바운더리다. 가치관은 바운더리를 형성하고, 바운더리를 보호하며, 바운더리가 자랄 수 있는 공간을 준다. 가치관은 어떤 관계가 만들어지는 것을 결정한다. 관계는 추구하고 유지해야 할 것뿐 아니라 자라게 하지 말아야 할 것들도 결정한다. 관계에서 가치관은 집의 모양을 세우는 뼈대와 같다. 결국 당신이 귀하게 여기는 것은 당신이 맺게 될 관계를 결정한다.

그러므로 이 장에서 우리는 결혼 생활의 모습과 정체성을 결정짓는 가치들과, 결혼 생활을 보호하는 데 도움이 되고, 하나님이 의도하신 결혼 생활로 성장하게 하는 가치들을 소개하려고 한다.

사무엘상 26장 24절에 나오는 '가치'(우리말 성경에는 '중히 여기는'으로 번역되어 있음)라는 단어의 히브리어는 '확대하는 것, 높이는 것, 확장하는 것'을 의미한다. 우리가 앞으로 다루게 될 여섯 가지 가치를 당신이 행하기 바란다. 이 여섯 가지 가치가 당신의 관계에 큰 지표가 되길 바란다. 그것들을 확대하고 그 중요성을 확장하라. 그것들을 높이고, 존중하고, 부부 사이에서 그것들을 추구하면, 당신의 관계는 견고한 바탕 위에 세워질 것이다. 그리고 잠언 말씀이 당신에게 이루어질 것이다. "지혜를 버리지 말라 그가 너를 보호하리라 그를 사랑하라 그가 너를 지키리라"(잠언 4:6).

여섯 가지 중요한 가치에 대해 이야기하기 전에, 먼저 가장 나쁜 가치부터 살펴보자.

가장 나쁜 가치

나는 한 청년과 그의 여자 친구에 대해 이야기를 나누었다. 그는 결혼할 생각으로 그들의 관계에 대해 내게 자문을 구했다. 대화하면서 그는 여자 친구가 했던 일이나 관계의 어떤 부분 때문에 '행복하지 않다'고 여러 번 말했다. 이것은 그에 관한 주제임이 분명했다. 그녀는 "그를 행복하게" 하지 않았다.

나는 그에게 질문을 하면서 다음과 같은 사실을 알게 되었다. 그 관계에서 여자 친구는 그가 어떤 것을 해주기를 바랐다는 것을 말이다. 그는 여자 친구가 바라는 일들을 하기 위해 노력했고, 그것은 '행복한' 시간이 아니었다. 그가 관계를 위해 노력해야 했을 때, 그는 더 이상 그 관계를 좋아하지 않게 되었다.

처음에 나는 그를 이해하려고 애썼지만, 이야기를 들으면 들을수록 문제는 바로 그에게 있음을 알 수 있었다. 그는 "내가 행복하지 않다면 뭔가 나쁜 일이 일어나고 있는 거야"라는 태도를 보였다. 그가 내리는 결론은 항상 '잘못'은 자신이 아닌 다른 사람에게 있었다. 그의 시각에서 볼 때 자신은 문제를 일으킨 사람이 아니고, 문제를 풀어야 할 사람은 더더욱 아니었다. 결국 나는 자기중심적인 그의 횡설수설을 계속 들어야 했다.

"당신이 해야 할 일을 알 것 같습니다." 내가 말했다.

"그게 뭡니까?"

"당신은 금붕어를 구해야 할 것 같습니다."

그는 마치 나를 미친 사람 보듯이 쳐다보고는 물었다. "무슨 말씀을 하시는 겁니까? 왜 그런 말씀을 하시는 거죠?"

"당신이 기대하는 관계의 수준이 너무 높은 것 같습니다. 결혼할 생각은 아예 하지 마세요."

"수준이 너무 높다니 무슨 말입니까?"

"글쎄요. 심지어 강아지도 당신에게 요구하는 것이 있습니다. 강아지가 볼일을 보기 위해서는 당신이 밖으로 데리고 나가야 하고, 당신이 그 배설물을 치워야 합니다. 강아지에게 시간을 빼앗기고 싶지 않을 때도 강아지가 당신에게 시간을 요구할 때가 있지요. 강아지가 당신의 행복을 방해할 수도 있습니다. 차라리 금붕어를 구하는 게 좋을 것 같군요. 금붕어는 별로 요구하는 게 없거든요. 그런데 여자 친구는 결코 금붕어가 아닙니다."

이제 우리의 논점이 확실해졌다.

이 사람에게 가장 큰 가치는 자신의 행복과 순간의 안락이었다. 나는 인생에서, 특히 결혼 생활에서 그가 생각하는 가치보다 더 나쁜 가치는 없다고 생각한다. 물론 나는 고통을 옹호하는 사람이 아니다. 고통을 싫어한다. 하지만 나는 '항상 행복하기만을 바라고 다른 어떤 것보다 행복만 추구하는 사람이 세상에서 가장 비참한 사람'이라는 것을 알고 있다.

그 이유는, 행복은 결과로 오는 것이기 때문이다. 행복은 종종 좋은 일이 만들어 낸 결과다. 행복은 보통 우리가 선한 것을 행한 결과이며, 어떤 환경에서든 만족하고 즐겁게 살기 위해 행한 일의 결과다. 행복은 관계, 직업, 영적 성장 등에서 아주 힘들게 노력한 결과이며, 인생의 여러 활동 무대에서 주체적으로 노력한 결과다. 이 진리는 결혼 생활에서 특히 빛난다.

결혼 생활에는 많은 노력이 필요하다. 결혼한 지 오래된 부부 가운데 이 사실을 부인하는 사람은 없을 것이다. 부부가 결혼 생활에서 올바른 노력을 기울일 때 더 많은 행복을 얻을 수 있다. 그러나 행복은 늘 어려운 순간을 이겨 낸 결과로 나타난다. 행복은 갈등, 두려움, 충격, 크고 작은 반대, 논쟁, 상한 감정, 기대했던 것과 전혀 다른 심한 차이에서 오는 환멸감, 그리고 상대방의 불완전함과 미성숙을 받아들이는 어려움 등을 이겨 낸 결과로 온다.

이것들은 모두 정상적인 것이며, 해결하기 위해 노력할 만한 것들이다. 이것들을 해결하려고 노력하면 행복에 이를 수 있고, 대부분 더 깊고 더 큰 행복에 이르게 된다. 그러나 이러한 불가피한 벽들에 부딪쳤을 때 이 문제가 "내 행복을 방해하고 있다"는 태도를 보인다면, 참으로 어려운 문제에 빠지게 된다. 자신의 행복에 피해를 주는 '불편'에 화를 내고, 문제를 해결하는 것을 거부하거나 관계를 정리할 것이다. 행복이 순식간에 사라져 버린다면, 우리는 뭔가 잘못되었다고 생각할 것이다.

하지만 행복하지 않은 때라도 좋은 일이 일어날 수 있다. 이러한 진리 때문에 행복의 가치는 더욱 고귀하다. 당신에게 성장이 필요하기 때문에 위기의 순간을 맞이하고, 그 위기가 인생에서 잘못된 많은 것을 해결해 줄지도 모른다. 이런 상황에서 배워야 할 것을 파악할 수 있다면, 당신의 인생은 변화될 수 있다.

야고보는 이렇게 말한다. "내 형제들아 너희가 여러 가지 시험을 당하거든 온전히 기쁘게 여기라 이는 너희 믿음의 시련이 인내를 만들어 내는 줄 너희가 앎이라 인내를 온전히 이루라 이는 너희로 온전하고 구비하여 조금도 부족함이 없게 하려 함이라 너희 중에 누구든지 지혜가 부족하거든 모든 사람에게 후히 주시고 꾸짖지 아니하시는 하나님께 구하라 그리하면 주시리라"(야고보서 1:2-5).

결혼 생활에서 문제를 만나면, 행복은 사라진다. 야고보는 우리가 크게 성장할 수 있는 기회와 '온전함'에 이를 수 있는 기회를 얻게 된다고 말한다. 부부는 문제를 일으키는 것이 무엇이든지 그것을 극복할 수 있다. 그러면 문제를 일으키는 것에서 영원히 자유로울 것이고, 그것이 무엇이든지 옛것으로 만들어 버릴 것이다. 그러므로 부부는 '조금도 부족함이 없게' 된다. 두 사람은 성장할 것이다.

자동차를 운전하다 나무를 몇 차례 들이받은 사람에 비교해 보자. 나무를 들이받는 것은 생명을 위협하지는 않지만 문제를 일으킨다. 그는 차를 끌고 나가 다시 한 번 나무를 들이받고 만다. 마침내 그는 "나는 이 차가 싫어! 이 차는 나무를 들이받기만 해. 이젠 지긋지긋해"라며 그 차를 팔아버린다. 그리고 새 차를 사면 행복할 거라고 생각한다. 그는 이 시나리오에서 자신의 역할을 전혀 이해하지 못하고 있다. 새 차가 이 문제를 해결해 줄 거라고 생각하지만 그런 해결책은 그를 행복하게 해줄 수 없다.

그가 운전을 좀 더 능숙하게 하면 나무와 충돌하는 것을 피할 수 있을 것이고, 더 이상 이런 파손이 없을 것이다. 그리고 나무와 충돌하지 않는 운전이라는 '행복'을 얻게 되고, 마침내 '온전한' 운전자가 될 것이다. 그 행복은 열심히 노력하고 자신에게 고통을 일으키는 문제를 극복한 결과다. 그런데 그가 단순히 행복만을 바란다면, 운전 실력을 향상시키기 위한 노력은 그에게 행복을 가로막는 장애물에 지나지 않을 것이다.

행복이 아닌 다른 것을 염려하는 편이 더 낫다. 그리고 이렇게 하는 것이 궁극적으로 행복에 이르는 길이다. 말 앞에서 마차를 끌지 말라. 어린아이처럼 오늘 행복한 것이 가장 중요하다고 여기지 말라. 이런 사람들은 결혼 생활을 한순간 자신의 만족을 위해 존재하는 것으로 생각한다. 이런 사고 방식은 매우 이기적이고, 결국 자신을 파괴한다. 성장을 위한 노력이 지금은 고되게 느껴지더라도 기꺼이 힘쓰라. 그러면 행복이 찾아올 것이다. 가장 나쁜 가치를 갖지 말라. "나는 늘 행복해야 하고, 행복이 무엇보다 심지어 성장보다도 더 귀하다"고 여긴다면 행복은 당신을 비켜 갈 것이다.

그러면 무엇을 귀하게 여겨야 하는가? 무엇을 확장하고, 무엇을 높여야 하는가? 우리가 모든 가치들을 분명하게 결정해 줄 수는 없다. 그러나 성경이 존중하는 가치들이 있다. 이 가치들은 결혼 생활에 있어야 할 아주 좋은 바운더리들을 만들어 가는 데 유익하다. 여섯 가지 가치들은 다음과 같다. 다음 장들에서는 각각의 가치가 성숙한 결혼 생활을 만들어 가는 데 유익한 이유를 좀 더 자세히 살펴볼 것이다.

1. 하나님 사랑

2. 배우자 사랑

3. 정직

4. 신실함

5. 긍휼과 용서

6. 거룩함

큰 그림

세상에는 두 종류의 사람이 있다. 자신이 원하는 것에 초점을 맞추고 끊임없이 그것을 바라지만 결코 얻지 못하는 사람과, 자신이 원하는 것을 얻기 위해 쏟아야 하는 노력에 초점을 맞추는 사람이다. 후자는 만족감을 뒤로 미루고 노력을 기울이며 희생한다. 그리고 결국 모든 일에 보상을 받는다.

결혼 생활에서 당신이 원하고 바라는 것에만 초점을 맞추고, 단지 그것을 얻지 못한 것에 실망하고 화를 낸다면, 그 상태로 머물러 있을 것이다. 그러나 당신이 열매를 요구하는 대신 과수원을 가꾸는 데 초점을 맞추면, 엄청난 열매를 거둘 것이다.

따라서 그것은 가치에 달려 있다. 우리가 앞으로 다룰 주요 관심 사항들을 개발하기 바란다. 그것에 열심을 쏟으라. 당신과 당신의 배우자 안에서 그것들을 파괴하는 모든 것에 맞서야 한다. 이것은 의로운 분노다. 당신의 결혼 생활은 그것에 달려 있다. 또한 이 가치들을 실현하기 위해 할 수 있는 일을 다하라. 하나님 사랑, 배우자 사랑, 정직, 신실함, 긍휼과 용서, 거룩함 등을 개발하기 위해 시간과 돈, 힘과 초점,

그 밖의 다른 모든 자원들을 다 쏟으라. 두 사람이 끌어모을 수 있는 모든 것을 투자해 이 가치들을 추구하라. 그것들은 결코 당신을 실망시키지 않을 것이다.

6.

가치 하나: 하나님 사랑

나(헨리)는 자신들의 관계를 포기한 어느 부부를 만난 적이 있다. 그들의 관계가 이미 파국에 이르렀다는 것을 알 수 있었다. 그들에게 남은 것은 이혼뿐이었다. 하지만 그와 동시에, 나는 그들의 문제가 치료될 수 있다는 것도 알았다. 우리가 4장에서 다룬 "하나가 되기 위한 둘"이라는 주제 때문에 그들은 고통당하고 있었다.

나는 이 부부에게 가장 먼저 절망감에 대해 물어야 한다고 느꼈다. "두 사람 가운데 이 결혼 생활에 희망을 가지고 있는 분이 있습니까?"

"아니요!" 부부는 한목소리로 대답했다.

"좋습니다! 이제 우리는 노력할 수 있는 단계에 이르렀습니다." 내 말에 그들은 어리둥절하여 물었다.

"무슨 말입니까?"

그들은 서로 헤어질 준비가 되어 있었고, 그렇게 할 생각이었다. 그러나 부부는 하나님을 깊이 사랑했으므로 하나님만은 저버릴 수 없었다. 나는 그 사실을 알고 있었지만 그들은 깨닫지 못하고 있었다. 나는 하나님 안에서 그들의 신앙을 신뢰했다. '상대방을 위해' 변화되려고 한다는 거짓말을 멈추는 순간, 그들이 하나님의 뜻에 맞게 변화될 것을 나는 믿었다. 그래서 그들에게 이렇게 말했다.

"두 사람은 상대방에게, 그리고 두 사람의 관계에 너무 실망했기 때문에 상대방을 위해 문제를 해결하려는 희망이 거의 없는 것 같습니다. 실제로 두 사람은 서로를 묶어 줄 사랑이 자신에게 없다는 것을 알고 있습니다. 두 사람이 이 사실을 직면하게 되어 정말 기쁩니다. 하지만 저는 다른 것도 알고 있습니다. 두 사람은 하나님을 사랑하기 때문에 하나님이 원하시면 기꺼이 변화되려고 시도할 것입니다. 그렇게 한다면 관계가 좋아질 것입니다. 그런 사랑을 해보지 않겠습니까? 하나님이 요구하시는 것을 해보겠습니까?"

두 사람은 동의했지만, 둘 다 자신 없어 했다. 그들은 내 말을 하나님이 이혼을 반대하시므로 하나님에 대한 신실함으로 불행한 관계를 참아 내라는 뜻으로 여겼다. 어떤 의미에서는 그랬다. 그러나 나는 그 이상의 것을 의도했다. 하나님이 원하시는 변화를 수용한다면, 그들의 결혼 생활은 좋아질 것이다. 그러나 그들이 그 사실을 믿지 않았기에, 먼저 믿게 해야 했다.

예수님은 모든 것을 바쳐 하나님을 사랑하는 것이 가장 큰 계명이라고 말씀하셨다. "네 마음을 다하고 목숨을 다하고 뜻을 다하고 힘을 다하여 주 너의 하나님을 사랑하라"(마가복음 12:30). 예수님은 왜 이 가치를 다른 가치들보다 더 위에 두셨을까?

많은 이유가 있지만, 특별히 결혼과 관련지어 살펴보자. 하나님을 사랑하는 것이 우리가 지향하는 원칙이라면, 우리는 하나님이 요구하시는 것에 끊임없이 순종해야 한다. 결혼 생활에서 상황이 어려워지고 어떤 변화가 요구될 때, 우리는 그렇게 하고 싶지 않을 수 있다. 우리가 변화해야 하는 것이 불공평하게 느껴질 수 있으며, 변화가 너무 어렵고 고통스러울 수도 있다. 이럴 때 우리는 마음이 가는 대로 행동하기 쉽다. 그러나 궁극적으로 우리가 대해야 할 분이 하나님이심을 깨달으면, 성장하라고 하시는 하나님의 더 큰 소명에 굴복하게 된다.

'절망적인' 그 부부와 나는 열심히 노력했다. 그리고 그들은 무언가를 깨닫기 시작했다. 그녀는 때때로 남편을 심판하고 싶었지만, 하나님이 안 된다고 말씀하시는 것을 들었다. 그녀는 남편에게 화가 자주 났지만, 하나님께 복종하여 심판하기를 포기했다.

때때로 그는 아내에게 너무 화가 나서 비꼬는 말로 받아치고 싶었다. 이것은 지금까지 그에게 아주 익숙한 것이었다. 그러나 하나님이 그런 나쁜 행동을 하지 말라고 요구하신다는 것을 깨달았다. 그는 하나님께 복종하여 자기 입에 재갈을 물렸다.

때때로 그는 아내가 자신에게 불평하는 것을 듣고 싶지 않았다. 그러나 하나님은 그가 아내의 말을 듣기 원하며, 그 말에 방어적으로 대응하지 않기를 원하신다는 것을 알았다. 그는 하나님께 복종하고, 대립을 해결할 수 있을 만큼 충분히 아내와 이야기를 나누었다. 예전에는 아내를 피하고 취미 생활에 눈을 돌렸었다.

그녀는 자신이 삶의 괴로움과 두려움 때문에 남편을 비난했다는 것을 깨달았다. 한 번도 조절해 본 적이 없는 자신의 감정을 그녀 스스로 책임지기를 하나님이 요구하신다는 것을 깨달았다. 그녀는 하나님께 복종하고 변화되려고 애썼다. 그녀는 예전보다 강해졌다.

이 부부와 상담하고 나서 1년쯤 지난 후 다시 만났다. 그들은 더 이상 노력할 것이 없었다. 더 이상 문제가 없을 정도로 너무나 잘 지내고 있었다.

그녀는 십대처럼 들떠 있었다. "우리는 아주 즐겁게 지내요! 그와 결혼하기를 정말 잘했어요. 우리가 이렇게 될 줄은 꿈에도 생각하지 못했어요."

그 남편은 이렇게 말했다. "내가 이혼할 뻔했다는 것이 믿어지지 않습니다. 아내와 함께 있는 것이 너무 좋습니다. 예전에는 주로 일하는 데 힘을 쏟았지만, 이제는 일이 그리 중요하지 않아요. 그저 아내와 함께 이야기를 나누는 것이 좋습니다."

우리는 그들이 처한 모든 상황이 절망적으로 보였던 1년 전을 회상했다.

부부 중 한 사람이 말했다. "우리는 어찌해야 할지 몰랐어요. 그래서 당신이 출구가 있다고 말했을 때 그저 믿기로 했습니다. 그리고 이렇게 잘되었고요."

나는 그들에게 명확히 말해 주었다. "저를 믿었던 것처럼 생각할지 모르지만, 실제로 두 사람은 저를 믿은 것이 아닙니다. 저는 하나님의 방식대로 노력하면 관계가 좋아질 거라고 말했을 뿐입니다. 두 사람은 하나님께 맡기고, 하나님이 요구하시는 일을 날마다 행했지요. 하나님이 성장과 변화를 요구하셨을 때 순종했습니다. 두 사람은 하나님이 약속하신 열매를 맺은 것입니다. 저를 믿었다고 생각했을지 모르지만, 저는 그분을 대신했을 뿐입니다. 두 사람이 하나님과 하나님이 보이신 길을 따랐을 때, 저는 이렇게 될 줄 알았습니다."

나는 그들이 남은 인생도 잘 해나갈 것이라고 믿는다. 이제 그들에게는 진정한 사랑이 있다. 그것은 '하나님을 사랑'한 결과였다. 그들은 하나님이 요구하시는 것을 행할 만큼 하나님을 사랑했다. 그 결과 서로를 사랑할 만큼 성장했다. 그들이 지금 서로에게 가지고 있는 사랑은 하나님을 사랑한 결과다.

그러므로 하나님 사랑이 먼저다. 하나님은 우리에게 변화될 힘을 주신다. 변화되는 방법도 알려 주신다. 무엇보다 하나님은 우리에게 책임을 지우지 않으신다. 만일 우리가 책임을 지려고 한다면, 우리 방식대로 하려고 할 것이다. 그러면 우리의 한계들이 관계를 제한하게 된다. 우리가 필요한 모습으로 변화되기 위해서는 응답해 줄 더 큰 누군가가 필요하다.

먼저 마음을 다하고 목숨을 다하고 뜻을 다하고 힘을 다하여 하나님을 사랑하라. 그리하면 얻으리라.

7.

가치 둘: 배우자 사랑

우리는 사랑에 대해 많은 이야기를 들으며, 나름대로 생각을 가지고 있다. 사랑은 어떤 사람에게는 로맨스이고, 다른 사람에게는 보호다. 또 어떤 사람에게는 상대방의 능력이나 성취 같은 요소에 끌리는 감정이다. 우리는 "당신의 그 점을 사랑합니다"라고 말한다. 그 사람 안에는 우리를 만족시키는 무언가가 있으며, 그것을 좋아한다는 의미다. 그것들은 모두 배우자 사랑의 좋은 면들이다. 우리는 배우자의 인격을 높이 평가한다. 우리의 존재에 그(그녀)를 추가한다. 사랑은 관계의 한 부분이다.

그러나 우리가 배우자의 '무엇을 사랑하는지' 알지 못할 때 어떤 일이 생기는가? 우리의 '사랑'이 사라질 때 어떤 일이 일어나는가?

결혼 생활을 세우는 사랑은 우리를 향한 하나님의 사랑과 같다. 우리는 그 사랑을 '아가페'라고 부른다. 아가페는 배우자의 평안과 행복을 구하는 사랑이다. 그 사랑은 배우자가 어느 순간에 우리를 어떻게 만족시키는가 하는 것과 관련이 없다. 다만 배우자에게 좋은 것이 무엇인지와 관련이 있다. 간단히 말해서, 아가페는 다른 사람의 유익과 관련이 있다.

예수님은 두 번째 큰 계명을 말씀하실 때, 아가페를 이렇게 표현하셨다. "네 이웃을 네 자신같이 사랑하라"(마태복음 22:39). 우리가 그렇게 할 때, 누군가를 진정으로 사랑하는 것이다.

결혼 생활에서 배우자를 '네 자신같이' 사랑하라는 것은 무엇을 뜻하는가? 그것은 세 가지를 뜻한다. 배우자에게 한 행동의 결과를 당신이 느낄 수 있을 만큼 배우자와 동일시하고, 배우자의 삶을 더 좋게 하는 것에 대해 우선적으로 생각하며, 배우자가 자신에게 가장 좋은 것이 무엇인지 알지 못할 때라도 배우자를 위해 가장 좋은 것을 구하는 것이다.

첫째, 배우자에게 한 행동의 결과를 당신이 느낄 수 있을 만큼 배우자와 동일시하라. 사람들은 일반적으로 결혼 생활에서 관계를 해치는 일을 할 때, 이기심과 그 이기심이 배우자에게 끼치는 영향에 대해서는 생각하지 않는다.

스캇은 우리 모임에서 마리아에게 화를 냈다. 그는 위협을 받으면 마리아에게 화를 내며 공격적으로 말했고, 마리아는 그의 행동을 비난했다.

그러나 내가 보기에는 마리아의 비난 뒤에는 그녀가 드러내지 않는 뭔가가 있었다.

나는 스캇이 장황하게 말하는 것을 제지하며 마리아에게 물었다. "당신은 어떻게 느낍니까?"

"남편이 저렇게 행동하는 것은 나빠요." 그녀가 말했다.

"아니, 당신의 감정이 어떻냐고요?" 나는 물었다.

그녀는 주저앉아 울었다. 그리고 그가 화를 낼 때 얼마나 무서운지 모른다고 말했다. 그녀는 흐느끼며 두려움으로 떨었다.

나는 그를 바라보았다. 그는 예전과 달리 부드러워졌고, 눈에 눈물이 고여 있었다. 그는 자신이 아내에게 끼치고 있는 해를 느끼고 있었다. '아내와 하나 되고' 있었다. 예수님의 말씀처럼 그녀를 마치 자기 자신인 듯 바라보았다.

"당신이 그녀와 같은 경험을 했다면, 기분이 어땠을 것 같습니까?" 나는 그에게 물었다.

그는 부끄러워하며 아내에게 공감했다. "난 정말 몰랐어. 미안해."

그가 결혼 생활에서 자기 행동의 결과까지 돌이켜 본 것은 아마도 이번이 처음일 것이다. 그는 자신과 관계를 이루는 상대방의 입장이 되는 것이 무엇인지 알게 되었다. 그는 아내의 눈을 통해 인생을 보았다. 아내를 '마치 자신을 보듯' 바라보았다. 그는 분명 아내처럼 취급당하고 싶지 않았다. 그가 자기 행동을 겪어야 하는 상대방의 감정에 초점을 맞추자 그의 행동이 변화되었다.

다른 사람과 동일시하는 것은 자신의 행동이 그 사람에게 끼치는 결과를 생각하는 것이다. 그것은 단지 자신의 기쁨을 위해 행동하는 이기심에서 벗어나는 것이다. 누군가를 '네 자신같이' 사랑하는 것은 스스로 상대방의 입장에서 그가 어떻게 느낄지를 고려하는 것이다. 이렇게 하면 상대방에게 가장 좋은 것이 무엇인지 찾을 수 있다. 상대방의 삶과 감정을 그의 입장에서 이해하기 때문이다.

당신은 어떤 대접을 받고 싶은가? 당신이 배우자에게 대접하는 그대로 대접받고 싶은가? 이렇게 다른 사람의 경험과 동일시하는 것을 공감이라고 부른다.

둘째, 배우자의 삶을 더 좋게 하는 것에 대해 우선적으로 생각하라. 배우자의 삶이 어떤 상황인지 먼저 생각한 후에 자신이 그런 상황에 처했다면 어떤 대접을 받으면 좋을지 생각하라. 당신이 하루 종일 아이들을 돌보고 힘들게 일했다면, 배우자에게서 어떤 대접을 받고 싶은가?

인생의 나른 쟁점들은 어떤가? 당신이 자신과 자신의 재능을 개발할 기회를 얻지 못한다면, 아마도 정체되고 의욕을 잃을 것이다. 당신은 성장하고 발전할 기회를 얻고 싶고, 누군가가 그렇게 할 수 있는 자유를 주고 지원을 해주기를 바랄 것이다.

이러한 지향점은 이내 부부 싸움을 멈추게 한다. 부부 가운데 한 사람이 가계 예산에서 자기 성장에 돈을 쓰고 싶어 할 때, 그 결과를 부부가 모두 겪어야 하기 때문에 그것은 공동의 노력을 요구한다. 그들은 배우자의 욕구를 자신의 것처럼 느끼게 되고, 그것을 충족시키기 위해 희생한다. 배우자가 얻은 행복과 성취에서 함께 기쁨을 얻는다.

셋째, 배우자가 자신에게 가장 좋은 것이 무엇인지 알지 못할 때라도 배우자를 위해 가장 좋은 것을 구하라. 세 가지 가운데 이것이 가장 성취하기 어렵다. 이것은 배우자와 힘들게 대립하는 것일 수도 있고, 배우자의 삶을 치료할 수도 있다.

이것에 대한 좋은 예는, 비록 배우자가 싫어할지라도 술이나 마약에 중독된 배우자를 치료받게 하고 간섭하는 것이다. 또한 이것은 영적 성장이 필요함과, 배우자를 하나님께 가까이 가게 하기 위한 노력을 의미할 수 있다. 또는 배우자의 노동 부담을 덜어 주기 위해 직업을 갖는 것처럼, 의무를 덜어 주는 것을 의미할 수도 있다. 이 사항의 중심 개념은 자신의 유익이 아니라 배우자의 유익을 위한다는 것이다. 이러한 간섭은 온 가족에게 이익이 되지만, 결국 배우자를 위한 것이다.

이러한 사랑은 희생을 요구한다. 이것이 당신을 지치고 하고 벅차게 할 수 있다. 그러나 배우자의 입장에서 보면, 좋은 것이다. 그리고 배우자를 '네 자신같이' 사랑한다는 것은 필사적으로 배우자를 원한다는 것을 의미한다.

약속

이런 사랑은 공감뿐 아니라 약속에도 기초를 둔다. 다시 말하지만, 이것은 우리를 향한 하나님의 사랑에서 가장 잘 드러난다. 약속에 해당하는 하나님의 말씀은 언약이다. 우리와 언약을 맺음으로 하나님은 우리에게 헌신하기로 약속하신 것을 깨지 않겠다고 말씀하셨다.

하나님은 "내가 너를 떠나지 아니하며 버리지 아니하리니"(여호수아 1:5, 히브리서 13:5 참조)라고 말씀하신다. 이 구절에서 '버리다'에 사용된 헬라어 단어는 '떠나다, 저버리다'를 의미한다. 누군가에게 헌신한다는 것은 상황이 안 좋아진다고 해도 거기에 머물겠다는 것을 의미한다. 이것이 왜 그리 중요한가?

결혼 생활에 헌신하지 않는 사람들은 어려움이 닥치면 극복하려고 애쓰는 대신 떠나려고 할 것이다. 떠나는 것을 선택할 수 있다면 왜 고통을 겪겠는가? 왜 노력을 기울이겠는가? 관계에 문제가 있다는 것은, 대부분 양쪽 모두가 성장하고 변화되어야 한다는 신호다. 그리고 헌신이 없다면 문제를 회피해 버리기 쉽다. 어떤 사람들은 몸은 함께 있지만 마음은 떠나 있다. 마음이 떠남으로써 그들은 관계를 버린다.

그러나 우리가 결혼 생활을 유지하면서 필요한 변화를 겪어 내면 큰 보상이 따른다. 문제는 마라톤 선수가 경기 중에는 결승선을 볼 수 없다는 것이다. 하지만 끝까지 뛰겠다는 약속 때문에 계속 달릴 수 있다. 인생에서 헌신은 변화를 일으키는 데 필요한 시간과 구조, 보장 등을 제공한다.

때때로 관계는 치료를 위해 큰 수술을 거쳐야 한다. 헌신하지 않는 수술을 생각해 보라. 심장 이식을 하는 중에 환자가 수술대에서 내려오려 한다면 어찌 되겠는가? 수술이 끝나기도 전에 그는 죽을 수 있다. 결혼 생활에서, 하나님은 관계의 생명을 구하기 위해 수술하려고 하신다. 하지만 수술이 끝나기도 전에 환자가 수술대에서 뛰어내린다. 환자는 수술이 끝날 때까지 수술대에 있겠다는 약속을 지켜야 한다.

또한 약속은 성장에 필요한 것, 즉 보장을 제공한다. 약속이 제공하는 보장이 없다면, 배우자들은 자신들이 기대에 미치지 못할 때 '버려질' 수 있다는 것을 철저히 알게 된다. 이런 불안감은 성장을 멈추게 하는 암이다. 걱정은 언제나 실제적인 변화를 방해한다.

나의 대학 친구는 불안감으로 고통을 겪었다. 그는 주변 사람들에게 언제나 좋은 인상을 주려 했지만, 나는 그에게 좋은 인상을 '실제'로 받지 못했다. 십여 년이 지나 다른 친구의 결혼식에서 그를 만났는데 나는 그의 변화에 몹시 놀랐다. 그는 너무 달라져 있었다. 아주 여유가 있었고 함께 있는 것이 편했다. 나는 그를 저녁 식사에 초대했고, 우리는 지난 십여 년 동안 각자의 변화된 모습에 대해 이야기를 나누었다.

그 친구는 결혼으로 인해 자신이 성장했다고 말했다. 그 성장의 중심 열쇠는 약속이었다. 그는 이렇게 말했다. "너를 사랑하는 사람이 결코 떠나지 않을 거라는 사실을 알게 되면, 인생이 완전히 달라져. 그것은 아주 깊은 수준까지 너를 변화시키지." 약속의 힘을 얼마나 아름답게 증언하는 말인가!

약속은 보장뿐 아니라 성장에 대한 필요도 몰고 온다. 어떤 사람과 오래 함께 있을 예정이라면, 문제를 해결하는 편이 좋다. 그렇지 않으면 분명히 비참해질 것이다. 약속은 사람들로 하여금 해결로 향하게 한다.

행함

야고보는 행함이 없는 믿음은 죽은 것이라고 말한다(야고보서 2:17). 행동을 일으키지 않는 믿음은 없다. 사랑도 마찬가지다. 사랑은 단지 어떤 사람에게 느끼는 감정이나 애정이 아니다. 사랑은 애정을 표현하는 것이다. 결혼 생활에 좋은 바운더리를 가져오는 사랑은 관계에도 행함을 가져온다.

사람들은 누군가와 가까워질수록 점점 나태해진다. 보통 연애 초기에는 서로 사랑을 표현하고 보여 주는 데 열심을 낸다. 그러나 관계가 진행되고 결속력이 강해짐에 따라, 한 사람이나 두 사람 다 사랑을 표현하는 데 열심을 덜 낸다. 서로 상대방을 당연하게 여긴다.

참된 사랑은 스스로 냉랭해지는 것을 용납하지 않는다. 냉랭해지면 행동을 촉구하고 다시 불꽃을 일으킨다. 예수님은 우리와 하나님의 관계에 대해 "처음 행위를 가지라"(요한계시록 2:5)고 말씀하신다. 내가 아는 한 남편은 날마다 아내에게 그녀의 어떤 점을 귀하게 여기고 있으며 사랑한다는 편지를 쓴다. 그는 자신이 지켜본 아내의 특별한 행동에 대해 편지에 적는다. 사랑하는 관계에서 행함은 반드시 필요하다.

사랑의 묘사

사랑, 즉 하나님 사랑과 배우자 사랑은 결혼 생활의 근본이다. 배우자가 그럴 만한 가치가 있든 없든, 그를 위해 최선을 다하는 것이 사랑이다. 사랑은 이기적인 욕심이나 기대보다는 배우자를 먼저 생각한다. 사랑은 희생하고, 자기 것을 주며, 고통을 감수한다. 오랜 기간 동안 언약을 지키기 위해 상처와 폭풍우를 뚫고 나아간다. 사랑은 생명을 위해 싸우듯, 사랑 자신을 위해 지킨다. 사랑과 생명은 창조 때부터 짝을 이루었기 때문이다.

결혼 생활에서 사랑을 최고의 가치로 삼기 바란다. 그러면 당신이 한 약속에 보답을 받을 것이다. 사랑은 당신이 생각했던 것보다 몇 배 더 보답할 것이다. 결국 사랑은 우리가 마음껏 쓸 수 있는 가장 강한 힘이다.

> 사랑은 오래 참고 사랑은 온유하며 시기하지 아니하며 사랑은 자랑하지 아니하며 교만하지 아니하며 무례히 행하지 아니하며 자기의 유익을 구하지 아니하며 성내지 아니하며 악한 것을 생각하지 아니하며 불의를 기뻐하지 아니하며 진리와 함께 기뻐하고 모든 것을 참으며 모든 것을 믿으며 모든 것을 바라며 모든 것을 견디느니라 사랑은 언제까지나 떨어지지 아니하되 예언도 폐하고 방언도 그치고 지식도 폐하리라(고린도전서 13:4-8).

우리 가운데 어느 누구도 이렇게 온전히 사랑하며 살 수는 없다. 그러나 우리의 노력에 따라, 사랑은 모든 악에 대항하는 강력한 바운더리로 작용할 것이다. 사랑은 당신의 관계를 보호할 것이고, 당신이 사랑의 영원한 힘으로 투자한 모든 것에 많은 보답을 줄 것이다.

8.

가치 셋: 정직

레이첼은 방금 나쁜 소식을 하나 더 들었다. 남편 리처드가 자신을 믿으라고 큰소리쳐 놓고는 자동차 대금을 지불하지 않은 것이다. 그녀는 화가 머리끝까지 났다. 그들의 재정 상태에 대해 그가 지금까지 해왔던 거짓말들 가운데 또 하나가 밝혀진 것이다. 그는 주택 할부 대금을 늦게 지불했고, 그녀 모르게 친구에게 돈을 빌렸다. 또 오래전에 지불했다고 생각한 청구서들이 아직 지불되지 않은 채로 남아 있었다. 그리고 건실한 재정 상태로 돌아갔다는 그의 확언에도 불구하고 지금 이런 일이 생긴 것이다.

그녀는 내게 이렇게 말했다. "난 단지 사실을 알고 싶을 뿐이에요. 무슨 일이 생기더라도 처리할 수 있거든요. 그런데 남편은 이것을 이해하지 못하는 것 같아요. 그가 사실대로 말하기만 하면, 나는 그것을 처리할 수 있어요. 그런데 집작스럽게 닥치면 처리할 수가 없잖아요. 남편의 거짓말 때문에 미치겠어요."

레이첼은 굳이 내게 말할 필요가 없었다. 그녀는 문제를 해결해 나갈 용기가 있는 사람이었다. 그녀는 리처드와 함께 그들의 재정적 어려움을 해결하기 위해 진심으로 노력했다.

그러나 리처드는 아내의 노력을 몰라주었다. 그는 자신의 사업 상황을 부끄럽게 여겨 재정적인 어려움을 그녀에게 솔직하게 말하지 않았다. 사업도 잘 안 되고, 마음도 엉망이어서 아내에게 알릴 수가 없었다. 그러나 그는 관계를 손상시키는 거짓말의 힘을 과소평가하는 실수를 저지른 것이다. 레이첼은 남편이 한 말의 진상을 확인할 때마다 분노가 치밀어 올랐다. 그녀는 이렇게 말했다. "나는 정말 남편을 모르겠어요. 남편을 안다고 생각하다가도 전혀 모르고 있다는 사실을 발견하게 돼요."

거짓은 관계를 손상시킨다. 거짓말을 하는 행위가 거짓말의 내용보다 훨씬 더 해롭다. 거짓말은 서로에 대한 이해와 결속을 손상시키기 때문이다. 거짓말이 파고들면 관계는 끝나게 된다. 언젠가 한 사람이 내게 말했다. "나는 약혼자가 내게 모든 것을 다 말한 줄 알았어요. 그런데 그녀가 꾸며 댄 것을 하나 더 알게 됐어요." 결국 두 사람의 신뢰는 심하게 손상되어 결혼을 취소했다.

배우자들은 여러 방법으로 서로를 속인다. 지나친 지출 같은 작은 일부터 종종 외도 같은 심각한 일까지 거짓말을 한다. 큰일이든 작은 일이든 속이지만 않는다면, 관계 안에서 용서받을 수 있고 해결할 수 있다. 거짓말은 문제 자체를 부인하는 것이기 때문에 해결할 길이 없다. 거짓말은 용서를 불가능하게 하므로 관계에서 짓는 가장 용서받을 수 없는 죄다.

몇 가지 지침

우리는 정직함의 가치를 전적으로 믿는다. 그러나 정직함은 우리가 언급한 다른 가치들과 잘 어울려야 한다. 사랑과 약속이 없는 정직함은 약한 결속을 깨뜨릴 수 있다. 용서가 없는 정직함도 마찬가지다. 거룩해지겠다는 약속이 없는 정직함은 상처받은 배우자에게 문제가 다시 생기지 않을 거라는 희망을 주지 못한다.

부부들이 정직해지기 어려운 몇 가지 사항은 다음과 같다.

- 감정
- 실망
- 갈망, 좋아하는 것, 싫어하는 것
- 마음의 상처
- 분노와 미움
- 성욕
- 죄
- 실패
- 필요와 약점

깊은 친밀감

크리스티와 데니스는 5년 전에 결혼했다. 데니스는 그들의 관계를 사랑했다. 그에게는 모든 것이 좋았다. 그러나 실제로는 좋은 것과 거리가 멀었다. 크리스티는 자신이 혼자이며, 불만족스럽고, 정서적으로 격리되어 있으며, 서서히 죽어 간다고 느꼈다.

그러나 크리스티는 데니스에게 말하지 않았다. 모든 사람이 데니스를 사랑하고 높이 평가했다. 그는 '멋진 남자'였고, 물질적으로도 부족함이 없게 해주었다. 그래서 그녀는 자신이 그에게 뭔가를 더 바라는 것은 잘못이라고 생각했다.

하지만 마음 한구석에는 여전히 아쉬움이 남아 있었다. 좀 더 만족스러운 관계를 원하는 그녀의 욕구는 점점 커지고 있있다. 그녀는 자신이 가진 것들이 달라지기를 원했고, 더 많은 정열과 흥분을 원했다.

크리스티가 자신의 느낌을 데니스에게 넌지시 알릴 때마다, 그는 그녀의 느낌을 교묘하게 무마하고 좀 더 '잘 대해 줌'으로써 그녀의 불만을 해결하려고 했다. 하지만 그것은 그녀를 더욱 미치게 만들었다. 때때로 그녀는 남편에게 화를 내게 함으로써 자신이 살아 있음을 느끼고 싶었다. 그에 대한 그녀의 감정은 서서히 무미건조해졌다.

그러던 어느 날 그녀는 감정을 터뜨리고 말았다. "나는 우리 결혼 생활이 싫어요! 전부 다 싫어요!"

충격을 받은 데니스의 얼굴빛이 변했다. 아내가 하는 말을 믿을 수가 없었다. 데니스는 자신들의 결혼 생활이 얼마나 멋졌는지를 말했다. 그녀는 더욱 화가 치솟았다. 결국 데니스도 자신들에게 문제가 있다는 것을 깨닫고 도움을 받기로 했다.

상담하는 가운데 크리스티는 데니스에게 전적으로 정직했다. 그녀는 데니스에게 정열이 부족하다고 말했다. 그리고 언제나 '훌륭한' 그의 태도는 마치 감정이 없는 사람 같다고 말했다. 그녀는 처음으로 자신의 분노와 욕구를 완전히 정직하게 털어놓았다.

상담 초기에는 데니스가 평소처럼 아내를 돌보는 듯한 태도를 보였다. 친절하고 훌륭한 태도로 아내를 달래려고 애썼으나, 그것은 그녀가 바라는 것이 아니었다. 그녀는 데니스의 감정과 그가 좋아하는 것과 싫어하는 것, 그리고 그의 영혼에 대해 알고 싶었다. 결국 그녀는 큰 소리로 불평했다.

늘 크리스티는 '불평하는 사람'이고, 데니스는 재판을 받는 사람이었다. 그러던 어느 날 색다른 일이 일어났다. 드디어 데니스가 폭발한 것이다. 좋은 남자의 대명사였던 그가 아내에게 불평을 퍼부었다. 그는 아내를 기쁘게 하려고 열심히 노력했지만 한 번도 성공했다거나 충분하다고 느낀 적이 없었다고 화를 냈다. 아내가 원하는 것들을 자신도 원하고 있는데, 그녀가 이것을 전혀 느끼지 못해서 괴롭다고 말했다. 그는 아내에 대한 비밀스런 환상을 쏟아 냈다. 그리고 이런 깊은 갈망들에 그녀가 전혀 관심이 없다는 사실을 받아들이는 것이 어떤 느낌인지 말했다.

이번에는 크리스티가 몹시 놀랐다. 방어에 대한 경험이 없었던 그녀는 남편의 공격을 받게 되었다. 그녀는 좋은 남자이기만 했던 남편에게 감정이 생생히 살아 있는 모습을 보고 안도했다. 정직함은 그들의 관계를 진실하게 만들었다. 이렇게 그들은 서로가 갈망했던 하나 됨을 확고히 했다.

친밀감은 상대방을 아주 깊이 '아는 것'에서 온다. 정직함을 가로막는 것이 있으면, 아는 것은 쫓겨나고 거짓이 지배한다. 바울은 이렇게 말한다. "그런즉 거짓을 버리고 각각 그 이웃과 더불어 참된 것을 말하라 이는 우리가 서로 지체가 됨이라"(에베소서 4:25). 부부들은 종종 관계를 보호하고 구하기 위해 오랫동안 거짓 속에 살아간다. 그러는 동안 진실한 관계를 위한 기회는 파괴된다.

우리 마음속 깊은 곳에 있는 감정, 필요, 마음의 상처, 갈망, 실패, 그 밖에 영혼 깊숙이 있는 것들을 서로 나누는 행위의 중요성은 아무리 강조해도 지나치지 않다. 부부가 결혼 생활에서 전적으로 약점을 드러낼 수 있을 만큼 서로 편안하게 느낀다면, 서로의 무화과 잎사귀를 제거할 수 있다면, 결혼 생활은 다시 낙원으로 돌아갈 수 있다. 참된 친밀감은 천국에 가장 가까운 것이다.

정직하지 못한 이유

대부분, 좋은 결혼 생활과는 달리 '방어적인' 이유로 거짓말을 한다. 다시 말해서, 배우자들은 종종 악한 이유 때문이 아니라 자신을 보호하기 위해 거짓말을 한다. 또는 두려워서 거짓말을 한다. 그러나 이런 이유들은 거짓말을 정당화해 주지 않을 뿐만 아니라 문제를 복잡하게 만든다. 배우자들이 진실만을 말하기 위해서는, 우선 두려움을 해결해야 한다.

공통적인 두려움들은 다음과 같다.

- 정말로 가까워져서 자신이 알려지는 것에 대한 두려움
- 자신이 알려지면 사랑을 잃고 버림받을 것이라는 두려움
- 자신이 알려지면 통제되고 구속될 것이라는 두려움
- 자신의 일부가 알려지면 '나쁘거나' 적어도 좋지 않은 사람으로 인식될 것이라는 두려움
- 자신의 갈망, 욕구, 감정에 대한 두려움

이런 두려움에 대해서는 『크리스천을 위한 마음 코칭』(Changes That Heal)과 『사랑하라, 숨지 말고』(Hiding from Love)에서 전반적으로 다루어 놓았다. 그러나 우리가 완전하게 정직한 삶을 살려면 더 깊은 문제를 해결해야 한다.

부부가 결혼 생활에서 할 수 있는 일은, 서로가 완전히 헌신하는 것이다.

1. 진실을 말할 수 있을 정도로 충분한 인자를 베풀라. 배우자가 정직하게 말한 것을 벌하지 않겠다고 약속하라. 이 말은 대가가 따르지 않음을 뜻하는 것이 아니라 벌이나 수치, 그리고 비난이 치러야 할 대가에 속하지 않는다는 뜻이다.
2. 서로 질문하고 점검하는 데 제한을 두지 말라. 더 이상 밝힐 것이 없는 사실에 대해 배우자가 더 알고 싶어 하더라도 언짢아하지 말라. "뭐? 나를 못 믿는 거야?"라며 방어하지 말라.
3. 배우자가 정직해 보이지 않을 때는 서로 단속하라. 이것은 해롭지 않으며 즐거운 일일 수도 있다. 그러나 서로 진실을 고수하라.
4. 정직해지는 것에 대한 두려움을 치료하기 위해 배우자의 삶에 동반자가 되라. 예를 들어, 배우자가 버림받는 것에 대해 두려워한다면, 당신이 예전에 배우자를 버린 사람처럼 그를 대하지 않는다는 것을 보여 주라.
5. 자신의 정직하지 못함과 그에 대한 두려움을 책임지고, 그것들을 해결하겠다고 약속하라. 진실한 사람이 되라. 그리고 배우자 외에 자신의 속마음을 털어놓을 수 있는 사람을 찾으라. 당신이 두려울 때도 진실을 말할 수 있도록 도와줄 친구를 가지라.

6. 분별력을 사용하라. 완전한 정직은 이상적인 것이다. 전부를 알고 알릴 준비가 모든 관계에서 되어 있는 것은 아니다. 어떤 사실들은 아직 다룰 준비가 되어 있지 않다. 어떤 사람들은 너무 연약하거나 특별한 상황 가운데 놓여 있다. 그들은 어떤 문제들을 다루는 데 도움이 필요하거나 적당한 시기를 골라야 한다. 관계에서 다룰 수 있는 것과 아직 다룰 수 없는 것을 지혜롭게 분별하라. 상담, 치료, 시기, 친구 등 정직할 수 있게 해주는 기타 요소들도 살펴보라.

건강한 관계를 형성하려면, 서로가 철저히 정직하겠다고 약속해야 한다. 그러나 정직하게 털어놓은 사실을 귀담아듣고 해결하려는 인자함이 있어야 정직할 수 있다. 하나님은 우리가 언제나 그분의 인자하심의 빛 안에서 정직할 것을 요구하신다. 우리는 상대방이 털어놓은 진실을 받아들이고 다룰 수 있어야 한다. 이 가치를 행동의 기초로 삼을 수 있는 방안을 함께 논의하라. 그리하여 거짓을 막고 정직을 세우라. 그것은 수십 배로 보답할 것이다.

9.

가치 넷: 신실함

다음 단어들에 대해 생각해 보라.

- 신뢰
- 자신감
- 확신
- 신념
- 정절
- 진실
- 확실성
- 영속성
- 쉼

이제 이 단어들을 결혼 생활에 적용해 보라.

- 서로 신뢰하라.
- 서로에게 자신감을 가지라.
- 서로의 인격과 신뢰성에 대해 확신하라.
- 서로가 신뢰하는 자신의 능력에 신념을 가지라.
- 서로 배우자의 정절을 확신하라.
- 서로에게 진실하라.
- 서로에게 확실성을 가지라.
- 서로에게 변함없이 대하라.
- 서로에게서 쉼을 얻으라.

이 단어들은 모두 신실함이 무엇인지에 대한 단서가 된다. 신실한 배우자는 신뢰할 수 있고, 의지할 수 있으며, 믿을 수 있고, 그 안에서 쉼을 얻을 수 있는 사람이다.

결혼 생활에서 신실하다는 말은 때때로 너무 얕게 여겨진다. 대부분의 사람들은 단지 그것을 육체적인 영역에서만 생각한다. 그러나 많은 배우자들이 육체적으로는 신실하지만 정신적으로는 신실하지 못하다. 그들의 육체는 깨끗하지만 마음은 그렇지 않다. 그런 배우자들은 앞에서 말한 면들에 대해 서로 의지할 수 없다. 그들에게 신뢰, 확신, 안전은 거의 찾아볼 수 없다. 특히 종교 단체에서는 배우자 이외의 사람과 동침하지 않으면 신실하다고 생각한다.

그러나 신실함은 단지 성관계만이 아니라 모든 면, 즉 육체는 물론이고 마음까지 신뢰하는 것을 의미한다. 배우자에게 신실하다는 것은 배우자에게 약속한 것과 배우자가 위임한 것을 끝까지 해내리라는 믿음을 주는 것이다. 배우자는 상대 배우자가 약속한 것을 지킬 것이라고 확신할 수 있어야 한다. 그것은 성적으로나 자질구레한 일에 성실함을 의미할 수도 있고, 예산 내에서 돈을 쓰는 것이나 귀가하기로 약속한 시간에 들어오는 것을 의미하기도 한다. 또는 비난이나 보복에 대한 두려움 없이 마음을 나누는 것을 의미하기도 한다.

성경에서 신뢰(히브리어로 'batach')라는 단어에 사용된 것 중 하나는 당신이 '걱정하지 않을' 수 있을 만큼 확신하는 것을 의미한다. 염려할 필요가 없고, 약속한 것은 이루어진다고 믿을 수 있다. 놀이방에서 아이들을 데려오고, 가게에서 우유를 사 오며, 청구서 대금을 지불하고, 약속한 것은 지킨다. 해야 할 것은 모두 이뤄질 것이라고 믿고 쉴 수 있다. 이것이 신실함의 아름다운 모습이다.

배우자를 멀리하게 하는 것

물론 신실함은 사랑하는 사람을 떠나 바람을 피우지 않는 것을 의미한다. 육체적인 간음은 배우자 외의 다른 사람에게 성적으로 자신을 주는 것을 의미한다. 그러나 정신적인 간음, 즉 '마음의 정사'란 결혼 생활에서 자신의 어떤 면을 배우자에게서 의도적으로 멀리하는 것을 말한다.

다른 사람들과 깊고, 지속적이며, 치유하고, 협력하는 정서적 관계를 가져서는 안 된다는 말이 아니다. 우리는 치유하고, 서로 의지하며, 도움이 되는 친구의 능력을 강하게 믿는다. 때때로 배우자와 더 가까워지려면 우리를 도와줄 사람들이 필요하다. 친구, 상담사, 지원 모임 등은 우리에게 안전함을 더 느낄 수 있게 하며, 더욱 신뢰하는 법을 배우게 한다. 그리고 이것은 결혼 생활에도 이어진다.

그런데 배우자와의 관계를 피하려는 사람들이 있다. 그들은 여러 방법을 시도한다. 일에만 몰두해 배우자를 멀리하기도 하고, 결혼 생활보다 취미 생활에 시간과 힘을 더 많이 쏟기도 한다. 알코올이나 마약을 배우자보다 더 중요하게 여길 만큼 중독에 빠지기도 한다.

신실하지 못하게 만드는 '대상들'은 수없이 많다. 사람이 될 수도 있고, 사물이 될 수도 있다. 남편과 아내 사이에 그것들이 놓여 있다. 그러면 부부 가운데 어느 한 사람이 관계를 피하게 된다. 그것들은 고의로 두 사람으로 분리시키고, 그중 한 사람을 결혼 생활과 하나 되지 못하게 만든다.

이런 일은 보통 갈등이 있는 결혼 생활이나, 성장의 욕구는 있지만 한 배우자가 그 욕구에 부응하지 않는 결혼 생활에서 일어난다. 이런 사람은 갈등을 피하고 배우자를 멀리하기 위해 '외부' 관계를 이용한다.

리와 찰리는 결혼한 지 십 년이 된 부부다. 대부분의 사람들은 그들이 '좋은 결혼 생활'을 하고 있다고 생각했다. 그들은 다른 부부들과 잘 어울렸고, 모두가 그들을 좋아했다. 두 사람 다 유쾌하고 재미있었다.

그러나 역동성은 수년 동안 그 부부를 갈라놓았다. 리는 찰리를 통제했고 비판했다. 찰리는 리를 피했다. 이런 행동들 때문에 두 사람 사이의 골은 깊어졌고, 결국 떨어져 지내게 되었다.

리가 근심하며 찰리를 통제한 것이 바로 그들이 '멀어지게 된' 원인이었다. 리는 불안한 느낌이 들면, 남편이 아직 이행하지 않은 일이나 자기 생각에 남편이 더 좋은 사람이 될 수 있는 길에 대해 찰리에게 잔소리를 했다.

그들이 '갈라지게 된' 원인은 찰리에게 있었다. 그는 비판을 무척 수치스러워하고 두려워했기 때문에, 아내에게 직접적으로 말할 수 없었다. 방어적으로 겉으로는 아내의 말에 동의했지만, 속으로는 아니었다. 그녀는 그가 "좀 더 잘하겠다"고 동의하면 상황이 좋아졌다고 생각했다. 또 그가 "잘못했다"는 것에 동의하면 그녀는 자기 말이 잘 전달되고 이해되었다고 생각했다. 그녀는 안전하다고 착각했다.

하지만 찰리는 다른 것에 탐닉함으로써 피난처를 구했다. 그는 리에게서 얻지 못하는 것을 얻으려고 잡지, 비디오, 인터넷 등의 포르노 사진에 빠졌고, 직장에서 알랑거리는 몇몇 여성과 불장난을 했다.

찰리는 이런 일탈에서 위안을 찾았다. 리는 그를 불쾌하게 생각했지만, 환상 속에서 관계를 맺는 여성들은 그렇지 않았다. 그는 잡지를 장식하고 있는 여성들이 자신을 몹시 사랑하고 숭배하며, 자기 때문에 흥분한다고 상상했다. 직장에서 여성들이 그를 달래 주고 그에게 멋지다고 생각하게 해주었을 때, 그는 자신이 꽤 괜찮은 사람인 줄 알았다. 그래서 그는 마음속 깊은 곳에서 리에게 분노했다. 이 여성들처럼 리가 자신에게 대해 주지 않았기 때문이다.

실제로, 찰리는 신실하지 않았다. 그는 리와 함께 누려야 할 것을 포르노에서 얻으려 했고, 그것에 중독되어 버렸다. 이중적인 삶을 살던 그는 분열되었고, 그들의 문제는 해결되지 않았다.

마침내 그들은 상담을 받으러 왔고, 두 사람 다 자신들의 신실하지 못함에 직면해야 했다. 리는 자신에게 맡겨진 것, 즉 찰리의 마음에 신실하지 않았다. 찰리는 관계를 등지고 포르노에 빠져 리에게 신실하지 않았다. 리는 지나치게 비판하지 않는 좀 더 안전한 방법을 배워야 했다. 그리고 찰리는 그들의 문제를 직접 리와 해결하여 자신의 신실하지 못함을 치료하는 법을 배워야 했다.

변명하지 않기

찰리와 같은 배우자는 자신의 신실하지 못함을 자주 배우자의 탓으로 돌린다. "그녀가 그렇게 비판적이지 않았다면, 나는 사랑할 누군가를 찾지 않았을 거야." 혹은 바람을 피우는 아내들은 이렇게 말할 것이다. "그가 내 욕구들을 충족시켰다면, 그런 일은 일어나지 않았을 거야."

그것은 사실이 아니다. 신실하지 못한 행위는 두 사람이 아니라 혼자서 하는 것이다. 마치 성경이 "우리는 미쁨이 없을지라도 주는 항상 미쁘시니 자기를 부인하실 수 없으시리라"(디모데후서 2:13)고 말하는 것과 같다. 우리가 하나님을 올바로 사랑하지 않을지라도, 하나님은 변함없이 신실하시다. 우리가 무엇을 하든 그분은 언제나 신실하시다. 결혼 생활에도 이러한 신실함이 요구된다. 배우자가 제대로 사랑하지 못할지라도 우리는 그것을 신실하지 못한 구실로 삼아서는 안 된다.

간단히 말하면, 두 사람 사이를 가로막는 어떤 것도 두지 않겠다고 서로 약속하라. 당신은 신뢰할 만한 사람이 되고, 의지할 수 있는 사람이 될 것이다. 성적으로나 정신적으로 신실해질 것이다. 결혼 생활에서 신실하지 않은 것보다 두 사람의 삶을 더 황폐하게 만드는 것은 없다. 만약에 어떤 외도가 가치 있어 보인다면, 당신에게 냉정을 찾게 해 줄 믿음직한 친구에게로 쏜살같이 달려가라. 자신이 외도하기 쉬운 상태에 있다면, 많은 사람들을 파괴할 수 있으므로 거기에서 빨리 빠져나와야 한다(잠언 2:16-19, 5:3-20, 6:23-35).

배우자 이외의 어떤 사람이나 어떤 것에 빠져들고 싶은 욕구가 생긴다면, 그 이유를 찾으라. 당신이 하는 행동이 괜찮은 것일 수 있다. 배우자가 모든 면에서 당신과 일치할 수는 없다. 관심사가 다르고 인격도 여러 면에서 다르기 때문에 부부가 서로 완전히 일치하지 않는다. 당신의 인생에서 필요한 사람이 오직 한 사람일 수는 없다. 친구들은 당신의 배우자보다 어느 부분에서는 당신과 더 연결될 수 있다. 이것은 괜찮다. 예를 들어, 한 사람은 스키를 좋아하지만 배우자는 싫어할 수 있다. 공유할 수 없는 것들을 배우자가 즐기는 동안, 그는 스키를 함께 탈 친구들을 찾아야 한다. 친구들은 우리 인생을 풍요롭게 한다.

당신의 마음을 분리시키고 약속을 지키지 못하게 하는 강한 욕망은 용납할 수 없다. 이런 불성실한 욕망을 용납하면 결혼 생활에서 마음이 멀어지게 된다. 이것은 사랑에서든 행동에서든 신실하지 못한 것이다. 하나님은 "끝까지 신실하라"고 말씀하신다.

다음 장에서 우리는 다른 모든 가치들을 한데 묶는 가치를 살펴볼 것이다.

10.

가치 다섯: 긍휼과 용서

나(헨리)는 세미나를 인도하던 중, 참석한 부부들에게 모든 것을 잠깐 멈추고 배우자에 대해 생각해 보라고 했다. 그들에게 사랑하는 배우자의 좋은 면들을 생각하고, 그가 얼마나 감탄할 만한 사람인지, 그리고 자신이 그를 얼마나 사랑하는지에 생각을 모으라고 말했다. "여러분이 감탄하고 여러분을 매혹시키는 배우자의 좋은 특징들을 생각해 보세요. 그런 감정이 여러분에게 넘치게 하세요."

그러자 그들은 들뜨는 감정과 다시 사랑에 빠지는 느낌을 가졌다. 나는 그들에게 자신이 이상형으로 생각하는 배우자를 바라보며 이렇게 말해 보라고 했다. "여보, 나는 죄인이야. 나는 당신을 실망시키고, 당신의 마음을 아프게 할 거야."

갑자기 혼란스러운 분위기가 일어났다. 그 순간 그들은 이상에서 현실로 돌아왔다. 어떤 사람은 웃었고 어떤 사람은 더욱 친밀감을 느겼다. 어떤 사람은 나의 요구에 어떻게 반응해야 할지 몰라 당황스럽게 쳐다보았다.

그러나 이것이 현실이다. 당신이 가장 사랑하고 당신이 인생을 맡긴 그 사람은 불완전한 존재다. 그는 분명 여러 면에서 당신에게 크고 작은 실망을 주고 상처를 줄 것이다. 성경은 이렇게 말한다. "선을 행하고 전혀 죄를 범하지 아니하는 의인은 세상에 없기 때문이로다"(전도서 7:20). "죄를 짓는 자마다 불법을 행하나니 죄는 불법이라"(요한일서 3:4). 아무리 훌륭한 사람일지라도 우리는 그에게 실망할 수 있다.

그러면 어떻게 해야 하는가? 배우자가 당신을 실망시키거나 당신의 기대에 미치지 못할 때 어떻게 해야 하는가? 배우자의 약점과 무능력을 발견할 때 어떻게 해야 하는가? 성인이 되어 관계를 맺는 데 어린 시절에 받은 상처가 영향을 끼친다면 어떻게 해야 하는가?

문제를 부인하는 방법 외에 당신이 선택할 수 있는 것은 두 가지다. 배우자의 불완전한 점들을 가지고 그를 몰아세울 수도 있고, 배우자의 불완전한 점들에도 불구하고 그를 사랑할 수 있다. 성경은 "사랑은 허다한 죄를 덮느니라"(베드로전서 4:8)고 말한다. 용서하는 마음을 가지고 있다면 관계를 파괴하는 어떤 것도 관계 안에 머무를 수 없다. 우리가 용서하지 못할 실패는 없다. 사랑이 치료하지 못할 상처도 없다. 그러나 이런 기적들이 일어나려면, 긍휼과 부드러운 마음이 있어야 한다.

그것은 무엇을 뜻하는가? 나는 '연약한 자에게 친절하게 굽히며 숙이는 것'(strong의 히브리어-그리스어 사전)이라는 성경 구절을 좋아한다. 이것은 하나님의 긍휼을 묘사한 구절이다. 하나님이 우리의 깨어짐과 죄를 긍휼히 여기는 것은 연약한 자에게 굽히시는 것이다. 우리는 두 가지 이유 때문에 배우자에게 이와 동일한 태도를 보여야 한다.

첫째, 우리는 배우자가 이상적인 기준에 미치지 못하는 것을 용서해야 한다. 사랑하는 사람이 우리보다 못한 삶을 살거나 자신이 원하는 수준의 삶을 살지 못하더라도, 우리는 자신을 낮춰 배우자와 일치시켜야 한다. 배우자가 어느 수준에 이르지 못하더라도 더 이상 요구하지 않아야 한다.

둘째, 배우자가 상처를 주고 실패한다고 해서 우리가 배우자보다 도덕적으로 우월한 것은 아니며, 다만 우리가 그 순간 그를 도와줄 수 있는 유리한 위치에 있을 뿐이다. 하나님은 그분의 유리한 위치를 상처 주는 데 쓰지 않고, 언제나 도와주는 데 쓰신다. 바울은 이렇게 말한다. "그러므로 너희는 하나님이 택하사 거룩하고 사랑받는 자처럼 긍휼과 자비와 겸손과 온유와 오래 참음을 옷 입고 누가 누구에게 불만이 있거든 서로 용납하여 피차 용서하되 주께서 너희를 용서하신 것같이 너희도 그리하고 이 모든 것 위에 사랑을 더하라 이는 온전하게 매는 띠니라"(골로새서 3:12-14).

이 얼마나 훌륭한 묘사인가! "긍휼과 자비와 겸손과 온유와 오래 참음을 옷 입고." 배우자가 실패하고 상처를 줄 때마다 우리가 이런 요소들을 '옷 입는다면' 결혼 생활은 더 많이 치유될 것이다.

하지만 그것은 인간의 방식이 아니다. 인간의 방식은 상처를 받고 기분이 상할 때 마음이 더욱 완악해진다.

얼마 전에 한 친구와 이야기를 나누게 되었다. 그 친구는 비교적 가벼운 방법으로 아내를 화나게 했다고 말했다. 하지만 그녀에게는 가벼운 일이 아니었다. 그것 때문에 아내는 며칠간 그와 말하지 않았다. 결국 그는 아내에게 물었다. "다음 달이면 나를 용서할 수 있겠어? 아니면 크리스마스 전까지는 될까? 내가 준비할 수 있게 당신이 말해 주면 좋겠어." 그녀는 결국 말문을 열고 웃기 시작했다. 그들의 사이는 다시 좋아졌다. 그녀는 자신의 '완악함'이 무익하다는 것을 알았다.

마음의 완악함은 참된 관계에서 실패하는 것보다 훨씬 더 해롭다. 예수님이 말씀하셨듯이 이혼을 하는 원인은 실패가 아니라 마음의 완악함이다(마태복음 19:8). 따라서 성경은 부드러운 마음에 최고의 가치를 부여한다. 부드러운 마음은 수많은 것들로 이루어져 있다.

1. 배우자의 죄와 실패를 자신의 것과 동일시함

배우자의 실패에 겸허한 태도를 취해야 한다. 만일 당신이 배우자의 죄를 꾸짖는다면 큰 어려움에 빠질 것이다. 당신이 자신의 죄를 잘 알고 있다면, 배우자의 죄에 더 많은 긍휼을 베풀 것이다.

2. 배우자의 연약함을 자신의 것과 동일시함

난공불락은 완악한 마음을 만드는 주요 원인이다. 자신의 상처와 난공불락을 보지 못하면, 배우자의 상처를 자신의 것과 동일시할 수 없다. 성경은 환난 중에 하나님께 받는 위로로 다른 사람을 위로하라(고린도후서 1:4)고 말한다. 자신의 고통과 상처를 다루라. 그러면 배우자의 심정을 더 많이 알 수 있다.

배우자의 연약함 때문에 그에게 화내지 말라! 이것은 가장 나쁜 것이며, 관계를 파괴하는 데 당신의 힘을 사용하는 것이다. 배우자의 연약함이나 무능력을 심판했다면, 당장 가서 사과하라. 배우자를 위해서가 아니라 자신을 위해 그렇게 하라(야고보서 2:13).

배우자의 연약함이나 무능력을 마치 자신의 것처럼 동일시하라. 심판관이나 방해꾼이 되지 말고, 치유 과정의 동반자가 되라. 배우자가 어떤 상처를 받았든지 그를 치유하고 강하게 하기 위해 하나가 되라.

3. 다시 상처를 받으려는 의지

때때로 사람들은 "다시는 누구도 나를 해치지 못하게 할 거야"라는 유아기적 방어 성향을 가진다. 그리고 결혼 생활에도 그 전략을 도입한다. 어린 시절에는 그것이 유용했을지 몰라도, 부부간의 친밀감을 형성하는 데는 방해가 된다. 당신이 상처를 받았을 때 배우자가 진실로 뉘우치고, 신뢰할 수 있게 된다면 다시 마음을 열라. 그리고 다시 상처받을 각오를 하라. 이것이 바로 하나님이 우리에게 행하시는 일이다.

4. 뉘우치려는 의지

용서와 부드러운 마음은 상처를 받은 쪽에서 베푸는 것이다. 그러나 실패한 사람이 자기 실패를 고백하고 진정한 마음의 변화를 보여 주어야 한다. 그렇지 않다면 그 사람에게 마음을 여는 것은 이치에 맞지 않다. 그들이 믿을 수 있는 태도를 보여 줄 때 우리는 마음을 열 수 있다. 이 말은 그들이 완전하다는 것이 아니라, 그들이 완전해지려고 노력한다는 것을 의미한다.

긍휼, 부드러운 마음, 용서는 매우 중요한 것을 보장한다. 불완전한 사람들에게 오랫동안 사랑과 관계를 경험할 수 있게 해준다. 긍휼, 부드러운 마음, 용서의 옷을 입으라.

11.

가치 여섯: 거룩함

당신은 아마도 거룩함이라는 것은 지루하고 낭만적이지 않은 어떤 것이라고 생각할 수 있다. 그리고 거룩함을 우스꽝스럽게 여기거나, 어릴 때 가 보았던 구식 교회처럼 딱딱하고 지루한 어떤 것으로 생각할지도 모른다.

실제로, 거룩함은 결혼 생활에서 매혹적인 것이다. 거룩한 사람은 흠이 없는 사람이다. 성경은 거룩함을 단지 종교적인 것이 아니라 추구해야 할 실재로 묘사한다. 거룩하다는 것은 순전하고 흠이 없는 것을 의미한다. 하나님은 거룩하시기 때문에 궁극적인 실재이시다. 우리는 거룩하지 않은 만큼 실재에서 멀리 떨어져 있다. 그러므로 우리가 거룩하지 않다는 것은 궁극적인 실재의 삶에서 떨어져 있다는 것이다.

모든 결혼 생활에서 거룩함에 가치를 부여한다면, 다음 사항들을 따르게 될 것이다.

- 각자의 문제를 고백하고 그것을 자기 문제로 인정하기
- 성장과 발전을 향해 끊임없이 노력하기
- 사랑의 길을 방해하는 모든 것 포기하기
- 진리의 길을 방해하는 모든 것 버리기
- 중독성이 있는 어떤 것도 허락하지 않는 순전한 마음 갖기

이것들은 결혼 생활에 대한 상담을 하러 오는 사람들에게 상담사가 줄 수 있는 아주 좋은 목록이다. 그들이 자기 문제를 고백하고 시인하며, 사랑의 길에 방해되는 모든 것을 없애려고 노력한다면, 상담사는 훨씬 쉽게 결혼 생활 치료에 성공할 것이다. 모든 배우자들이 이런 사항들을 지킨다면 모든 결혼 생활이 얼마나 좋겠는가!

케이트와 데이비드는 결혼 생활에서 어려운 시기를 맞았다. 드디어 케이트는 더 이상 남편에게 학대를 당하지 않겠다고 결심했다. 데이비드는 자주 마음을 멀리하고 분노를 폭발했다. 술도 점점 많이 마셨다. 데이비드가 또다시 술을 왕창 마시고 와서 크게 화를 냈을 때, 그녀는 그를 집에서 쫓아냈다. 그녀는 남편에게 자기 문제를 직면해야만 집에 돌아올 수 있다고 말했다.

이 같은 위기 상황이 여러 번 발생하자, 데이비드는 나(헨리)를 찾아왔다. 데이비드가 케이트나 다른 사람들과 관계를 유지하기 위해서는 어떤 중요한 면에서 성장해야 했다. 데이비드는 위협을 당하면 빈정대고, 솔직하지 않으며, 화를 냈다. 고통이나 상처를 만나면 술이나 오락에 빠졌다. 나는 그에게 결혼 생활을 잘 이끌어 가려면 변화되어야 한다는 필요성과 변화의 방법에 대해 간단히 설명해 주었다.

데이비드는 열심히 노력했다. 하지만 나와 케이트는 그가 노력하

는 의도가 의심스러웠다. 데이비드는 어떤 종류의 '승리'를 선언하며, 케이트에게 다시 집으로 돌아갈 수 있게 해달라고 졸랐다. 요컨대, 그가 자신의 행동을 정리하려는 이유는 단지 그녀를 되찾기 위해서였다.

나는 단호한 어조로 데이비드에게 말했다. "당신이 케이트에게 돌아가기 위해서가 아니라 자신을 위해 행실을 고치려 한다는 것을 보여주지 않으면, 나는 케이트에게 당신을 다시 집에 들이지 말라고 할 겁니다." 그녀가 그에게 원하는 것과는 별개로 '거룩함'이 데이비드 자신에게 중요한 것이 될 때까지, 그는 진실로 거룩한 것이 아니었다. 그리고 나는 그가 집으로 돌아가게 해달라고 더 이상 요구하지 않을 때, 그녀와 함께 지낼 수 있다고 말했다.

데이비드는 의기소침해졌다. 그에게 정말로 힘든 일은 이제부터 시작되었다. 나는 그에게서 변화의 동기와 목표를 제거한 것이었다. 그는 아내를 되찾으려고 변화를 원했다. 사실 나쁜 동기는 아니지만, 결코 근본적인 동기는 아니었다. 성장을 위한 가장 근본적인 동기는 다른 사람을 위해서가 아니라 바로 자신을 위해 '의에 목말라 하는' 것이다. 궁극적으로 이것이 생명을 얻는 유일한 방법이다. 의에 목마르고 자신이 가진 모든 것으로 의를 추구할 때 생명을 얻을 수 있다.

차츰 데이비드가 변화되는 것이 보였다. 케이트의 요구 때문에 변화에 쫓기는 것이 아니라, 하나님이 원하시는 사람이 되는 것이 자신에게 가장 좋은 것임을 이해하기 시작했다. 그에게 거룩함은 '집으로 돌아가는 것' 이상의 가치를 갖게 되었고, 관계보다는 거룩함을 더 추구하게 되었다. 데이비드는 아내를 위해서가 아니라 자신을 위해서 변화되고 있었기에 케이트의 통제에서 자유로웠다. 그는 외부의 압력이나 그녀에게 다시 돌아가기 위해 거룩해지는 것이 아니라, 거룩한 자체를 위해 거룩해졌다.

언제나 자신이 변화될 때 배우자도 변화되기 시작한다. 데이비드가 인생에 충실한 사람이 되었을 때, 케이트는 다시 그에게 마음이 끌리고 그를 간절히 원하게 되었다. 케이트는 남편이 그녀를 원하는 것보다도 자신의 성장을 최우선으로 삼는다는 것을 알았다. 개선되고 거룩해지겠다는 그의 약속은 시간이 지남에 따라 힘을 얻었다. 남편은 다시 그녀가 마음을 줄 수 있는 사람이 되었고, 그들은 다시 하나가 되어 잘 살고 있다.

거룩함을 어떤 종교적인 설명과 혼동하지 말라. 거룩함을 추구하는 것은 두 배우자가 참된 사랑과 삶을 생산할 수 있는 사람이 되는 것을 의미한다. 우리는 온전해진다. 신뢰할 만하고, 정직하며, 신실하고, 사랑하는 사람이 된다. 결혼 생활에서 거룩함은 결코 지루한 것이 아니다. 그것은 이루 말할 수 없이 큰 정열에서 흘러나오는 순전함과 신뢰다.

그러므로 거룩해 보이는 옷을 벗고, 거룩함을 옷 입으라.

3부

결혼 생활의 갈등 해결하기

12.

방해꾼에게서 결혼 생활 보호하기

데니스는 의기소침했다. 해마다 이맘때쯤 일어나는 현상이었다. 그녀와 로이의 스물세 번째 결혼 기념일이 다가왔다. 해마다 그녀의 친구들은 친절하게도 그날을 기억하고 축하해 주었고, 어떤 계획이 있는지 묻곤 했다. 그리고 데니스는 그날을 기념하기 위해 로이와 특별한 일을 계획하기도 했다.

천성이 감성적이고 사려 깊은 데니스는 그날이 가까워지자 로이와 함께한 결혼 생활을 생각하며 슬퍼했다. 그들의 결혼 생활은 하나가 되었다기보다 많은 활동과 흥미를 위한 창고가 되어 버렸다. 많은 것들이 그들의 삶 속으로 들어왔다. 자녀, 직업, 친구, 교회 등 좋은 것들도 많았다. 그러나 부부 관계의 중심이 자신들이 아닌 주변 사람들과 일들이 되어 버렸다. 데니스는 바쁘고 성취감을 주는 삶 속에서 종종 외로움과 고립감을 느꼈다.

늘 그랬던 것은 아니다. 처음 몇 년 동안 데니스와 로이는 오랜 시간 함께 이야기를 나누었다. 서로가 상대방의 마음과 기쁨과 상처에 깊은 관심을 가졌다. 그녀는 자신이 기도해 왔던 영혼의 짝을 찾았다고 생각했다. 그러나 부부가 육아, 일, 생활 등에 상당히 많은 시간과 힘을 쏟아야 했을 때, 두 사람의 관계는 약해져 버렸다. 하지만 그들의 관계가 약화된 것은 다른 부부들처럼 오랜 결혼 생활로 인해 정상적으로 약해진 것이 아니었다. 그녀는 자신들이 다른 사람들이나 일들과 함께 있을 때만 친밀하다고 느꼈다. 데니스에게 결혼 기념일은 겉으로 보기에는 알찼지만, 설명할 수 없는 공허감으로 가득 찬 인생을 기념하는 슬픈 날이었다.

외부는 내부에 영향을 미친다

데니스와 로이 부부 이야기는 결혼 생활에 있어야 할 바운더리의 중요한 면을 보여 준다. 결혼 생활에서 하나 됨은 적극적으로 보호받아야 한다. 하나님은 두 배우자가 서로 애정을 갖기 위해 끊임없이 노력하도록 만드셨다. 부부는 그들의 사랑을 안전하고 확실하게 하기 위해 힘써야 한다.

이 장에서 살펴보겠지만, 당신의 사랑과 경쟁하는 많은 것들이 있다. 처음 결혼할 때 가졌던 강한 유대감이 언제까지나 '거기에 있을 것'이라고 기대할 수는 없다. 다른 어떤 힘이 두 사람 사이에 찾아와 관계를 약화시킨다. "그러므로 하나님이 짝지어 주신 것을 사람이 나누지 못할지니라"(마가복음 10:9)는 말씀처럼 결혼은 하나님이 계획하신 것이다. 은행이 돈을 보호하듯, 각 배우자는 결혼 생활의 핵심인 사랑을 안전하게 보호해야 한다.

결혼 생활을 지속하려면 몇 가지 바운더리가 필요하다. 개인적인 필요와 소원, 요구에 바운더리를 세워야 한다. 배우자에게 "아니요"라고 말할 수 있어야 한다. 그리고 부부가 가진 것을 보존하고 외부 세계로부터 결혼 생활을 지키기 위해 바운더리를 세워야 한다. 외부 세계는 결혼 생활에 깊은 영향을 미친다. 압력, 유혹, 순수하게 좋은 기회 등 외부 세계로부터 오는 무한한 것들이 내부에 있는 것들을 통제하지 못하도록 부부 관계를 구축해야 한다.

결혼 생활의 결속력을 약화시킬 수 있는 '방해꾼들'은 다음과 같다.

- 일
- 아이들
- 취미와 관심사
- TV
- 친척
- 교회
- 인터넷
- 재정적 곤란
- 친구
- 중독
- 외도

이것들은 대부분 본질적으로 나쁜 것은 아니다. 그러나 그것들이 부부의 사랑 가운데 놓이면 때때로 파괴적일 수 있다. 우리는 결혼 생활을 보호하기 위해 힘써야 한다.

결혼 생활을 보호하기 위해 치르는 대가만큼 결혼 생활은 강해진다. 다시 말해, 우리가 투자하는 것만큼 가치는 증가한다. 외부 영향으로부터 결혼 생활을 보존하기 위해 시간과 노력, 희생을 쏟는다면, 결혼 생활은 더욱 견고해진다. 하지만 단지 '우연히 발생한' 것이라면 그 결혼 생활의 결속은 깨지기 쉽다. 결혼 생활에서 값진 것에 가치를 두는 사람은 그것을 보호하기 위해 높은 값을 치른다. 이것은 값진 진주를 갖기 위해 자신이 가진 모든 것을 파는 사람과 같다(마태복음 13:45-46).

왜 셋이 아니고 둘인가?

결혼은 배타적인 것이다. 결혼은 다른 모든 사람들을 배제한 두 사람만의 틀이기 때문에 결혼 서약에는 '신랑(신부)만을'이라는 구절이 들어간다. 결혼은 오직 두 사람의 영혼을 위한 안전한 장소로 만들어진 것이다. 여기서 제3자는 안전에 분열을 일으킬 수 있다.

삼각관계
우리의 사랑은 종종 다른 장소로 분열된다. 삼각관계로 불리는 이 문제는 좋은 결혼 생활에서 아주 큰 적이다. 삼각관계는 배우자가 건전하지 않아 제3자를 불러들일 때 일어난다. 예를 들어, 아내(A)가 남편(B)에게 가지고 가야 할 어떤 문제를 친구(C)에게 가지고 갈 때 일어난다. 또는 형제 가운데 한 사람(A)이 엄마의 문제를 먼저 엄마(B)에게 말하지 않고, 다른 형제(C)에게 말할 때 일어난다.

결혼 생활에서 생기는 삼각관계의 몇 가지 예는 다음과 같다.

- 한 아내가 가장 친한 친구에게 남편 때문에 불행한 것을 이야기하면서 남편에게는 자기 감정을 이야기하지 않는다.
- 한 남편이 아내가 자기를 이해하지 못한다고 비서에게 털어놓는다.
- 한 배우자가 자녀를 친한 친구로 삼고는 상대 배우자보다 더 가까이 한다.
- 한 남편이 아내보다 부모에게 시간과 정성을 더 많이 쏟는다.

이런 모든 예에서, 배우자는 상대 배우자에게서 마음의 일부를 거두어 바깥으로 돌린다. 이것은 고통스럽고 부당하다. 또한 하나님이 결혼 생활에서 발전시키려고 의도하신 것, 즉 부부를 서로 친밀하게 하는 신비한 하나 됨에 역행하는 것이다. 삼각관계는 신뢰를 배신하고 결속을 깨뜨린다.

이것이 바로 하나님이 정직하고 직접적인 관계를 강력히 주장하시는 이유다. 그분은 삼각관계에서 발생하는 거짓과 간접성을 싫어하신다. 예를 들어, 쑥덕공론은 삼각관계의 한 형태다. 쑥덕거리기를 좋아하는 A는 B가 없는 곳에서 B에 대해 C에게 말한다. "말쟁이는 친한 벗을 이간하느니라"(잠언 16:28)는 말씀처럼 이런 행동은 친구 사이를 갈라놓는다. 하나님은 우리에게 사랑으로 진리를 말하라고 말씀하신다(에베소서 4:15).

우연히 부부 사이에 놓인 C는 자신이 그들을 돕고 있다고 생각할 수도 있다. 사실 우리에게는 비밀을 털어놓을 사람이 필요하다. 그러나 점점 멀어지는 부부 사이에 놓인 사람은, 좋은 의도임에도 불구하고 파괴하는 사람이 될 수 있다. 누군가 우리에게 다가올 때 이렇게 말해야 할지도 모른다. "캐슬린, 이건 너와 댄의 문제야. 네가 힘들어하는 것이 안타깝고 나도 돕고 싶어. 하지만 네가 먼저 남편에게 그 문제를 가져가지 않으면, 나는 뒤에서 쑥덕거리고 속이는 사람이 되고 말 거야. 먼저 댄에게 말해. 그 후에 내가 도울 수 있는 방법을 알려 줘." 이 성경 말씀을 기억하라. "미움을 감추는 자는 거짓된 입술을 가진 자요 중상하는 자는 미련한 자이니라"(잠언 10:18). 절대로 중간에 낀 사람이 되지 말라. 그리고 문제를 안전하지 못한 결혼의 테두리 밖으로 가지고 나가는 사람도 되지 말라.

안전하다고 느낄 때 부부의 사랑은 더욱 친밀해진다. 결혼 생활은 우리의 가장 연약하고 깨지기 쉬운 면들을 드러낸다. 그리고 이런 면들이 성숙하려면 따스하고, 은혜가 넘치고, 안전한 환경이 필요하다. 제3자가 결혼 생활을 위협하게 되면, 이런 약한 면들이 드러난다. 그러면 부부가 하나 되고 성장할 만큼 충분히 안전함을 느낄 수 없다. 예를 들어, 주변 사람들을 믿지 못하는 아내는 남편이 자신보다 다른 사람에게 더 친절하거나 부부간의 사적인 것을 말한다면, 더 이상 남편에게 시간과 정성을 쏟지 않을 것이다.

게다가, 결혼은 우리를 성숙시키기 위한 것이다. 배우자와 아주 오래 친밀하게 지내면, 우리는 고립과 자기중심성에서 벗어날 수 있다. 그러나 이런 환경에서 성장하려면 많은 노력이 든다. 자신의 실제 모습을 알고 싶다면, 가장 먼저 배우자에게 물어보라. 결혼의 배타성은 오븐과 같다. 뜨거운 열을 피하고 싶다고 해서 언제나 피할 수 있는 것이 아니다. 그러나 오븐의 열 때문에 우리는 성장할 수 있다. 한 사람과 아주 가깝게 사는 열기와 압력을 통해 우리는 자신의 연약함에 맞설 수 있고, 그것을 해결하기 위해 노력할 수 있다.

평생 긴밀한 결합을 유지하기 위해 드는 엄청난 노력을 생각해 보라. 이러한 노력은 세 명이 복잡하게 관련된다면 불가능할 것이다. 셋이 복잡하게 관련되어도 가능한 경우는 오직 삼위일체뿐이다.

버리는 것이 보호하는 것이다

대부분의 사람들은 삶에서 "아니요"라고 말하는 것을 꺼린다. 그것은 일이고, 걱정을 끼치며, 사람들을 속상하게 할 수 있다. 그러나 친밀한 결혼 생활을 유지하려면 많은 것에 "아니요"라고 말해야 한다. 모든 것에 "예"라고 말하는 인생은, 결혼 생활에 "아니요"를 초래한다. 원하는 모든 것을 다 할 수 있는 시간과 자원, 힘이 우리에게는 없다.

결혼 생활에는 서로 사랑하는 두 사람이 사랑을 유지하는 것 말고도 많은 것들이 포함된다. 이것은 다른 것을 버리거나, 남겨 두는 데 힘든 노력이 따른다는 것을 의미한다. 많은 신혼 부부들이 결혼 생활을 유지하려면 많은 것에 끊임없이 "아니요"라고 말해야 함을 깨닫고 종종 실망한다.

린다는 미혼일 때 많은 활동을 하는 것을 좋아했다. 직업, 친구, 여행, 만찬, 운동, 수업 등이 그런 활동이었다. 그녀는 곡예를 하듯 모든 활동을 잘해냈다. 토니와 사랑에 빠져 결혼한 뒤에도 이 활동들을 유지하며, 토니를 데리고 다녔다. 토니는 미혼일 때 덜 활동적이었지만, 흔쾌히 동의했다. 하지만 마침내 그는 이렇게 말했다. "나는 당신이 하는 일을 전부 하고 싶지는 않아. 그리고 당신 없이 늘 홀로 집에 있고 싶지도 않아." 토니는 이 딜레마 때문에 바운더리를 세우기 시작했다.

린다는 몇 가지 활동을 그만두어야 하는 어려운 시간을 보냈다. 그녀는 결혼 생활 때문에 자신이 제약을 받는다고 느꼈다. 심지어 이 일로 토니에게 화를 냈다. 하지만 실제로 서로를 잃어 가고 있으며, 친밀함에 금이 가고 있다는 것을 깨닫고는 타협하는 편이 낫겠다고 느꼈다. 그녀는 이렇게 말했다. "난 결혼 생활이 단지 당신이 내 옆에 남편으로 있는 것일 뿐, 미혼 생활과 같을 거라고 생각했어요." 그녀는 결속력을 유지하기 위해 드는 시간을 염두해 두지 않았던 것이다. 그녀는 결혼 생활에서 성장하려면 약간의 자유를 버려야 한다는 것을 배웠다. 다행히 린다는 토니를 소중하게 여겼으므로 중요하지 않은 것들을 버렸다.

부부는 늘 버리는 훈련을 하고, 그것을 생활의 일부로 삼아야 한다. "아내(남편)와 의논해 봐야 해요." "안 됩니다. 그 시간은 아내(남편)와 함께 지내기로 했어요." 이 같은 말은 결혼한 사람들이 방해꾼들에게서 자신들의 결합을 지킬 수 있는 가장 좋은 말이다. 모든 '방해꾼' 문제는 결혼 생활에서 나쁜 것(적절하지 못한 사람이나 나쁜 영향)을 더하거나, 좋은 것(친밀함과 정직)을 덜거나 또는 두 가지 모두에 의해 일어난다.

외부 사람들이 방해꾼이 아닐 때

어떤 사람들은 결혼 생활에서 외부 사람들을 배제해야 한다는 것에 밀실 공포증을 느낀다. 그들은 배우자와 가장 가까운 관계를 유지하기를 바라면서도, 인생에서 배우자 외에도 많은 사람들이 필요하다고 생각한다. 자유의 상실을 두려워한다. 또는 자신의 감정을 배우자가 상하게 할 수 있기 때문에 외부 사람들에게 바운더리를 세운다면 안전하지 못한 배우자에게 영원히 배타적으로 매이는 것은 아닌가 걱정한다.

때때로 그들은 외부 사람들과 맺는 관계와 외부 활동이 '나쁘고' 피해야 한다는 데 지나치게 주목한다. 예를 들어, 의존적이고 통제하는 남편은 아내에게 친구들과 시간을 보내지 말라고 주장한다. 그녀는 남편이 자신을 통제한다고 생각하는 것이 아니라, 친구를 갖는 것은 결혼 생활에 충실하지 않는 행동이라고 생각하게 될 것이다.

우리가 방해꾼들을 멀리하라고 말하는 것은, 결혼 생활은 모든 감정적인 욕구를 배우자에게서만 충족시키는 자급자족의 단위라는 의미가 아니다. 결혼 생활이 우리 인생의 근원은 아니다. 그런 생각은 일종의 우상 숭배다. 하나님과 그분의 것들이 우리 인생의 근원이다. "또한 그가 만물보다 먼저 계시고 만물이 그 안에 함께 섰느니라"(골로새서 1:17). 결혼이라는 결합은 하나님의 사랑, 성경, 교회 안에서의 관계들처럼 우리를 지탱해 주는 하나님의 여러 수단 가운데 하나다.

결혼은 두 성인 사이의 계약이다. 그들은 좀 더 의미 있고 열매 맺는 삶을 이루기 위해 서로의 삶을 함께한다. 결혼은 분명 치유를 담당할 수 있지만 망가진 배우자를 고치기 위해 의도된 것은 아니다. 원래의 가정이 주지 못했던 것들을 주기 위해 의도된 것도 아니다. 결혼은 위로, 도움, 진실, 성장을 위해 우리가 가야 할 유일한 장소도 아니다. 자신이 배우자의 유일한 후원자가 되려는 것은 질 수 없는 짐을 지려고 하는 것이다.

이러한 결혼 생활을 하는 부부는 부모-자녀의 관계가 되어 버린다. 한 배우자가 상대 배우자가 한 번도 해본 적이 없는 엄마나 아빠의 역할을 요구하는 것이다. 상대 배우자가 용감하게 그것을 시도할지라도 결국 진이 빠지고 분노를 느끼게 된다. 그때 '자녀' 역할의 배우자는 버림받고 사랑받지 못한다는 느낌을 가진다.

또는 두 배우자 모두 상대방에게 '부모'처럼 굴려고 한다. 예를 들어, 한 아내는 남편으로 하여금 정서적으로 의지하게 한다. 결과적으로, 남편은 모든 재정과 사업적 결정을 자신이 내린다. 아내는 다른 곳으로 가려고 하는 남편의 필요와 저항에 분노한다. 남편은 아내가 의사 결정에 도움이 되고, 지역 대학에서 회계 과정을 수강하기 원한다. 어느 쪽이든, 결혼 생활에서 부부가 필요한 모든 자원을 다 갖출 수는 없다.

나는 수년 전에, 빌리 그레이엄 목사의 아내 루스가 "당신의 결혼 생활은 어떻게 그리 성공적일 수 있었나요?"라는 질문에, "남편은 골프를 치고 나는 브리지 게임을 하기 때문이죠"라고 대답했다는 글을 읽은 적이 있다. 루스 벨 그레이엄은 결혼 생활이 풍성해지는 데 필요한 인생의 외부 자원들의 가치를 확실히 이해하고 있었다.

하나님은 배우자가 상대방에게 부모가 되기보다는 다른 여러 방법으로 그들의 필요를 충족하게 하셨다. 예수님은 "누구든지 하늘에 계신 내 아버지의 뜻대로 하는 자가 내 형제요 자매요 어머니이니라"(마태복음 12:50)고 말씀하면서 이 방법에 대해 언급하셨다. 하나님의 관심사와 가치를 마음에 품고 있는 사람들에게서 우리는 필요한 사랑과 구조와 인정을 받을 수 있다.

배우자는 늘 우리 영혼이 쉴 수 있는 가장 안전한 곳은 아니다. 예를 들어, 어떤 남편은 아내가 연약하고 외로워한다고 느껴질 때는 잘 돌보지만, 아내가 화를 내거나 좌절할 때는 뒤로 물러나 아내와 거리를 둔다. 관계에는 우리의 모든 면이 필요하므로 이런 자세는 문제가 된다. 이 부부의 관계를 치유하고 성장시키기 위해서는 연약하고 외로운 면만큼이나 화내는 면도 필요하다. 그러므로 우리는 배우자가 다룰 수 없고 다루지 못하는 것을 다뤄 줄 외부 관계들이 필요하다.

경고의 말

모든 좋은 결혼 생활에는 외부의 지원이 필요하다. 따라서 우리는 옳고 적절한 자원들을 찾아내야 한다. 이 자원들은 안전할 뿐 아니라 결혼의 결속력을 강화시킬 수 있다. 결혼 생활에 '보탬'이 되고, 부부가 함께 성장하는 데 도움이 되는 사람들을 찾으라. "그런 나쁜 사람과 결혼했다니 안됐다"라고 말하는 사람들을 피하라. 그들은 도움이 되지 않는다. 더욱이 도움을 주는 척하면서 결혼의 결속력을 해치는 사람들을 피하라. 예를 들어, 한 아내는 자신을 이해하지 못하는 남편 대신, 자신을 참으로 이해해 주는 친구를 찾는다. 그녀의 기분은 좋아지지만 결혼 생활은 약해진다. 사랑의 자원은 자신뿐 아니라 배우자를 사랑하는 것에도 도움이 되어야 한다.

결혼 생활에서 갈등의 조짐이 되는 방해꾼

최근에 나(존)는 제리와 마샤 부부와 이야기를 나눴다. 그들은 매우 바빴으므로 자신들의 결혼 생활이 차츰 사라지고 있다고 느꼈다. 꽉 찬 일정으로 인해 그들 사이에 있는 갈등과 거리감은 점점 커졌다. 제리는 마샤의 바쁜 일정 때문에 점점 더 홀로 있게 된다고 느꼈다. 그러나 마샤는 주변의 일들이 문제라고 생각했다. 마샤는 자신이 희생자라고 생각했다. 그녀는 이렇게 말했다. "시간이 없어요. 직장, 아이들, 그리고 여러 가지 일들에서 벗어날 수가 없어요."

　마샤는 통찰력 있는 친구들과 몇 차례 대화를 나누고 나서, 1년 전

어머니가 돌아가신 후부터 자신이 눈코 뜰 새 없이 바빠졌다는 사실을 깨달았다. 그녀는 어머니의 죽음을 슬퍼할 시간도 없이, 자신과 제리 사이에 끼여드는 방해꾼들에게 시간을 내주고 말았다.

방해꾼이 문제의 전부는 아니다. 방해꾼은 결혼 생활의 다른 문제로 인한 결과이거나 조짐일 뿐이다. 실제로 문제는 우리의 인격이나 관계와 더 관련이 있다. 때때로 결합의 중요한 부분들이 깨진다. 예를 들어, 한 사람이 배우자를 사랑하지 않고, 비판적이며, 상처를 준다. 그러면 상처받은 배우자는 결혼 생활 이외의 일들에 몰두한다. 한편으로, 분주하고 바쁜 배우자는 자기 영혼의 미성숙을 다루어야 한다.

마샤 부부의 경우, 결혼 생활에 방해꾼들을 용납한 것은 남편이 아니라 아내 자신이었다. 결혼 생활은 본성상 결혼의 결속력을 파괴하는 방해꾼들을 용납한다. 또한 결혼 생활의 결속력에 어느 정도의 거리, 즉 공허함이 생기면 분주함으로 그것을 채우려 한다. 따라서 결혼 생활에 싸움과 상처가 있을 때, 우리는 외부 사람들이나 다른 활동에 분주히 빠져든다.

날마다 해결할 수 없는 사랑 문제에 직면하는 것보다는 차라리 바쁜 것이 덜 고통스럽다. 그래서 많은 부부들이 친밀함이나 책임에 관한 문제를 해결하려고 시도하다가 이내 포기하고 공허함의 대안을 찾는다. 이러한 활동은 결속력의 결핍과 그로 인한 고통을 마취시킨다. 그러나 문제가 사라진 것은 아니다. 그것은 은밀한 분노나 빈정거림 같은 방식으로 분출된다.

많은 부부들이 이런 문제를 해결하기 위해 데이트나 여행 계획을 세운다. 데이트나 여행은 결혼 생활을 윤택하게 할 수 있지만, 내재된 문제들을 이해하지 못하면 또다시 실망을 안겨 줄 것이다. 문제는 계속 일어날 것이고, 끊임없이 데이트를 계획해야 한다. 해결되지 않은 갈등들은 데이트 자체를 가시적이고 강요된 것으로 느껴지게 한다. 데이트는 결혼 생활을 보호하는 데 필요하지만 충분한 해결책이 아니다.

당신이 결혼 생활에서 이런 상황을 알게 되었다면, 진정한 문제가 무엇인지 밝혀 내고 그것에 대처해야 한다.

친밀함이 결혼 생활의 방해꾼들을 재촉할 수 있다

친밀함은 본성상 결혼 생활을 외부 영향에 취약하게 만들 수 있다. 우리가 누군가와 친밀해지면 긍정적인 특징과 함께 부정적인 특징도 경험하게 된다. 우리가 배우자의 결점, 약점, 죄, 불완전함을 알기 전까지 배우자를 실제로 아는 것이 아니다. 사람들은 배우자와 많은 시간을 함께 지내고 나면 안심하게 되어 퇴보하고 만다. 마치 엄마 품에 안겨 있는 어린아이처럼, 그들은 긴장을 풀고 더 의존하며 나약하게 행동한다.

부부는 퇴보할 뿐 아니라 더 많이 노출된다. 오랜 결혼 생활에서 자신의 흠을 감추기는 어렵다. 단정적으로 말해, 부정적인 기질이 있는 배우자와 함께 사는 것은 힘들다. 통제하는 남편, 불안정한 아내, 그리고 비판적인 배우자는 관계에서 갈등과 불화를 일으킨다.

그래서 친밀함은 방해꾼들에게 결혼 생활을 열어 주는 두 가지 조짐을 일으킨다. 첫 번째 조짐은 우리 내부에서 나타난다. 우리는 자신의 취약함이 드러나면 놀란다. 이런 노출에 대한 두려움은 다음과 같은 원인에서 비롯된다.

- 자신의 결점을 배우자가 용납하지 않을 것에 대한 두려움

- 자신의 필요와 의존성이 커지는 것에 대한 두려움
- 자신의 불편한 감정이 점점 드러나는 것에 대한 두려움
- 자신의 문제 때문에 배우자가 고갈되고 있다는 죄책감

많은 사람들이 이런 두려움 때문에 감정적으로 거리를 두게 된다. 예를 들어, 말을 하지 않거나 시선을 다른 데로 돌린다. 또는 비난이나 책망을 받는다고 느낀다. 이런 거리감은 신뢰하는 관계에 불화를 일으키고 이런 불화가 지속되면, 방해꾼들이 부부의 사랑에 끼어들 기회를 갖게 된다. 예를 들어, 남편이 자신의 감정을 거부할까 봐 두려워하는 아내는 엄마 역할에 지나치게 열중하거나 친구들과 지내는 데 열중한다. 그와 동시에 그녀는 남편에게 느꼈던 처음 사랑으로 '돌아가고' 싶어 한다.

두 번째 조짐은 우리 내부가 아니라 결혼 관계 자체에서 나타난다. 예를 들어, 부부가 친밀해지면서 아내의 약점이 드러나면 남편은 실제로 그녀에게 거리를 두게 된다. 그들의 관계에서 남편의 사랑이 자란 것처럼, 마음을 많이 열수록 인자와 긍휼과 용서는 더욱 커진다. 그러나 남편이 아내의 약점을 다루지 못하는 데는 많은 이유가 있다. 거리감이 생기는 몇 가지 영역은 다음과 같다.

- 마음의 상처: 배우자는 당신이 더 강한 사람이 되기를 원한다.
- 실패: 배우자는 당신의 불완전함에 실망한다.
- 죄: 배우자는 죄인과 함께 사는 것을 견디지 못한다.
- 부정적인 감정: 배우자는 긍정적인 감정만을 바란다.
- 자신의 다른 면: 배우자는 당신을 통해 자신의 결점을 떠올린다.

이럴 때 남편은 아내의 문제들에 반발하며 감정적으로 멀리한다. 공허감이 다시 생긴다. 그리고 그 자리에 일, 아이들, 외부 사람들이 들어온다.

그래서 때때로 약점이 있는 배우자가 먼저 거리를 두려고 한다. "당신이 나를 떠나기 전에 내가 당신을 떠날 거예요." 그리고 때때로 다른 배우자는 약점이 드러난 배우자에게서 물러난다. 어느 쪽이든 결속력이 위협을 당한다.

공허감 메우기
부부가 자신들의 친밀함으로 인한 문제가 생기면, 그 문제에 책임을 지고 다시 결합해야 한다. 예를 들어, 자신의 약점 때문에 남편에게 거리를 두는 아내는 남편이 자신의 약점을 알게 되는 것에 대한 두려움과, 남편이 자신에게서 멀어지는 것을 염려하는 마음이 있음을 인정해야 한다. 그러면 그녀를 향한 남편의 마음이 따뜻해질 수 있으며, 모든 것이 단지 '그녀의 머릿속에만 존재하는 것'임을 알게 된다.

나는 교회 생활과 기타 활동에 지나치게 열중하는 한 부부를 알고 있다. 아내는 남편이 더 이상 자신에게 관심을 갖지 않으며, 남편이 너무 바빠서 자신에게 싫증을 낼 여유도 없을 거라고 생각했다.

아내는 용기를 내어 남편에게 고백했다. "나는 당신이 내게 관심이 없다고 생각했기 때문에 계속 여러 가지 일을 만들어 했어요."

남편은 매우 놀라고 슬퍼했다. "나는 그런 사실을 전혀 알지 못했어. 우리는 함께 지낼 수 있는 많은 시간을 놓치고 말았군."

남편이 아내의 어떤 면을 용납하지 못해 거리를 두었다면, 그는 아내의 실패를 자신의 실패로 동일시하거나 그녀를 책망하게 될까 봐 두려워 거리를 둔다는 것을 고백해야 한다. 아내는 남편에게 그가 거리를 두는 것이 자신에게 얼마나 상처를 주는지 알리고, 문제를 해결할 방법을 찾아야 한다.

또 다른 예로, 한 아내는 남편이 화를 내면 그녀 안에 내재된 분노가 떠올라 참을 수가 없다. 그녀는 자신의 화난 감정을 잘 다뤄야 할 책임이 있다. 남편은 아내가 화가 나서 거리를 두려고 할 때(그녀와 함께 있는 것이 위험하거나 불안하지 않다면) 자신이 외롭고 사랑받지 못한다는 느낌이 든다고 그녀에게 알려야 한다.

어떤 배우자들은 바운더리가 약하기 때문에 거리를 둔다. 그것은 그들이 갖고 있는 유일한 바운더리다. 그들은 약점이 있는 배우자와 관계를 유지하지 못한다. 어떤 문제로 바운더리를 세워야 할 때, 그들은 결합된 상태를 유지할 수 없다. 또는 그들이 비록 결합된 상태를 유지할지라도, 문제를 드러내지는 못한다. 이런 배우자들은 둘 다 사랑하면서 동시에 진실하도록 노력해야 한다.

예를 들어, 사랑과 진실 가운데 무언가가 부족하다고 느껴지면, 서로 신호를 보내야 한다. 두려움으로 어떤 진실을 말하지 못한다면, 진실을 말하기 전에 배우자에게 자신이 두려워하고 있으며 진실을 말하고 싶다는 신호를 보내라. 또한 배우자의 마음이 와닿지 않는다면, 거리감이 느껴진다는 신호를 보내라. 그리고 배우자에게 무슨 생각을 하는지 알려 달라고 요청하라.

자신의 한계를 모르는 배우자

데일과 마가렛은 내 친구다. 데일은 교회와 시민 단체에서 활동하기를 좋아하는 활기찬 낙관주의자다. 그는 자녀들의 모든 스포츠 팀을 감독하고, 자기 일을 너무 좋아해 늦게까지 일한다. 반면, 마가렛은 경영학 석사인데, 자신은 늘 데일을 따라다니며 그가 저질러 놓은 일들을 처리하고 있다고 생각한다. 남편이 너무 많은 약속을 잡아 놓으면 그녀는 그가 참석할 모임과 참석하지 않아도 될 모임을 결정해 준다. 그가 지나치게 돈을 많이 쓸 때도 그 문제들을 해결한다. 이런 일들이 그들의 결혼 생활에서 일부가 되었지만, 남편은 그녀를 우선순위에 두는 일이 거의 없다. 그녀는 괴로워하며 내게 말했다. "데일은 참으로 봉사하는 사람이에요. 그는 인생을 사랑해요. 실제로 그는 인생을 하나의 커다란 모험으로 생각하지요. 그러나 그는 결코 우리에게 부부로 돌아오지 않아요."

한 배우자 또는 두 배우자 모두 자신들의 시간과 힘, 투자 자산을 인식하지 못하기 때문에 부부들은 방해꾼 문제를 겪는다. 그들은 어떤 시점에서는 자신들이 가정에 당면한 문제들을 돌볼 것이라고 생각한다. 또한 진심으로 배우자와 대화하고, 데이트하고, 함께 있고 싶어 한다. 그러나 지금은 아니며, 그런 순간이 거의 오지 않거나, 적어도 충분하지 않다. 방해꾼들은 이기고, 부부는 실패한다.

이런 문제는 보통 '자신의 한계를 모르는' 배우자가 자신의 행동이 어떤 결과를 가져오는지 이해하지 못하는 데서 비롯된다. 부모, 친구, 동료, 배우자가 늘 사태를 수습한다. 그가 결혼 생활에서 자신의 문제를 수습하지 않는 이유는 아무것도 염려하지 않기 때문이다. 이런 배우자는 안전망을 가지고 살면서 이렇게 생각한다. '내가 책임지지 않더라도 나쁜 일이 일어나지 않을 것이고, 혹시 나쁜 일이 일어나더라도 아무도 개의치 않을 것이며, 괴롭힘을 당하더라도 누군가가 구해 주고 모든 것이 용서받을 것야.' 이런 사람의 삶은 행복한 것 같지만, 사실은 현실에 근거한 삶이 아니다.

마가렛이 데일에게 자기 감정을 숨김없이 털어놓자 데일은 깜짝 놀랐다. 그는 자신이 관여하는 많은 일들을 통해서 아내도 자기처럼 흥분을 느낀다고 생각했다. 그리고 그녀가 "난 당신을 사랑하지만, 당신이 지나치게 관여하는 위원회와 우리 사이에 끼여드는 것들을 이제 더 이상 돕지 않을 기예요"라고 말하자 그는 분개했다.

하지만 그녀가 더 이상 돕지 않자, 데일은 이것저것 요란하게 손댄 것에 대한 결과를 맛보게 되었다. 그는 약속을 못 지켜 자신에게 화가 난 사람들을 대해야 했고, 약속한 일들의 최종 기한을 넘겼을 때 마침내 현실을 깨달았다. 그와 동시에, 마가렛이 얼마나 많이 도와주었는지를 깨달았다. 데일은 그녀에게 감사하기 시작했고, 그들 사이에 다른 것들을 둠으로써 놓쳐 버린 모든 시간을 아쉬워했다. 그는 현실이라는 채찍과 마가렛의 사랑이라는 당근에 반응하기 시작했다.

결혼 생활을 당연하게 여기기

결혼이 깨지기 쉬운 것임을 배우자 가운데 한 사람이라도 인식하지 못하면, 결혼 생활에 방해꾼들을 허용하게 된다. 그들은 위기는 없으며, 모든 것이 괜찮다고 생각한다. 그래서 그들은 위기나 삐걱대는 일, 육아, 교회, 친구 등에 신경을 쓴다. 부부는 서로 긍정적인 느낌을 갖고, 자신들은 괜찮다고 생각한다.

이것은 상황에 대한 미숙한 시각이다. 어린아이가 자기 부모에게 느끼는 것과 비슷하다. 어린아이는 자신이 무슨 일을 하든 부모는 항상 거기에 있고, 부모에게 돌아가면 언제라도 도움과 사랑을 받을 것이라고 생각한다. 어린아이가 이렇게 느끼는 것은 맞다. 그러나 결혼한 배우자들이 이렇게 느끼는 것은 문제가 된다.

결혼 생활에서 방해꾼들의 영향을 느끼는 데는 오랜 시간이 걸린다. 부부가 둘 다 활동적이고 조직적인 사람이라면, 사태를 파악할 겨를도 없이 자연스럽게 깊은 유대감에서 무관심한 유대감으로 변하게 된다. 어느 날 문득 배우자의 마음이 자신이 아닌 다른 것들로 채워져 있다는 사실을 깨닫게 된다. 최악의 상황은 배우자가 이것을 깨닫고도 이렇게 생각하는 것이다. '그리 나쁘지 않으니, 그냥 이대로 지내자.'

사실 결혼 생활은 부부가 쏟는 투자에 비례하여 좋아진다. 하나님은 우리 인생이 성장하거나 퇴보하도록 만드셨다. 똑같은 상태에 머물러 있을 수는 없다. 그리고 결혼 생활은 이 사실을 반영한다. 서로의 마음을 상대방에게 완전히 열어 결속력이 깊어지든지, 아니면 마음을 닫고 황폐해진다.

대부분의 배우자들은 '느닷없이' 드러난 결혼 생활의 문제를 쉽게 받아들이지 못한다. 그래서 많은 경우, 배우자들은 이렇게 말한다. "모든 것이 좋았었는데, 그가 독설을 퍼붓기 시작했어요." "내가 그의 외도를 알기 전까지 우리 관계는 괜찮았어요." 결혼 생활에서 위험과 약점과 솔직함에 끊임없이 마음을 투자하면 이런 일은 일어나지 않는다. 그리고 시간이 지나고 나면, 많은 부부들이 이렇게 말할 것이다. "이전에 눈치채지 못한 조짐들이 이제야 보입니다." 이런 조짐들은 일반적으로 다음 것들과 관계 있다.

- 점치 필요가 없어짐

- 부부가 체념해 넘기는 해결되지 않은 차이점들
- 결혼 생활에서 충족했던 필요들을 다른 사람에게서 충족하는 것을 더 좋아함
- 배우자에게 말하지 않는 관심사와 관계들

위기가 없는 것을 결혼 생활이 건강하다는 징조로 생각하지 말라. 부부들은 정기적으로 서로를 점검하고 "우리 사이를 어떻게 생각해요?" 또는 "내가 당신을 괴롭히고 상처를 주고 있지는 않소?" 같은 어려운 질문들을 하는 것이 좋다. 의사가 당신과 커피를 마시며 운동에 대해 이야기를 나눈 것으로만 당신의 건강을 진단한다면 어떤 느낌이 들겠는가?

다른 사람에게 바운더리를 세울 때의 문제들

신디와 웨이드는 결혼한 지 몇 년이 안 되었지만, 신디는 개밥에 도토리처럼 느껴졌다. 그녀는 웨이드가 자신을 사랑한다는 것을 알고 있었다. 하지만 그는 다른 사람들의 기분과 필요와 위기에 구속되어 있는 것처럼 보였다. 웨이드의 사장은 그에게 잔업을 요구하고, 교회에서는 그에게 선교 위원회장을 맡으라고 한다. 웨이드는 누구에게도 "안 돼요"라고 말하지 못한다.

신디는 웨이드가 그녀와 다른 사람들을 위해 기꺼이 함께 있어 주는 마음과 민감함에 매력을 느꼈었다. 그녀가 데이트했던 이기적인 사람들과 정말 달랐다. 그러나 지금은 그와 함께 있는 시간보다 떨어져 있는 시간이 훨씬 더 많다. 그리고 웨이드 역시 이런 상황을 좋아하지

않았다. 누군가가 웨이드에게 시간을 내달라고 요청하면 그는 한숨을 쉬고, 머리를 흔들며, 죄를 지은 듯 그녀를 바라보면서 그 요청에 응한다. 그녀는 이렇게 말한다. "웨이드는 모든 사람의 것이에요. 나와 함께 있지 못하기 때문에 그는 내 사람이 아니에요." 웨이드는 다른 사람에게 "안 돼요"라고 말하지 않음으로써, 간접적으로 신디에게 "안 돼요"라고 말하는 것이다.

웨이드는 다른 사람들에게 바운더리를 세우는 것을 매우 어려워했다. 때때로 그는 다른 사람들을 실망시키는 것을 두려워했다. 또한 그들이 자신을 떠날까 봐 염려했다. 게다가 신디에 대한 사랑과 의무 때문에 갈팡질팡했다. 그의 마음은 나뉘었고(야고보서 1:8) 결코 쉴 수 없었다. 한편으로는 다른 사람들을 실망시키는 것을 두려워하며 가책을 느꼈고, 다른 한편으로는 아내를 실망시키는 것을 두려워하며 가책을 느꼈다.

신디는 웨이드에게 분개하는 것과, 그토록 착한 사람에게 화를 냈다는 마음의 가책과, 그에게서 멀어지는 느낌 사이에서 혼란스러웠다. 그녀는 인내심을 갖고 남편을 도우려고 했다. 그러나 웨이드의 모든 의무들 때문에 자신들이 점점 멀어진다고 느꼈고, 에베소 교회처럼 그가 처음 사랑을 버렸다고 느꼈다(요한계시록 2:4).

다행히도 웨이드는 좋은 남편이 되고자 하는 착한 심성을 가졌다. 그는 다른 사람들의 반응을 두려워했다. 그에게 요구하는 사람들만이 문제가 아니라, 인정받기를 바라는 자신의 욕구와, 사랑을 잃을 것을 두려워하는 마음이 문제라는 것을 깨달았다. 그는 자신의 실제 한계를 사람들에게 솔직히 말하고, 자신의 도움이 절실한 사람들만을 대했다.

웨이느는 진실한 사람이 되기 시작했다. 이것은 그에게 매우 어려운 일이었다. 사람들은 그를 이기적이라고 비난했고, 그는 버림받는 것에 대한 두려움과 다른 사람들이 화내는 것에 대한 염려에 직면해야 했다. 그는 하나님과 신디, 그리고 몇 명의 친한 친구들을 의지했다. 그들은 웨이드가 바운더리를 세울 때 그의 곁에 있어 주었다. 웨이드는 점차 자신과 신디 사이에 있는 방해꾼들을 제거했다.

웨이드와 신디의 문제는 앞에서 이야기한 데일과 마가렛의 문제와 다르다. 데일은 마가렛이 치러야 하는 내가와 고통은 생각하지 않고 다른 사람과 함께 있을 때의 유쾌한 기분만을 좋아했다. 그러나 웨이드는 방해꾼들을 좋아하지 않았다. 그저 마지못해 방해꾼들을 허용했을 뿐, 그는 선택의 자유를 누리지 못했다.

이런 선택의 상황에서는 배우자를 내버려 두는 것이 좋을 수 있다. 다시 말해, 바운더리가 없는 사람은 사장이나 다른 사람들을 실망시키는 것보다 배우자를 실망시키는 것을 덜 두려워한다. 그가 배우자를 더 안전하게 느끼고, 배우자가 자신을 떠나지 않을 거라고 생각하기 때문이다. 그러나 이것은 잘못된 인식이다. 우리는 안전한 배우자를 신뢰하고 그 사랑 안에서 쉴 수 있어야 한다. 그러나 안전하다고 해서 사랑의 의무를 소홀히 해도 좋다는 의미는 아니다. 무제한의 긍휼 안에서 산다고 해서 무책임하고 상처를 주는 삶을 살아서는 안 된다. 성경은 이렇게 말한다. "그런즉 어찌하리요 우리가 법 아래에 있지 아니하고 은혜 아래에 있으니 죄를 지으리요 그럴 수 없느니라"(로마서 6:15). 배우자가 '우리를 위해 항상 거기에 있을' 것이라고 여기는 것은, 우리를 사랑하고 신뢰하는 배우자에게 부담을 지우는 것이다.

두려움과 죄책감 때문에 결혼 생활에 방해꾼들이 만연해 있다면, 우리는 두 가지 일을 해야 한다. 한편으로, 배우자를 괴롭히거나 위협하지 말아야 한다. 그렇지 않으면, 그는 너무 많은 우리의 요구 때문에 은밀히 분개하며 우리를 미워하게 될 수 있다.

다른 한편으로, 문제를 무시하고 그것이 사라지기를 기대하지 말아야 한다. 가장 좋은 해결책은 배우자를 사랑하지만 그가 행한 일의 결과로부터 구해 주지 않는 것이다. 우리는 배우자에게 이렇게 말해야 한다. "당신이 일과 교회와 나로 인해 분열된 느낌을 갖게 되어 정말 안됐어요. 난 여전히 당신을 그리워해요. 이런저런 일들이 우리 사이에 끼여들었다고 생각해요. 당신 스스로 문제를 해결하는 데 내가 도움이 되기를 바래요. 그러나 이제 더 이상 내가 문제의 당사자는 되지 않을 거예요. 당신이 계속해서 끌려다니면, 나는 적절한 친구나 단체에 지원을 구할 거예요. 그러나 당신이 바운더리를 세우고자 한다면 내가 도울 수 있도록 알려 줘요."

우리는 배우자를 구해 주지 않으면서 사랑의 입장을 유지하고, 잔소리하지 않으면서 진실의 입장을 유지해야 한다. 우리가 자신을 지키는 바운더리를 세우면 배우자도 자신을 인식하는 능력과 자신의 바운더리를 개발할 수 있게 된다.

차이점을 안고 살지 못하는 무능함

부부들은 종종 그들의 차이점으로 인해 고통받는다. 그들은 이렇게 말할 것이다. "우리가 어떻게 끝나게 될지 모르겠어요. 우리는 아주 정반대예요." 이런 극단은 신학에서 정치학까지, 직업에서 성 문제까지, 가정에서 경제 문제까지, 친밀함에서 오락에 이르기까지 모든 범위에 이른다.

어떤 부부들은 그들이 차이점을 어떻게 방치하는지 털어놓을 것이다. "우리는 너무 달라요. 그래서 다른 두 세계에서 살아요. 나는 내 친구들과 여러 활동을 하고, 내 아내(남편)도 그렇게 해요. 우리는 서로 그리 많은 영향을 주고받지 않아요." 부부가 서로 각기 다른 친구들과 활동을 하는 것은 결혼 생활에서 적신호가 아니다. 하지만 결혼 생활보다 그것에 더 많은 힘과 시간을 쏟는다면 분명 적신호다. 결혼 생활은 우리의 감정과 영혼을 위한 가정의 기초가 되도록 의도되었다.

이런 경우는 우리가 앞에서 살펴본, "외부 사람들이 방해꾼이 아닐 때"와는 상황이 다르다. 거기에서 우리는 모든 사랑의 연합이 성장하기 위해 외부 자원들이 필요하다는 현실을 다루었다. 그러나 여기에서, 문제는 외부 자원들이 필요해서가 아니라, 두 사람이 달라서 외부로 향한다는 것이다.

정말로, 이것은 엄청나게 잘못된 생각이다. 다르다는 것은 결혼 생활에서 문제가 되지 않는다. 사실 유익을 가져온다. 배우자가 육아나 집안을 꾸미는 것에 다른 관점을 가지고 있으면, 우리는 더 풍성해지고 우리의 세계는 확장된다. 자신이 만든 세계에 더 이상 매여 있지 않게 된다. 혼자만의 세계는 하나님이 의도하시지 않은 감옥일 뿐이다. 옳다고 확신하는 일에는 다른 사람의 감정과 의견을 들어 반영하고 고려해야 한다. 이것이 인간의 오만함을 위한 해결책이 아니라면, 무엇이겠는가?

성경은 우리에게 이런 차이점이 필요하다고 가르친다. 바울은 하나님이 사람들에게 주신 다양한 성령의 은사에 대해 말한다. "만일 온몸이 눈이면 듣는 곳은 어디며 온몸이 듣는 곳이면 냄새 맡는 곳은 어디냐 그러나 이제 하나님이 그 원하시는 대로 지체를 각각 몸에 두셨으니"(고린도전서 12:17-18).

또한 차이점들을 다루는 부부의 능력은 성숙함의 표시다. 아이들은 다른 사람들이 자신에게 동의하기를 바란다. 미성숙한 부부도 그렇다. 어떤 남편은 아내에게 '이기적'이라고 하며, 아내가 자기 방식대로 사물을 보지 않는 것을 언짢아한다. 어떤 아내는 상황이 좋지 않으면 실망하여 "결코 우리는 생각이 같지 않을 거예요"라고 말하며 체념한다. 이런 사람들은 배우자가 마음을 바꾸지 않는 상황에서는 살 수 없으며, 자신에게 동의하는 방해꾼들의 희생물이 되기 쉽다. 우리가 앞에서 언급했던 삼각관계가 이럴 때 발생한다. 우리는 자신의 의견, 특히 배우자의 나쁜 점에 동의할 사람들을 찾는다.

그러나 성숙한 사람들은 자신의 현실을 고수하면서도 배우자의 관점을 이해하려고 한다. 그들은 다른 사람의 기분을 이해하고, 사랑과 희생과 가치, 그리고 원칙을 사용해 서로 타협하고 합의점에 이른다. 문제를 일으키는 것은 차이점이 아니다. 우리의 미성숙이 문제를 일으킨다. 배우자가 자신의 연약함과 문제를 고백할 때, 전에는 그들을 미치게 만들었던 것들이 이제는 기쁨의 원천이 된다.

내가 수년 동안 알고 지낸 부부가 있는데, 그 아내는 매우 감정적이고 변덕스러웠다. 나는 쇼를 보는 것 같았고, 그녀와는 진지한 대화를 할 수 없었다. 그녀의 말이 현재 대화하고 있는 내용과 무슨 관련이 있는지 도무지 알 수 없었다. 그녀의 이런 면은 지나칠 정도로 논리적인 남편을 미치게 했다. 그는 비판적인 어조로 "또 시작이군"이라고 말했다. 이제 그는 많이 성숙하고 겸손해져서 아내를 자연스럽고 매력적인 사람이라고 생각한다. 그는 아내의 다른 점을 부인하지 않고 사랑한다.

갈등 피하기

부부는 복제된 두 사람이 아니기 때문에, 결혼 생활에서 차이점들로 인한 갈등이 있다. 삶을 어떻게 살아야 할지에 대해 강하게 느끼는 두 사람은 차이점을 해결하려고 노력할 것이다. 그러나 이런 갈등을 유달리 두려워하는 사람들도 있다. 그들은 아마도 갈등에 대한 좋은 경험이 전혀 없는 가정에서 성장했을지도 모른다. "부모님은 말다툼하시면서 '다투는 게 아니라 토론하는' 거라고 말씀하셨지. 내가 지금까지 본 것 가운데 가장 화를 많이 내는 토론이었어"라고 말하던 내 친구처럼 말이다.

이런 사람들에게 갈등은 사랑이 떠나가 버린 것을 의미하므로, 그들은 갈등을 싫어한다. 의견의 불일치와 차이점이 존재하는 이상 그들은 유대감을 느낄 수 없다. 그래서 그들은 어떤 비용을 치르더라도 사랑을 잃고 싶지 않아서 갈등을 피한다. 그들은 다른 사람들과 어울리고 여러 활동을 함으로써 결혼 생활에 내재된 갈등을 멀리할 수 있기 때문에 방해꾼들에게 취약하다.

우리는 다음 두 장에서 갈등에 대해 다룰 것이다. 여기서는 우리의 원칙에 대해서만 설명할 것이다. "갈등을 원수가 아니라 자기 편으로 만들라." 철이 철을 날카롭게 하듯이, 결혼 생활은 갈등을 겪어 내며 살아야 다듬어진다(잠언 27:17).

방해꾼들

앞에서 우리는 방해꾼 문제에 내재된 원리들을 제시했다. 이제 결혼의 결속력을 약화시키는 방해꾼들과 그들에게서 결혼 생활을 보호하는 법을 살펴볼 것이다. 우리의 결혼 생활은 온갖 방해꾼들로 가득할 수도 있고, 그렇지 않을 수도 있다. 어느 쪽이든, 방해꾼들은 문제의 열매이지 뿌리가 아니다. 원인을 처리하고, 방해꾼들이 부부 사이를 갈라놓지 못하게 하라.

방해꾼에는 다른 사람들, 부모, TV, 인터넷, 스포츠, 쇼핑 등이 포함된다. 이제 몇 가지 방해꾼들이 결혼 생활에 어떻게 끼어드는지, 방해꾼 문제에 책임이 적은 배우자에게 어떤 영향을 미치는지, 부부가 서로 사랑하고 성장하기 위해서 어떻게 협상하고 타협해야 하는지 살펴보자.

일

사람들은 일에 중독된 남편이라는 진부한 문제에 익숙하다. 이런 남편을 둔 아내는 그가 자신보다 일을 더 사랑한다고 느낀다. 단지 외도가 아닐지라도 종종 직업과 관련된 문제들이 있다. 이와 관련된 몇 가지 사항은 다음과 같다.

- **애착의 문제.** 감정적으로 결부시킬 능력이 없는 남편은 자신이 능숙함을 느끼는 일들로 달아날지도 모른다. 아내는 남편이 자신의 문제를 인정하고 서로 감정의 수준을 맞추도록 도와야 할지도 모른다.
- **칭찬을 원함.** 남편은 자기 생각에 골몰하고, 아내가 자신의 일에 대립하기보다 긍정해 주기를 바랄지도 모른다. 아내는 남편에게 사랑을 경험하게 하고, 언제나 칭찬받고 싶어 하는 욕심을 포기하도록 도와주어야 할지도 모른다.
- **안전하지 못함.** 아내는 결혼 생활에 상처를 받고, 더 긍정적인 관계를 찾

아 일에 몰두할지도 모른다. 이 부부는 갈등을 견뎌 낼 만큼 결혼 관계를 안전한 상태로 만들기 위한 도움이 필요할지도 모른다.
- **자유의 부족.** 남편이 통제적이라면, 아내가 조금이라도 자유를 얻을 수 있는 유일한 방법은 그를 멀리하는 것일지도 모른다. 남편은 아내의 바운더리를 존중하고, 아내는 자신의 요구를 더 직접적으로 드러내야 할지도 모른다.

이 모든 경우의 해답은 일을 그만두는 것이 아니라, 인격의 문제와 관계의 문제를 해결하는 것이다.

친구들

사람들은 일반적으로 친구들이 부부 사이를 벌려 놓는다고 느낀다. 심지어 '안전하고' 이상적인 친구일지라도 그렇다. 어떤 아내는 친구들과 함께 있을 때는 '생기'가 넘치다가도 남편과 단둘이 있을 때는 지루해한다. 어떤 남편은 아내와 단둘이 있는 시간을 피할 방법을 찾는다. 부부 사이에 끼여드는 친구들에게 내재된 문제들은 다음과 같다.

- **피상적임.** 어떤 남편은 '깊기'보다는 '넓다'. 즉 피상적으로는 관계를 잘 맺지만 친밀감을 수반하는 관계는 두려워한다. 그는 버림받거나 상처받는 것을 두려워하기 때문에 이런 면에서 도움이 필요할지도 모른다.
- **결혼 생활에서 받은 상처.** 어떤 사람은 배우자에게 심한 거절을 당한 적이 있을지도 모른다. 예를 들어, 남편이 아내의 연약함, 약점, 분노, 요구들을 비판할지도 모른다. 아내는 위로받기 위해 친구들을 찾아간다. 남편은 아내의 모든 것을 인정하기 위해 노력해야 하고, 아내의 성장을

위해서 그녀가 친구들에게 시간을 쏟을 자유를 주어야 할지도 모른다.

- **배우자의 거절.** 이기적인 사람은 배우자가 완전하지 못하기 때문에 다른 사람에게 힘을 쏟는다고 생각할지도 모른다. 이런 부부는 완전해야 한다는 결벽증을 버리고, 배우자의 삶이 이상적이지 않더라도 '충분히 좋게' 만들기 위해 애써야 한다.

- **친구들에게 비밀 털어놓기.** 때때로 사람들은 배우자가 다른 사람과 비밀스러운 전화를 하거나 대화하는 시간을 가지면 상처를 받을 것이다. 배우자들은 결혼 생활에서 심각한 비밀이 있어서는 안 된다. 부부의 관계가 깊을수록 각자의 현실을 견디는 능력이 커진다. 그러나 깨지기 쉬운 결혼 생활을 하는 부부는 현실을 이겨 낼 수 있을 정도로 강해지기까지 상담사나 치료사의 도움이 필요할지도 모른다.

다시 말하지만, 결혼 생활에서 친구들은 보물이다. 부부가 그들의 문제를 해결하려 할 때, 친구들은 바운더리 문제를 일으키는 존재가 아니라 부부를 더욱 친밀하게 해주는 선물이다.

아이들

아이들은 결혼 생활에 타고난 방해꾼이다. 그들은 너무 많이, 너무 자주 부부에게 원한다. 결혼 생활보다 육아를 우선시하는 부부는 다음과 같은 내재된 문제들을 가지고 있다.

- **아이들 뒤에 친밀감의 갈등 숨기기.** 이런 부부는 친밀감이나 통제의 문제를 가지고 있다. 그러나 어느 배우자도 그 문제들을 다루고 싶어 하지 않는다. 그들은 아이들에게 아무리 시간을 쏟아도 결코 충분하지 않다

고 느끼기 때문에 결혼 생활의 중심은 관계가 아니라 아이들이 된다. 이런 부부는 그들의 갈등을 안전하게 끄집어내어 해결해야 한다.

- **아이들과 지나친 일체감 갖기.** 어떤 배우자들은 아이들의 삶에 지나친 책임감이나 죄책감을 느끼고, 아이들을 놓아주지 못한다. 그들은 육아를 소홀히 했을 때 배우자가 던지는 비난에 지나치게 매달린다. 그들은 아이들의 나이에 맞게 시간과 공간을 내주고, 아이들을 부모에게서 떨어지게 하고, 부부는 좀 더 친밀해져야 한다. 이 문제에 대해서는 『No라고 말할 줄 아는 자녀 양육』과 『아이의 미래를 위대하게 키워라』(Raising Great Kids)를 참조하라.

- **배우자보다 아이들과 더 좋은 바운더리 갖기.** 어떤 남편들은 '아내는 내 의견을 듣지 않지만, 적어도 아이들은 내 말을 들을 거야'라고 생각하며, 아이들에게 지나치게 투자한다. 이런 부부는 서로의 바운더리를 존중하려고 노력해야 한다. 그리고 배우자가 사랑과 자유를 느끼도록 도와야 한다.

- **육아와 결혼 생활에 대한 잘못된 인식.** 육아는 일시적이고, 결혼 생활은 영원하다는 사실을 생각해 본 적이 없는 사람들도 있다. 언젠가 한 친구가 이렇게 말했다. "우리는 아이 중심적인 문화에서 살아. 나는 좀 더 가족 중심적이기를 원하는데 말야." 부부는 자신들이 가진 가치들을 적절하게 조절해야 한다.

외도

가장 상처를 주는 방해꾼인 외도는 결혼 생활에 죽음을 알리는 종소리다. 외도는 다음과 같은 여러 문제들의 비극적인 징조가 된다.

- 성관계의 결여. 어떤 배우자들은 남편이나 아내와 성관계를 맺을 수 없을 때 다른 사람과 성적으로 결합하는 외도를 한다.
- 완전한 사람으로 대해 주기를 요구함. 때때로 자기도취적인 성향이 있는 사람은 배우자가 자신의 불완전한 점을 들추는 것을 거부한다. 그리고 자신을 쓰다듬어 주고 칭찬해 줄 사람을 찾는다.
- '희생자-가해자-구조자' 문제. 한 배우자가 무력한 희생자의 역할을 택하면, 상대 배우자는 약탈하는 가해자가 될 것이다. 그러면 희생자는 악한으로부터 자신을 보호할 구조자 유형을 찾을 것이다. 구조자가 결함이 있다는 징조가 나타나기 시작할 때까지 말이다.
- 바운더리 문제들. 결혼 생활에서 바운더리를 세우지 못하는 배우자도 있다. 그런 사람이 배우자에게 "안 돼요"라고 말하는 유일한 길은 외도다. 다시 말해서, 외도는 그가 지금까지 결혼 생활에서 유일하게 순응하지 않은 일이다.

이런 예들은 결혼 생활에 있는 심각한 문제들을 보여 준다. 우리는 외도 때문에 저절로 이혼한다고는 믿지 않는다. 하나님은 간음한 경우에 이혼을 허락했지만 요구하지는 않으신다(마태복음 5:32). 배우자가 참으로 회개하고, 외도를 포기하고, 장기간 성장의 과정에 들어간다면, 외도는 성숙을 위한 경종이 된다. 나는 외도가 결혼 생활에 더 큰 친밀감을 가져오고, 결혼 생활을 더 건강하게 만든 경우를 많이 보았다.

방해꾼에게서 결혼 생활을 보호하기 위해 애쓰는 동안에도, 우리는 여전히 갈등을 겪을 것이다. 다음 장에서는 우리가 결혼 생활에서 직면하는 여러 유형의 갈등을 성공적으로 해결해 나가는 법을 살펴볼 것이다.

13.

여섯 가지 갈등

모든 갈등은 같지 않다. 갈등의 종류에 따라 법칙도 다르다. 예를 들어, 부부 가운데 한 사람이 전화도 하지 않고 늦게 귀가했다면, 그는 배우자에게 상황을 설명하고 사과하는 것이 도리다. 그러나 저녁 식사 장소에 대한 의견이 일치하지 않는 경우라면, 중대한 죄를 지은 듯 설설 길 필요는 없다.

그럼에도 불구하고 이렇게 행동하는 부부들이 있다. 그들은 갈등이 있을 때 문제를 해결하려고 하지 않고, 단지 누가 옳고 그른지를 따지려고 한다. 부부가 함께 휴가 계획을 세우며 아내의 의견에 동의하는 남편의 모습은 얼마나 아름다운가! 어떤 부부들은 변호사처럼 옳고 그름을 따지려 하지만, 사실 대부분의 갈등은 옳고 그름으로 분별할 수 없다.

이 장에서는 우리가 가지고 있는 갈등의 종류를 구별해 보려고 한다. 우리는 결혼 생활에서 부부가 모두 받아들일 수 있고 관계에도 유익한 해결책을 찾을 수 있을 것이다. 일반적으로 일어나는 갈등에 대해 살펴보고, 그런 다음에 각 유형별로 자세히 살펴보자.

- 한 배우자의 죄
- 한 배우자의 미성숙이나 의기소침
- 누구의 잘못도 아닌 일에 상처받은 감정
- 갈등하는 욕구들
- 한 배우자의 욕구 vs 관계의 요구
- 아는 문제들 vs 모르는 문제들

갈등 1: 한 배우자의 죄

한 배우자가 잘못을 했다. 상대 배우자에게 죄를 지었다. 상상 속에서 한 것이 아니라 정말로 위반을 했다. 외도, 분노의 분출, 자기 통제력 상실, 조급함, 비판적 태도, 도덕적 심판주의, 가족의 돈을 낭비함(도둑질), 거짓말이나 속임수, 재산 남용, 통제 행위, 감정을 상하게 하는 행위(욕을 하거나 과소평가하는 것), 힘의 남용, 자만심, 이기심, 탐욕, 시기, 독선 등 죄의 영역은 아주 넓다.

개인적인 죄로 비롯된 갈등에서 첫 번째로 고려할 사항은 죄를 대하는 배우자의 태도다. 아무리 훌륭한 사람이라도 성경에서 말하는 '하나님의 영광에 못 미칠' 수 있다. 배우자의 죄를 대하는 가장 좋은 태도는 하나님이 죄 지은 사람에게 보이신 것과 같은 태도를 보이는 것이다. "서로 친절하게 하며 불쌍히 여기며 서로 용서하기를 하나님이 그리스도 안에서 너희를 용서하심과 같이 하라"(에베소서 4:32).

레기는 인터넷에서 포르노를 보다가 제시카에게 들켰다. 이 일로 그들은 상담을 받으러 왔다. 처음에 그녀는 몹시 상처를 입었고, 배신감을 느꼈다. 그러나 얼마 후 그녀는 자신에게도 잘못이 있다는 것을 느꼈고, 더 이상 남편이 그런 사진들을 보지 않을 것이라고 확신했다. 이런 발견에 대한 초기의 혼란을 겪은 후에, 그녀는 우리가 함께한 자리에서 놀라운 은혜를 베풀었다.

그녀의 상처와 배신감을 알면서도 나(헨리)는 그녀에게 물었다.

"어떤 느낌이었습니까?"

"나는 지금은 모든 상처가 사라졌다고 생각해요." 그녀가 말했다.

"어떻게 한 거예요?"

"그의 입장에서 생각하기 시작했어요." 그녀는 대답했다. "남편은 자신과 자신의 상황을 형편없게 여겼어요. 나는 무엇 때문에 남편이 그런 것에 몰두하게 되었는지 생각해 봤어요. 그리고 나는 남편과, 남편이 느끼는 수치를 안타깝게 생각합니다. 그가 그렇게 행동한 이유를 스스로 발견할 수 있도록 도와주세요. 나 역시 완전하지 않다는 것을 알아요. 나는 남편이 그런 행동을 하는 것을 원하지 않지만, 그의 상처를 이해하기 시작했어요."

레기는 울기 시작했다. 아내가 베풀어 준 은혜를 레기는 평생 받아 본 적이 없었으며, 그가 자신을 대했던 방식과도 달랐다. 그는 아내의 품에 안겨 울며 말했다. "이렇게 당신을 아프게 해서 미안해."

이때부터 레기는 다른 사람이 되었다. 그는 치료와 회복을 위해 애썼다. 이렇게 노력하는 것이 자신이 받은 은혜에 보답하는 길이라고 생각했다. 나는 하나님의 인자하심이 우리를 인도하여 회개하게 하심(로마서 2:4)이라는 말씀이 생각났다.

제시카는 다른 사람의 죄를 다룰 때 성경이 제시하는 중요한 두 가지 태도를 보여 준다. 바로 겸손과 은혜. 그녀는 자신이 '남편보다 더 나은' 사람이라는 생각으로 접근하지 않았다. 바울이 말한 대로 행동했다. "형제들아 사람이 만일 무슨 범죄한 일이 드러나거든 신령한 너희는 온유한 심령으로 그러한 자를 바로잡고 너 자신을 살펴보아 너도 시험을 받을까 두려워하라 너희가 짐을 서로 지라 그리하여 그리스도의 법을 성취하라"(갈라디아서 6:1-2).

제시카는 자신의 죄가 아니라는 생각으로 남편 위에 군림하지 않고, 하나님 앞에서는 모두가 죄인이라는 입장에서 남편과 자신의 위치를 동일시했다. 그녀는 자신도 완전하지 않다는 것을 알았고, 그래서 하나님이 자신에게 베푸신 은혜를 남편에게 베풀었다. 그녀는 온유한 태도로 남편을 회복시켰고, 겸손한 태도를 유지하기 위해 자신을 돌아보았다. 레기를 회개시킨 중요한 요소가 바로 이것이다.

그와 동시에, 그녀는 죄를 가볍게 여기지 않았다. 이것은 어떤 사람들에게는 대단히 힘든 일이다. 이런 사람들은 그들이 은혜가 충만하고 겸손해지면, 죄에 대해 엄격할 수 없다고 생각한다. 그러나 내 친구는 이렇게 말했다. "사람은 부드럽게 대하고, 문제는 강하게 대하라." 이것이 바로 제시카의 방식이었다. 그녀는 솔직했고, 인터넷 포르노를 죄로 규정했으며, 자신의 상처와 배신감에 대해 말했지만, 레기의 죄를 무방비 상태로 내버려 두지 않았다. 그녀는 5장에서 다룬 것처럼 자신의 가치에 따른 태도를 보였다. 부부들은 그들의 가치를 침해하는 것에 강하게 맞서야 한다. 포르노는 하나님 사랑, 배우자 사랑, 정직, 거룩함, 신실함 등의 가치를 침해한다.

우리는 배우자의 죄를 가볍게 여기지 말고, 배우자에게도 자신의 죄를 가볍게 여기지 말라고 말해야 한다. 이것은 궁극적으로 두 사람, 그리고 관계에서 최선이다. 문제는 강하게 대하라. 그러나 하나님이 우리를 대하심같이 사람은 부드럽게 대하라. 예수님처럼 은혜와 진리로 죄를 대하라.

그 과정은 다음과 같다.

1. 자신의 태도를 보라. 자신에게서 도덕적 심판주의, 저주, 수치, 자만 등을 제거하라. 자기 눈의 들보를 빼고, 긍휼을 베풀고, 똑같은 죄인의 입장에서 배우자를 보라.
2. 문제를 직접적으로 말하라. 당신이 알고 있다는 것을 배우자에게 알리고, 그의 행동이 옳지 않다고 말하라. 그가 당신에게 죄를 지었다면, 당신이 어떤 느낌을 받았는지 말하라. 그 죄와 그 상처가 어떻게 영향을 끼치고 누구와 관련이 있는지 말하라. 그를 부끄럽게 하지 말되, 솔직하라. '나는' 어떻다는 화법을 사용하라.
3. 바운더리를 사랑하는 배우자라면 잘못을 인정하고 사과할 것이다. 그 사과를 받아들이고 용서를 베풀라. 당신의 사랑과 수용을 재확인하라.
4. 당신의 감정이 수그러들었을 때, 그 문제에 대해 좀 더 이야기하면서 그에게 도움이 필요한지 살피라. 배우자가 고백하고 뉘우쳤더라도, 내재된 문제들에 대해 이야기해야 한다. 그리고 배우자가 외부의 도움을 바랄지도 모른다. 문제를 해결하기 위한 도움과 지원을 제공하라.
5. 후속 계획에 동의하라. "내가 다시 문제점을 발견하게 되면, 당신을 어떻게 도우면 좋겠어요? 내가 무엇을 하면 좋겠어요?" 이것은 경찰관이 아니라 문제를 다루는 팀의 일원이 되는 것이다. 당신은 그 문제에 친

구와 같은 다른 사람들의 도움을 받는 것에 대해 말하고 싶어 할지도 모른다. 중요한 것은 문제의 재발을 막기 위해 한 팀으로서 함께 싸워야 한다는 것이다.

갈등 2: 한 배우자의 미성숙이나 의기소침

제리는 아내 지니에게 실망했다. 그들은 아이들에게는 엄마가 함께 집에 있는 것이 중요하다고 여겨, 결혼 초기에 역할을 분담하기로 결정했다. 제리는 가족의 생계를 꾸리기 위해 열심히 일했고, 지니의 책임은 가정을 운영하는 것이었다.

그러나 지니는 '자기의 짐을 지지' 않았다. 많은 것들이 잘 돌아가지 않았다. 예를 들어, 제리는 그녀가 집안을 청소하고, 빨래를 하고, 자신이 집에 돌아올 때까지 저녁 식사를 준비하기 바랐다. 그러나 그가 집에 돌아와 보면 청소도, 빨래도, 식사 준비도 되어 있지 않았다. 그녀는 피곤해 했고, 육아의 책임도 점점 그의 어깨에 지워졌다.

제리는 지니에게 좀 더 일을 하라고 잔소리를 했고, 그녀는 할 수 있는 일은 다 하고 있다고 화를 냈다. 그는 아내가 왜 일을 더 하지 않는지 이해할 수 없었다. 그래서 아내에게 이렇게 말했다. "인생은 원래 이런 거야! 당신은 온 힘을 다해서 그것을 해야 해. 나도 힘들게 일하고 있어." 그의 '충고'는 그녀에게 별로 도움이 되지 않았다. 그녀는 자신을 억누르는 남편에게 나쁜 감정과 분노를 가졌다.

마침내 그들은 상담을 받기로 결정했다.

나는 잠깐 동안 그들과 이야기를 나누면서, 지니에게는 몇 가지 중요한 문제가 있고, 제리에게는 공감하고 이해하는 데 몇 가지 단점이 있다는 것을 알 수 있었다. 제리는 처음에 그들이 동의한 것보다 훨씬 많은 짐을 지고 있었다. 그러나 그가 아내를 다루는 방식은 선을 넘은 것이었다. 사실 그의 행동은 아내가 개선되는 것을 더 어렵게 만들고 있었다.

지니는 의기소침했다. 이것이 두 사람이 다뤄야 할 첫 번째 현실이었다. 단지 더 열심히 노력하는 것만으로는 그녀의 의기소침을 해결할 수 없다. 의기소침을 해결하기 전까지, 그녀는 정신 집중과 힘이 부족했다. 또한 그녀는 그들이 바라는 방식으로 가정을 이끌어 갈 인품을 소유하지 않았다.

두 사람 다 성장이 필요했다. 첫째, 제리가 '성장해야' 했다. 그는 지니의 실체와 의기소침, 그리고 그녀의 혼란을 인정해야 했다. 또한 아내의 연약함을 포함하여 그녀의 모든 것과 결혼했다는 것을 배워야 했다. 그리고 무조건적인 사랑이 무엇을 의미하는지 배워야 했다. 나는 실제로 그에게 의기소침에 대해 가르쳤으며, 지니가 매우 무능한 상태라는 것도 알려 주었다. 그녀는 당장 '기운을 낼' 능력도, '마음을 정리할' 능력도 없었다. 모두 그녀의 실제적인 한계였고, 그는 이 한계 안에서 아내를 받아들이고 사랑해야 했다.

둘째, 제리는 아내를 도덕적으로 심판하지 않고, 따뜻하게 대하며, 함께 노력할 수 있는 방법을 찾아야 했다. 그는 자신이 원하는 것들을 아내가 해낼 수 없으므로 포기해야 했다. 기대를 포기하는 것이 쉽지는 않았지만, 그는 마음을 열고 가르침을 받아들였다. 비록 불만스러울지라도 말이다. 그러자 그는 자신의 무능력을 발견할 수 있었고, 자신을 아내와 동일시하고 아내에게 공감할 수 있었다. 제리의 인생에도 실패가 있었다. 나는 그가 아내도 자신과 다르지 않다는 사실을 볼 수 있도록 도와주었다.

셋째, 지니는 자신을 받아들여야 했다. 그녀는 자신에게 문제가 있다는 사실과 싸우고 있었고, 자신의 무능력함에 직면하지 않았다. 이런 자각은 어떤 것을 고치는 데 중요한 단계다. 그녀는 '해야 하는 것들'에 집착해 이렇게 말했다. "나는 더 많이 할 수 있어야 해. 나는 이렇게 혼란스러워하면 안 돼." 여전히 그녀는 자신의 실제 모습에 이의를 제기했다. 그녀는 이렇게 말할 수 있어야 한다. "나는 의기소침하고 싶지 않아. 마음을 좀 더 추스르고 싶어. 그러나 이것이 내 현실이야. 문제는 이 현실에서 내가 무엇을 할 것인가 하는 거야."

일단 지니가 이렇게 하면, 변화가 일어날 수 있다. 그녀는 자신의 무능력함에 직면했고, 일하러 갈 수 있었다. 우리는 다음과 같은 계획을 세웠다.

1. **의기소침을 해결하려는 노력**. 지니는 자신의 오랜 의기소침을 문제로 여기고 다루기 시작했다. 그녀는 약물 치료와 상담 치료를 받았다. 몇 달이 지나자 많이 좋아졌다. 그녀는 훨씬 더 많은 힘과 집중력을 갖게 되어 자신의 다른 문제들을 직면하고 해결할 수 있게 되었다.

2. **현실 적응**. 제리와 지니는 둘 다 자신들의 삶을 인식해야 했다. 그들은 자신들의 문제가 나아질 때까지 거창한 그들의 계획을 한동안 포기해야 했다. 그들의 처음 계획에는 기능적으로 완전한 두 사람이 전제되어 있었다. 그들은 자신들이 더 나은 상태가 될 때까지 원하는 것을 줄이는 데 동의했다.

3. **혼란에서 벗어나려는 노력**. 지니는 균형 감각의 결여가 자신의 실제적인 문제이며, 작심삼일의 결심으로는 훈련될 수 없다는 것을 알았다. 그녀는 자신을 도와줄 친구들과 함께 책임성 훈련을 길러 주는 단체에

가입했다. 지니는 그들에게 자신을 체크해 줄 것과 자신이 동의한 계획대로 따르고 있는지 확인해 달라고 요청했다. 그녀는 한 번도 배운 적이 없는 기술을 습득하기 위해 교회의 연장자들에게 도와 달라고 부탁했다. 어떤 일정과 일에 전념하는 것은 그녀에게 새로운 것이었지만 많은 도움이 되었다. 곧 그녀는 자기 일을 이뤄 내고, 인생을 훨씬 더 좋게 느끼게 되었다.

제리와 지니는 매우 잘 해냈다. 그녀는 의기소침을 극복하고, 두 사람이 세운 가족의 목표에 이르기 위해 가정을 운영하기 시작했다. 제리는 더욱 궁휼이 많고, 잘 도와주는 사람이 되었다. 나는 제리와 지니가 자랑스러웠다.

이 부부의 이야기는 한 배우자의 무능력으로 생긴 갈등을 다루는 것에 대한 교훈을 준다. 사람들은 삶에 필요한 요소 가운데 어느 정도 부족한 것을 가지고 있다. 대부분의 사람들은 배우자의 단점을 전혀 보지 못한 채로 결혼한다. '사랑에 빠지는 것'은 불완전한 사람을(그가 어느 부분에서 이상에 미치지 못하는지 알 수 없지만) 이상화하는 것이다. 그러나 모든 관계는 결국 실상을 드러내게 마련이다.

1. 현실을 받아들이라

자신과 배우자의 현실을 받아들이라. 부부는 삶이 가져오는 몇 가지 현실에 준비되어 있지 않을 것이다. 그들은 스트레스 하나도 자신의 방식대로 견뎌 낼 능력도, 성숙한 성인이 되는 데 필요한 기술도 없을 수 있다. 이런 일들이 일어나더라도 놀라지 말라. 다음에 제시한 것들은 보통 사람들을 의기소침하게 만들거나, 자신의 미성숙을 발견하게 되는 영역이다. 또한 자신이나 배우자가 원하는 방식대로 실행하기 어려운 영역이기도 하다.

- 가까워지고, 의사소통하고, 친밀감을 유지하는 관계적 능력
- 육아 능력
- 과거, 또는 원래 가정으로부터의 정서적 문제
- 조직, 자기 훈련, 실행의 부족
- 돈을 벌거나 관리하는 재정적 무능력
- 두려움, 과거의 충격, 수치, 기타 다른 정신적 요인들로 인한 성적 어려움
- 4장에서 언급한 '둘이 됨'과 정체성 확립을 완성하지 못함
- 성인이 되어 부모의 집을 완전히 떠나지 않고 결혼을 준비함

이런 것들은 '죄'가 아니다. 다만 미성숙하기 때문에 자라야 하는 영역들이다. 이런 것들을 죄로 이해하거나, 이상적인 배우자를 바라며 이런 것들이 없기를 요구한다면, 우리는 문제를 연장시키고 있는 것이다. 현실을 받아들이라.

2. 당신이 지원해 준다는 것을 배우자에게 알리라

우리는 판단받고, 잔소리를 듣고, 비판받고, 분노의 대상이 되고, 관용을 경험하지 못하면 성장하지 못한다. 누군가가 우리 편이 되어 주고, 우리를 지원해 준다고 느껴야 한다. 당신이 가장 확실한 지원자이고, 무조건적인 사랑으로 배우자를 있는 그대로 받아들인다는 사실을 그에게 확인시켜 주라. "마음이 약한 자들을 격려하고 힘이 없는 자들을 붙들어 주며 모든 사람에게 오래 참으라"(데살로니가전서 5:14). 우리

는 배우자의 연약함과 무능력을 인내하며 그들을 지원해 주어야 한다.

3. 진짜 문제들을 직면하라

우리는 또한 지원하고 은혜를 베풀고 문제를 솔직하게 대하기를 바란다. 제리가 지니의 의기소침이나 혼란스러운 삶을 무시한다면, 그것은 진정한 사랑이 아니다. 서로에게 거룩함과 성장을 요구하는 것이 사랑이다. 그러므로 배우자의 성숙하지 못한 면에 대해 서로 말해 주라.

직접적으로 말하라. 당신이 본 문제를 배우자에게 말하라. 당신이 어떻게 느끼는지, 그것이 어떤 영향을 끼치는지, 배우자에게 알리라. 그러나 배우자가 수치를 당하거나 비난받는다고 느끼지 않게 주의하라. "지니, 난 당신의 어려움을 정말로 이해해. 하지만 우리가 뭔가를 함께 할 수 있으면 좋겠어. 난 외로워. 당신이 의기소침을 이겨 내고, 우리가 다시 행복하게 지냈으면 좋겠어." 이런 대화는 비난이 아니라 동기를 유발한다. 그러나 두 사람 다 성장해야 한다는 것을 분명히 해야 한다.

4. 당신의 문제들을 고백하라

자신의 미성숙함을 스스로 고백하라. '바운더리를 사랑하는 사람'이 되라. 현명한 사람은 피드백을 받는 것을 좋아하고 그 피드백에 주의를 기울인다. 자신을 방어하려 들지 말고, 매일 당신을 보는 사람이 당신에 대해 알게 된 것을 배우려고 노력하라. 문제는 물론이고 진실과도 싸우려 들지 말라.

5. 계획을 세우라

지니와 제리는 그들의 미성숙을 해결하기 위한 계획을 세웠다. 그들은 다른 사람들의 도움을 받아들였다. 우리가 누구이든 우리도 그렇게 해야 할 것이다. 도움, 멘토링, 지원, 가르침은 반드시 필요하다. 아무런 도움 없이 혼자서 성장한 사람은 없다.

치료가 필요한 사람이 있고, 재정 상담이 필요한 사람도 있다. 또한 지원 단체나 회복 단체가 필요한 사람이 있고, 책임 체계가 필요한 사람도 있다. 미성숙이나 의기소침이 자신을 지배하지는 않는지 확인하라. 그것을 극복하기 위해 의도적으로 노력하라. 당신의 문제에 자원과 시간, 힘을 쏟으라.

6. 상호적이게 하라

배우자에게 '문제 있는 사람'이라는 꼬리표를 붙이지 말라. 이것은 진실이 아니다. 지니가 더 뚜렷한 문제들을 갖고 있다고 해서 그녀만 성장해야 하는 것은 아니다. 어느 누구도 완전한 사람은 없다. 두 사람이 계속해서 성장해야 한다. 자신의 직무를 다하는 사람이라고 해서 '문제 없는 사람'은 아니다. 하나님 앞에서는 모두가 문제 있는 사람이다. 하나님은 부부가 서로 같은 입장이라는 것을 명심하라고 말씀하신다.

일반적으로 부부 가운데 한 사람이 관계적 영역, 즉 감정을 표현하고 문제에 맞서는 영역에서 더 많이 성장해야 한다면, 다른 배우자는 직장에서 승진하고 업무를 처리하는 생활의 기능적 영역에서 더 많이 성장해야 한다. 서로 연약한 영역을 도우라. 두 사람은 이제 하나다. 한 사람이 고통당하면, 다른 배우자도 고통당한다. 바울이 말하듯이, 두 사람은 함께한다.

이와 같이 남편들도 자기 아내 사랑하기를 자기 자신과 같이 할지니 자기 아내를 사랑하는 자는 자기를 사랑하는 것이라 누구든지 언제나 자기 육체를 미워하지 않고 오직 양육하여 보호하기를 그리스도께서 교회에게 함과 같이 하나니 우리는 그 몸의 지체임이라 그러므로 사람이 부모를 떠나 그의 아내와 합하여 그 둘이 한 육체가 될지니 이 비밀이 크도다 나는 그리스도와 교회에 대하여 말하노라 그러나 너희도 각각 자기의 아내 사랑하기를 자신같이 하고 아내도 자기 남편을 존경하라(에베소서 5:28-33).

이 구절에는 '상대보다 한 발 앞섬'이 없다. 부부는 배우자를 자신같이 사랑한다. 두 사람은 하나다. 두 사람 다 성장이 필요하다. 부부가 팀으로 일한다면, 동등함과 상호성으로 많은 문제를 해결할 수 있다. 부부는 독신과 같은 개인이 아니다. 서로 동등함을 이루고, 서로 문제를 해결할 수 있도록 도우라.

갈등 3: 누구의 잘못도 아닌 일에 상처받은 감정

조지가 직장에서 돌아왔을 때, 집은 텅 비어 있었다. 그는 오후 6시가 넘은 시간이라 메리가 집에 있을 것이라고 생각했다. 그녀는 보통 늦은 오후에는 집에 있었다. 그는 당황했지만 깊이 생각하지 않고, 신문을 읽고 뉴스를 보았다.

메리는 집에 돌아왔을 때 남편이 있는 것을 보고 신이 났다. 남편에게 가서 입을 맞췄지만 그는 옅은 미소만 지을 뿐이었다. 메리는 남편이 힘든 하루를 보내서 그럴 거라 생각하고, 대수롭지 않게 넘어갔다.

저녁 식사 때, 조지는 별로 말이 없었다. 그는 음식을 가지고 가서 TV를 보며 먹었다. 메리는 식사를 마치고 집안일을 했다. 그동안 조지는 잠자리에 들었고, 그녀가 침실로 갔을 때는 이미 잠들어 있었다.

이때 그녀는 무언가 잘못되었다고 생각했고, 남편을 깨웠다. 조지는 처음에 자신을 방어했고, 나중에는 눈물을 글썽거렸다. 그리고 마침내 외롭고 슬프다고 말했다.

"왜요?" 메리는 남편이 외롭고 슬픈 것이 자신과 관련 있다는 것을 감지했고, 그 이유가 궁금했다.

"난 당신을 보려고 집에 왔는데, 당신이 없는 거야. 당신은 한참 지난 후에야 들어왔어. 당신은 나를 소홀히 했어."

"무슨 소리예요? 내가 돌아온 건 그리 늦은 시간이 아니었어요. 게다가 당신이 교환하고 싶어 했던 셔츠를 찾으러 갔던 거예요."

"잘했네! 그러니까 당신이 쇼핑하며 빈둥대는 동안 나는 집에 혼자 있었다는 거군. 당신은 셔츠를 찾으러 가는 것 말고도 분명 다른 일들을 하고 있었을 거야."

"좋아요! 그럼 다음부터 당신 셔츠는 직접 찾아와요."

메리는 서재로 가서 늦게까지 영화를 보았고, 조지는 침실에서 잠을 잤다. 두 사람 다 기분이 좋지 않았다. 이런 일은 그들에게 익숙했다.

- 그들 중 한 사람은 상처받았다고 느꼈다.
- 상처받은 사람은 배우자가 그에게 죄를 지었기 때문인 것처럼 말한다.
- 비난당하는 사람은 방어적이다.
- 그들은 '법정으로 가서' 자신의 결백을 옹호한다.
- 그들은 결국 멀어진다.

- 문제는 전혀 해결되지 않고, 그들은 다음 날에 그것을 '잊어버린다.'

슬프게도, 많은 관계에서 이런 일들이 일어난다. 실제로 조지나 메리는 죄를 짓지 않았다. 조지는 상처를 받았지만, 누구의 잘못도 아니다. 그녀가 심부름을 간 것은 죄가 아니다. 그녀가 남편을 집에서 특정 시간에 만나기로 약속한 것도 아니다. 조지 또한 자기 감정에 상처를 주는 어떤 일도 하지 않았다. 그냥 그렇게 되었을 뿐이다.

어린 시절, 조지의 부모는 맞벌이를 했다. 그가 학교 수업을 마치고 집에 가면 아무도 없었다. 그래서 그는 버려졌다는 느낌과 소홀히 여겨진다는 느낌에 민감했다. 메리는 '잘못된' 일을 하지 않았지만, 조지는 이런 기억 때문에 상처를 받았다.

이런 일은 흔하다. 우리는 모두 민감한 것들과 상처가 있기 때문에, 아무것도 아닌 일들로 멀어질 수 있다. 아무도 '잘못'하지 않은 이런 상처를 어떻게 다루는지가 중요하다. 몇 가지 방법은 다음과 같다.

1. 상처받았을 때, 스스로 그것을 인식하라

언제 자신이 괴로운지 알 수 있을 정도로 자신에 대해 충분히 알고, 자신의 감정을 알아야 한다. 조지는 자기 안에 무슨 일이 일어나는지 관찰하지 않았다. 자신의 느낌을 무시하지 말라. 무엇이 자신을 괴롭히는지 밝혀 내라. 그것이 무엇인지 정확히 알 수 없다면, 적어도 '어떤 종류의 것'인지라도 인식하라.

2. 의사소통을 하라

배우자의 말이나 행동 때문에 마음이 상했다면 그 사실을 말하라. 배우자가 죄를 지은 것처럼 비난하지 말라. 그 상처는 당신의 내부에서 생긴 것이므로 자신의 문제로 삼으라. 당신의 문제라는 것을 자신이 알고 있고, 이해해 주기를 바란다는 것을 배우자에게 알리라. 만일 조지가 "당신이 잘못한 게 없다는 걸 알아. 그러나 내가 집에 돌아왔을 때 당신이 없는 것을 알고, 나는 아주 외롭고 슬픈 느낌이 들었어. 어렸을 때 겪었던 슬픈 기억들이 생각났어"라고 말했다면, 이 부부의 저녁 시간은 달라졌을 것이다.

다시 말하지만, '나는' 어떻다는 화법으로 자신의 감정을 말하되, 그것이 배우자를 비난하는 말로 들리지 않게 하라.

3. 공감하라

배우자가 상처를 받았다면, 그의 감정에 공감하라. 배우자를 돌보고 공감하는 태도를 보이는 것은, 당신의 '잘못'이 아님을 역설하는 것이다. 배우자의 감정과 동일시할 수 있다면, 이렇게 말하라. "난 그것이 어떤 느낌인지 알아요. 당신이 그렇게 슬프게 느낀 이유를 이해할 수 있어요. 나도 혼자라는 느낌이 싫어요."

배우자가 과거에 받은 상처를 치유해 주라. 배우자의 감정을 평가 절하하지 말고 그것을 이해해 주면, 원래 상처를 준 사람과 반대되는 행동을 하는 것이고, 문제의 당사자가 아니라 치유자가 된다.

4. 상황들을 분별하고 계획을 세우라

당신에게 상처를 주는 것이 무엇인지 알면, 상처를 받는 상황을 예견할 수 있다. 그래서 그런 일이 생길 때, 도움이 되는 예방 조치를 취하거나, 상처를 완전히 피할 수 있다면 더더욱 좋다. 그리고 그런 상황이 올 때,

상처를 받지 않도록 계획을 세울 수 있다.

얼마 전에 한 부부를 만났는데, 그들은 매우 바쁜 주간을 대비해 계획을 세우고 있었다. 그들은 일이 많아서 바빠지면, 아내가 강요받거나 소홀히 여겨지는 느낌을 갖는다는 것을 알았다. 그래서 아내가 어떤 느낌을 받는지에 대해 미리 이야기를 나누고, 그런 일이 일어나지 않도록 몇 가지 조치를 취했다. 그 가운데 하나는 아내가 그런 상황이 생기는 초기에 남편에게 경고 신호를 주는 것이다. 남편은 이렇게 말했다. "만일 당신이 강요받고 소홀히 여겨지는 느낌이 들면, 즉시 내게 알려 줘."

5. 치유하라

우리는 모두 내면에 가지고 있는 상처에 책임이 있다. 반복되는 자신의 상처를 인식하게 되면, 그것을 문제로 받아들이고 도움을 구하라. 당신의 삶에 그 상처가 더 이상 개입하지 못하도록 치유를 하라. 이것은 온전하고, 치유된 사람이 되는 과정의 일부다.

6. '법정에 가는 것'을 막으라

대부분의 부부들은 조지와 메리처럼 행동한다. 그들은 '잘못'이 누구에게 있는지 밝히려고 한다. 물론 아무에게도 잘못이 없기 때문에 그들은 밝혀 낼 수 없다. 배우자가 느끼는 것이 그의 진실이고 사실이기 때문에 서로의 감정을 증명해야 한다. 반드시 누군가가 이기고 옳아야 할 필요는 없다는 것을 기억하라. 우리는 법정에 서 있는 것이 아니며, 판사나 배심원도 없다. 중요한 것은 상처를 받은 사람에게 당신이 공감하는 것이다.

결혼은 옛 상처가 멈추는 곳이다. 이것은 피할 수 없는 일이다. 그러나 배우자가 '과거의 삶'에서 당했던 것과 다른 방식으로 반응하면 옛 상처는 치유될 수 있다. 치유해 주는 사람이 되고, 공감해 주며, 이해해 주고, 방어적이 되지 말고, 돌보라.

갈등 4 : 갈등하는 욕구들

불가피한 갈등들에 대해 생각해 보자.

- 한 사람은 어드벤처 영화를 좋아하는데, 다른 사람은 로맨틱 코미디를 좋아한다.
- 한 사람은 집을 사고 싶어 하는데, 다른 사람은 미래를 위해 저축하고 싶어 한다.
- 한 사람은 현대적인 예배를 드리는 교회를 좋아하고, 다른 사람은 전통적인 예배 의식을 좋아한다.
- 한 사람은 외출을 좋아하고, 다른 사람은 집에 있기를 좋아한다.
- 한 사람은 아이를 더 갖기를 원하고, 다른 사람은 더 이상 원하지 않는다.

두 사람이 있는 곳마다 갈등하는 욕구들이 있다. 그것이 무엇이든지 두 사람의 관계를 만드는 것 가운데 하나다. 식탁에서조차 두 사람은 다르다. 사실 그 차이점이 두 사람을 맺어 준 원인이기도 하다. 우리가 앞에서 언급한 바와 같이 두 사람은 서로를 보완한다.

일반적으로, 두 사람이 서로에게 베풀고 주고받으며 관계를 발전시키면, 그 차이점은 타협에 이른다. 그러나 때로는 막다른 골목에 이르기도 한다. 다음 몇 가지 원칙이 도움이 될 것이다.

1. 자신이 선호하는 것을 도덕화하지 말라

자유 시간을 서로 다르게 사용하고 싶어 하는 한 부부와 상담한 적이 있다. 조는 여가 시간을 한가로이 집에서 보내는 것을 좋아했다. 그는 아이들과 게임을 하거나, TV 스포츠 중계를 보았다. 주말 오후에는 낮잠을 자는 일이 많았다.

수잔은 좀 더 활동적인 사람이었다. 그녀는 시간이 나면 집안을 구석구석 정리하는 계획들을 실천에 옮기기를 좋아했다. 그러나 집안을 정리하는 '계획들을 실천에 옮긴' 후에는, 낮잠을 자느라 도와주지 않은 조에게 화를 냈다.

그녀는 남편이 '게으름'을 피운다고 생각했고, 그는 아내가 '강요'한다고 생각했다. 결국 그들은 '법정'에 섰다. 수잔은 일은 좋은 것이고, TV는 나쁜 것이라고 생각하며 자신의 입장을 도덕적으로 정당화했다. 반면에 조는 자신이 일주일 내내 열심히 일했기 때문에 쉴 자격이 있다고 말하며, 자신의 선택을 강력하게 옹호했다.

옳고 그름의 문제가 아닌데도 그들은 각자 도덕적 고지를 차지하려고 했다. 그러나 그들은 어디에도 이르지 못했다.

나는 이것이 '선호'의 문제이지, 옳고 그름의 문제가 아님을 그들에게 보여 주었다. 인간은 자신이 좋아하는 것을 옳은 것으로 보는 경향이 있다. 특히 선호하는 것이 일이나 어떤 성취 같은 도덕적 특징을 띤다면 더욱 그렇다. 어떤 배우자에게는 관계가 도덕적으로 높은 경지일 수 있지만, 상대 배우자는 고독을 더 좋아할 수 있다.

자신의 욕구가 배우자의 욕구보다 더 높은 것이 아님을 분명히 깨달아야 한다. 자신의 것은 옳고 배우자의 것은 나쁜 것으로 만듦으로써 이기려고 하지 말라. 이것은 법이 아니라 선호의 문제일 뿐이다.

2. 배우자가 가진 욕구의 중요성을 이해하고 그것에 공감하라

배우자가 원하는 것을 평가 절하하지 말라. 자신이 원하는 것보다 그가 원하는 것이 덜 중요한 것처럼 말하지 말라. 당신의 욕구가 자신에게 실질적인 것처럼, 배우자의 욕구도 그에게 실질적이다. 그의 욕구를 자신의 욕구만큼 실제적이고 좋은 것으로 인정하라.

배우자가 액션 영화보다 멜로 영화를 더 좋아한다고 해서, '젊은 여성 취향의 영화'는 보고 싶지 않다고 말하지 말라. "좋아, 당신이 그 영화를 보고 싶어 하는 이유를 알겠어. 당신에게 의미 있는 것들이 많을 것 같아"라고 말해 보라.

3. 자신의 욕구를 충족하기 전, 배우자의 욕구를 충족시키기 위해 움직이라

바울의 충고를 기억하라. "아무 일에든지 다툼이나 허영으로 하지 말고 오직 겸손한 마음으로 각각 자기보다 남을 낮게 여기고 각각 자기 일을 돌볼뿐더러 또한 각각 다른 사람들의 일을 돌보아 나의 기쁨을 충만하게 하라"(빌립보서 2:3-4). 배우자가 원하는 것을 얻게 해주려고 노력한다면, 부부는 바라던 것을 누가 얻는지가 아니라 누가 베푸는지에 대해 말할 것이다.

자신의 욕구를 충족하기 전에 먼저 배우자의 욕구를 충족시키려 한다면, 대부분의 언쟁을 피할 수 있다. 실제로 이런 일은 자주 일어나지 않지만 우리의 태도가 중요하다.

이번에는 배우자로 하여금 자동차나 영화, 또는 휴가를 선택하게 하라. 우리에게는 언제나 다음 기회가 있다.

4. 필요하다면 당신 것, 내 것, 우리 것에 대해 설명하라

시간과 돈을 어떻게 쓸지에 대해 언제나 다투는 부부와 상담을 한 적이 있다. 나는 그들에게 세상에는 두 종류의 관계, 즉 사랑으로 유지되는 관계와 규칙으로 유지되는 관계가 있다고 말해 주었다. 사랑하는 관계는 규칙을 요구하지 않는다. 이런 부부는 남에게 대접받고자 하는 대로 남을 대접하라는 황금률에 따라 살기 때문이다. 그러나 사랑하지 않는 관계에는 규칙이 있어야 한다. 이 부부는 서로 사랑하지 않았기에, 나는 몇 개의 규칙을 정해 주었다.

나는 한 장의 종이 위에 두 개의 칸을 그리고는 그들에게 시간과 돈을 얼마나 써야 할지 적어 보라고 했다. 시간과 돈을 자기 마음대로 쓸 사람의 '차례'를 정하고, 교대로 사용해 보라고 했다. 하루는 남편이 레스토랑이나 영화를 결정했다면, 다음번에는 아내가 결정하면 된다. 남편이 처음에 백 달러를 사용했다면, 다음 백 달러는 아내가 사용하면 된다.

처음에 그들은 모욕감을 느끼고 항의했다. "우리는 어린아이가 아니에요. 우리에게 이런 어리석은 규칙은 필요 없습니다." 그러나 나는 그들의 항의에 동의하지 않았다.

"아닙니다. 당신 부부는 어린아이나 다름없습니다. 두 사람은 어린아이처럼 행동하고 있습니다. 각자 자기 방식만 고집합니다. 그래서 제가 보호자가 되어 두 사람에게 공정한 조치를 취하려는 것입니다. 다음 주에 보고서를 가져오세요."

부부는 자신들의 미성숙한 정도에 당황했지만 결국 동의했다. 그리고 그 조치는 효과를 발휘했다. 그들은 시간과 돈처럼 한계가 있는 자원을 두 사람이 공유한다는 사실을 염두에 두는 습관을 갖게 되었다. 그들에게 골고루 돌아가야 할 것이 아주 많았고, 서로 그것들을 공유해야 했다.

이런 조치는 서로 다른 인격의 특성 때문에 자기도 모르는 사이에 자기 방식에 빠지는 부부들에게 유용하다. 이 책의 첫 부분에 나온 이야기를 기억하는가? 스티브는 스테파니보다 단호했고, 스테파니는 스티브보다 수용적이었기 때문에 스티브는 거의 모든 일을 자기 방식대로 했다. 강한 사람이 대부분의 시간을 지배하는 형태로 그들의 관계가 빠져들었다. 결국 그것은 파괴를 가져온다.

당신이 관계를 지키려 한다면, 수동적인 배우자가 항상 패자가 되는 것을 막아야 할 것이다. 더 적극적인 사람이 마침내 약간의 한계를 갖게 될 것이다.

5. '나'의 선택을 '우리'의 선택이라고 말하지 말라

'일체감'을 즐기는 배우자들은 자신이 원하는 것이 사실상 자신을 위한 것임에도 불구하고 관계를 위한 것이라고 말한다. 이런 사람은 여가 시간을 배우자와 함께 보내는 것이 실제로는 '자신'의 선택임에도 불구하고, '우리'의 선택이라고 여긴다. 그들은 이렇게 말해야 한다. "내게 주어진 시간을 당신과 함께 보내려고 해. 그것은 분명히 나를 위한 거야."

이런 사람은 배우자가 혼자서 뭔가를 하고 싶어 하면, 속았다는 기분에 잠긴다. 그리고 자신은 언제나 관계를 위하는 데 배우자는 이기적이라고 말한다. 이것은 사실이 아니다. 그는 관계를 위하지 않는다. 그는 일을 혼자서 하거나 또는 관계를 떠나는 것을 좋아하지 않기 때문에 배우자를 포함하는 개인적인 선택을 하고 있는 것이다.

'우리'의 것을 하기 원한다면, 배우자도 그것을 정말로 원하는지 확인해야 한다. 그렇지 않다면, 그것은 자신을 위한 것이지 우리를 위한 것이 아니다.

6. '우리'가 동의하는지 확인하라

두 사람을 위한 활동에 둘 다 동의하는지 확인하라. 나는 최근에 큰 집에서 3년간 살아 온 한 부부와 이야기를 나누게 되었다. 아내는 그 집이 싫다고 말했다. 남편은 깜짝 놀랐다. 그 집을 사는 데 많은 돈이 들었지만, 그는 두 사람 다 큰 집을 원하고 좋아한다고 생각했다.

처음에 아내는 남편과 생각이 달랐지만 아무 말도 하지 않았다. 그 집은 그에게 아주 굉장한 것이었다. 그는 그 집을 참으로 '우리' 것으로 생각했다. 그는 아내가 그런 생각을 하고 있다는 것을 알고는 오싹해졌다.

두 사람이 어떤 것을 희생해야 할 때, 서로 바라고 동의하는 것이 같은 맥락에 있는지 확인하라. 또 배우자가 자유롭게 자기 생각을 밝히고 있는지, 불만이나 감정의 빚을 가지고 있지는 않은지 확인하라.

7. 선호하는 것들을 점검해 보라

당신이 강하게 견지하는 것들 가운데 일부는 참된 욕구가 아닐 수도 있다. 집안 구석구석을 정리하고 싶은 수잔의 욕구는 참된 것이 아니었다. 나는 그녀와 좀 더 상담한 후에, 그것이 노이로제에 의한 것임을 알게 되었다. 실제로 그녀는 바쁜 것을 싫어했다. 다만 무엇이든 하지 않으면 매우 근심스러웠기 때문에 스스로 바빠야 했다.

우리는 수잔의 근심을 다루기 시작했다. 그녀는 긴장을 푸는 법과 주변 사람들을 자신처럼 일에 쫓기도록 재촉하지 않는 법을 배워야 했다. 나중에 그녀는 변화되었고, 일하는 것을 선호하지 않게 되었다.

다른 예로, 내가 상담한 어느 남성은 심한 낭비벽 때문에 부부 싸움을 했다. 그가 고급 승용차나 값비싼 물건들을 사들였기 때문에 그 가정은 더 중요한 것을 살 만한 여력이 없었다. 사실 그가 구입한 것들은 그에게도 진정한 욕구의 대상은 아니었다. 단지 다른 사람들에게 자신의 성공을 과시하려는 욕구의 결과물이었다. 결국 낭비의 동기는 자기 과시였다. 그가 성장하자 욕구는 바뀌었고, 이제는 가족들이 원하는 것에 더 많은 돈을 쓸 수 있게 되었다.

우리는 때때로 잘못된 동기에서 어떤 것을 원한다(야고보서 4:3). 하나님은 우리가 진정으로 원하는 것들을 주기 원하신다. 그러나 때때로 우리가 원하는 것은 참된 욕구가 아니다. 그것은 우리 마음이 아니라 다른 동기에서 비롯된 것이다. 이런 그릇된 욕구들로 빈 공간을 채우고 불안정한 감정을 덮으려 한다.

예를 들어, 어떤 사람들은 불안정한 감정을 덮기 위해 스포츠에 몰두한다. 그들은 자신의 골프 실력을 향상시키거나, 다음 마라톤에서 시간을 단축해야 한다. 또는 돈을 더 많이 벌기 위해 더 오래 일하거나, 더 열심히 일해야 한다. 한편으로, 교회에 다니는 몇몇 사람들은 봉사 활동으로 그들의 죄나 해결되지 않은 다른 어떤 감정들을 해결하기 위해 노력한다. 이런 불완전한 동기로 하는 일들은 가족과 함께 보내는 시간들을 빼앗아 간다.

이렇게 교회에서 보내는 시간이 참된 욕구에서 비롯된 것이 아니고, 순수하지 않은 동기에서 비롯된 것일 수 있다. 죄책감을 없애기 위해 의무적으로 교회에서 시간을 보내는 것은 진실한 봉사가 아니다. 우리가 자신의 동기를 따져 보고 참된 욕구에 이른다면, 때때로 우리는 가지고 있으면서도 알지 못했던 시간들을 발견하게 된다.

욕구의 동기들을 점검해 보라. 자신의 '즐거움'이 아니라 관계를 위해 지속적으로 실천하는 길을 찾게 될 것이다.

8. 경험을 확장하고 성장하라

당신이 노력한다면, 실제로 로맨틱 코미디나 중국 음식, 또는 산에서 보내는 휴가를 좋아한다는 것을 발견할지도 모른다. 자신의 방식을 고집하기 위해 싸우는 대신, 배우고 넓게 경험함으로써 배우자가 더 선호하는 것을 받아들이라. 이제까지 그것을 좋아하려고 애쓰지 않았기에, 그것이 좋지 않았을 것이다. 하지만 배우자는 당신이 알지 못하는 좋은 것들을 알고 있을지도 모른다.

배우자가 선호하는 것을 당신이 받아들이면, 관계 안에서 당신은 성장하고 확장될 수 있다. 여러 활동을 배우자의 눈으로 보라. 결코 가능하지 않을 것 같았던 일들을 즐기는 법을 배울 것이다. 사람들은 어떤 이유로 오페라를 좋아한다. 그 이유를 찾아내려고 노력하라. "직접 해 보기 전에는 어떤 것도 깎아내리지 마라"는 옛 속담을 기억하라. 반드시 한 번 이상 시도해 보라.

갈등 5: 한 배우자의 욕구 vs 관계의 요구

때때로 한 배우자의 욕구와 관계의 요구가 갈등을 일으킨다. 아내는 다시 학교에 다니고 싶지만, 시간이나 돈이 부족하다. 남편은 승진을 위해 전근하고 싶지만, 그것은 가정을 엉망으로 만들 것이다. 한 배우자가 한동안 열심히 일해 왔고, 이제 자신을 위해 약간의 시간과 돈을 쓰고 싶어 한다. 얼핏 보기에, 이런 욕구는 가족들에게 이기적으로 보일 수 있다. 왜냐하면 관계나 가족의 어떤 부분을 희생시킬 것이기 때문이다.

그러나 규칙은 없다. 규칙이 있다면, 그것은 장기간의 균형을 찾는 것이다. 모든 구성원들이 어떤 욕구를 충족시키지 못한다면, 어떤 관계도 살아남지 못할 것이다. 반대로, 모든 구성원들이 개인적 욕구를 충족시키고 늘 관계가 어렵다면 관계는 번성하지 못한다. 때때로 구성원들을 '섬기는' 일은 관계에 좋다.

자신의 특별한 재능을 중년이 되어서야 발견한 한 여성이 있었다. 그녀가 자기 재능을 경력으로 추구하는 것은 다른 가족에게 희생을 가져온다. 그녀가 자신의 꿈을 이루기 위해 시간과 돈을 투자하는 동안 다른 가족들은 기강을 바로잡고 협력해야 한다. 이것은 팀의 노력이다. 그들은 모두 동참했다. 남편은 자기 일보다 아내의 일 때문에 더 신나했다. 이런 모습은 참으로 아름답다.

이 여성이 여러 해 동안 가족들에게 많은 것을 주었기 때문에 이렇게 된 것이다. 그녀는 결혼 생활과 가정을 위해 희생하는 모습을 가족들에게 보여 주었다. 이제 가족이 그녀의 성장을 위해 희생할 차례였다. 이것은 온 가족을 위한 좋은 균형이다.

결혼 생활에서 언제나 한 사람만을 섬기고, 다른 사람을 결코 섬기지 않을 때 문제가 생긴다. 때로는 각 구성원들을 위해 장기간에 걸친 결혼 생활을 뒷전으로 미뤄야 하고, 각 구성원들은 결혼 생활이 자신의 개인적인 욕구보다 더 중요함을 배워야 한다는 것을 명심하라.

결혼한다는 것은 결혼 생활을 위해 개인의 일부 '권리'를 포기하는 것을 의미한다. 그러나 때때로 결혼 생활은 개인에게 호의와 희생을 베푼다. 결국 결혼 생활은 각 구성원들이 성장함에 따라 유익하다. 그러나 균형을 유지하고, 결혼 생활이 우선적으로 이루어지게 하라.

다음 사항을 반드시 기억하라.

- 결혼 생활이 우선임을 잊지 말라. 개인적 욕구보다 먼저 관계에 최선을 다하라. 나중에 쓸 형평성을 벌어 두라.
- 원하는 것을 배우자에게 명확히 알리라. 수동적으로 원하지 말라. 배우자에게 분명히 말하라.
- 배우자가 개인적으로 원하는 것에 큰 관심을 보이라. 부부는 '하나'이며, 그것이 지금은 단지 배우자를 위한 것으로 보일지라도 결국 당신을 위한 것이다.
- 장기간에 걸친 관계에서 벗어나는 개인적 욕구가 당신의 배우자가 얻는 것과 균형을 이루는지 확인하라.
- 가능한 한, 결혼 생활에서 벗어나는 개인적인 일에 대해서는 장기적인 계획을 세워야 한다. 이런 방식으로 부부는 함께 희생할 계획을 세울 수 있다. 그리고 충동적이면 안 된다. 즉각적으로 요청하는 것은 마치 요구처럼 느껴진다.

갈등 6 : 아는 문제들 vs 모르는 문제들

부인하는 것은 부당한 비난을 받아 왔다. 그것은 확실히 위험할 수 있다. 우리가 어떤 문제들을 부인할 때, 그것은 우리를 파괴할 수 있다.

그리고 어떤 경우에는 부인하는 방식이 매우 전략적이고 의도적이기도 하다. 예를 들어, 본질적인 문제를 가진 사람은 자신의 문제를 모르게 하기 위해 전략적으로 행동한다. 이런 종류의 부인은 당연히 비난받아야 한다.

그러나 의도적이지 않은 부인도 있다. 그것은 '무지한' 인간의 특성이다. 어떤 사람들은 '부인'하지는 않지만, '자신이 모르는 약점'을 가지고 있다. 우리는 모두 성품과 인격에 자신이 모르는 면들을 가지고 있다. "자기 허물을 능히 깨달을 자 누구리요 나를 숨은 허물에서 벗어나게 하소서 또 주의 종에게 고의로 죄를 짓지 말게 하사 그 죄가 나를 주장하지 못하게 하소서 그리하면 내가 정직하여 큰 죄과에서 벗어나겠나이다"(시편 19:12-13). 다윗도 자신에 대해 모르는 면들이 있음을 알고 있었다.

결혼 생활에서, 배우자가 당신 자신보다 당신에 대해 더 많이 알 수 있다. 이 비밀을 아는 것이 성장의 비결이다. 그러나 아는 문제들과 모르는 문제들에는 차이가 있으므로 다르게 다뤄야 한다.

아는 문제들로 겪는 갈등

- 이전에 당신이 어떤 행동 방식에 대해 배우자와 이야기했다면, 그 행동 방식이 다시 나타날 때 어떻게 할 것인지 동의하라. 문제가 있는 사람이 일단 그것에 대해 알게 되면 그 문제에 대한 책임이 있으며, 각 당사자는 그 행동 방식이 다시 나타나면 무엇을 해야 하는지 알고 있다. 어떤 사람들에게는 이렇게 말하는 것일 수도 있다. "나는 당신에게 다시 말하지 않고, 우리가 동의한 대로 할 거예요." 원칙적으로, 그 사람

은 자신에게 문제가 있고 자신이 그 문제를 해결해야 한다는 것을 알고 있다. 당신이 배우자에게 자주 약속에 늦는 문제에 대해 말한 적이 있다면, 다음에 또다시 늦으면 남겨 두고 떠난다는 것에 미리 동의하는 것이 좋다. 또는 배우자가 다시 과소비를 하면, 그 사람이 돈을 벌어서 메워야 한다.

- 부부가 이전에 이야기했고 서로 도움을 바란다면, 문제에 직면하는 것은 단속하기 위해서가 아니라 깨닫게 하기 위해서다. "나는 무심코 문제 있는 행동을 할 때가 있어. 그럴 땐 내게 알려 줘." 이렇게 직면하는 것은 문제를 통제하기 위해서가 아니라 치료하기 위한 것이다.
- 당신이 문제를 알고 있다면, 그것을 고쳐 나갈 계획은 당신이 세워야 한다. 당신은 자신의 인격에 책임이 있다. 당신이 자신에 대해 이미 알고 있는 것으로 배우자를 어떤 식으로든 비난하지 말라.
- 그것이 배우자의 문제이고 배우자가 그것을 안다면, 문제의 행동을 하지 못하게 하라. 그렇게 하지 않으면, 당신도 그 문제에 부분적으로 책임이 있는 것이다. 동의한 결론대로 끝까지 밀고 나가라.

모르는 문제들로 겪는 갈등

- 서로에게 알아차린 것에 대해 말할 수 있다고 허락한 것에 부부가 동의하라. 부부가 서로 이렇게 이야기했다면, 통제가 아니라 팀 활동을 하는 것이다.
- 문제에 직면했을 때, 마음을 열라. 방어하려고 하지 말라. 피드백을 받아들이고, 적어도 자신을 돌아보고, 그것이 사실인지 살펴보기로 동의하라.

- 다른 사람들의 피드백을 구하라. 친구들이 당신의 배우자와 같은 내용을 말한다면, 당신은 그것을 더욱 믿게 될 것이다.
- 문제가 되는 일이 일어날 때마다 그 행동 방식을 알 수 있도록 배우자에게 알려 달라고 부탁하라. 우리는 늘 실수나 문제를 일으키는 것을 알지 못하고, 그것을 '어쩌다 한 번 일어나는 일'로 생각한다. 여러 번 되풀이하여 자신에 대해 알아차리면 서서히 자신에 대해 수긍하게 될 것이다.
- 서로 은혜를 베풀라. 새롭게 발견한 배우자의 문제는 즉시 바뀌지 않는다. 배우자에게 시간을 주라.

14.

바운더리를 사랑하는 배우자와 갈등 해결하기

나(헨리)는 쉘리와 어렵사리 약속을 정했다. 그녀와 처음 만나는 것이었고, 그녀의 용건이 무엇인지 예상할 수 없었다. 쉘리는 나에게 '뭔가를 말하러' 오고 싶다고 말했다. 나는 전화로 세세한 것까지 이야기하고 싶지 않아서 곧바로 약속 시간을 정했다. 그녀가 내 사무실로 왔을 때, 그녀는 많은 아픔을 가지고 있었다.

그녀는 남편 로비에 대해 말했다. "그는 내가 얼마나 상처받고 있는지 이해하지 못해요. 예전에 그에게 두 가지를 말했지만, 아무 소용이 없었어요. 저는 진지한 중재가 필요하다고 생각해요."

쉘리가 말한 '중재'는 로비의 음주에 관한 것이었다. 하지만 그녀는 그의 일 중독에도 마음이 상해 있었다. 몇 년 전에 그는 작은 가게를 시작했는데 아주 성공적이었다. 하지만 그 성공은 그가 약속했던 것보다 훨씬 더 많은 일들을 수반했다. 그녀는 남편이 가족과 함께 시간을 보내지 못하기 때문에 너무 속상했다.

쉘리의 상황이 너무 절망적으로 보여서, 나는 그들의 관계를 위해 할 수 있는 일에 대해 고민했다. 그녀가 말한 바로는, 로비가 그녀를 위해 아무것도 바꾸려 하지 않는 것 같았다. 하지만 이것은 관계의 문제이므로 나는 로비와도 이야기하고 싶다고 그녀에게 말했다.

내가 로비를 만나야겠다는 말에 그녀는 망설였다. 그녀는 우리가 결국 함께 만나야 한다는 것을 자신도 알지만, '그 모든 이야기를 시작하기 전에' 지금은 자신의 기분이 나아지도록 도와주면 좋겠다고 말했다.

내가 '그 모든 이야기'가 무엇이냐고 묻자, 그녀는 로비가 자신의 불평에 그리 마음을 열지 않을 것이라고 대답했다. 그녀는 남편이 상담조차 받지 않을 것을 두려워하며 중재가 유일한 길이라고 생각했다.

나는 그녀의 두려움을 이해하지만 실제로 그가 원하는지, 그렇지 않은지 알 수 없으며, 그를 빼고는 관계 치료를 시도할 수 없다고 말했다. 그녀는 남편에게 이야기해서 다음 만남에 함께 오기로 했다.

며칠이 지나, 쉘리가 로비와 함께 내 사무실 앞에서 기다리고 있었다. 나는 그들을 내 사무실로 들어오게 했다.

내가 문제를 제기하면 로비가 강하게 반발할 것을 대비하면서, 나는 먼저 그가 듣고 싶지 않아 할 것을 직면하게 만드는 일부터 했다.

"로비, 내가 당신이 오기를 요청한 이유를 쉘리가 말해 주었습니까?"

그의 대답은 놀라웠다. "예, 말했습니다. 그리고 난 우리가 이런 만남을 갖게 되어 정말 기쁩니다. 나는 오랫동안 걱정해 왔거든요. 내가 일에 너무 매여 있어서 삶에 균형을 이루려면 도움이 필요하다고 생각합니다. 또 아내는 내가 술을 너무 많이 마신다고 생각하는데, 솔직히 나는 그것이 맞는지 아닌지 잘 모르겠어요. 나는 당신이 하라는 대로 따르겠습니다. 우리 부부가 이 엉망진창인 상태에서 벗어나기를 정말로 원합니다."

나는 로비의 말에 빨려드는 것 같았다. "내게 문제가 있습니다. 도와주십시오"라는 그의 말에 나는 힘을 얻었다. 쉘리가 상상했던 것보다 일이 훨씬 쉽게 풀릴 것 같았다.

먼저 로비와 맞서는 것을 두려워하고, 그와 함께 문제를 다루면 나쁜 일이 일어날 것이라고 예상하는 쉘리를 설득해야 했다. 그녀가 걱정한 것과 달리 실제로 일어난 일은 정반대였다. 그는 함께 치료해 가는 과정에서 참으로 유쾌한 사람이었다. 그리고 내가 한 말을 마음에 깊이 새겼다. 그는 상대방의 의견에 마음을 열고, 변화되기 시작했다. 그리고 그가 변화를 보여 주자, 쉘리도 달라졌다. 나는 종종 내가 관계 치료를 하는 모든 부부들이 그 두 사람과 같기를 바란다.

바운더리를 사랑하는 사람들

내가 쉘리와 로비 부부의 상담을 좋아한 이유는 무엇일까? 사실 그들의 문제는 결코 쉬운 것이 아니었다. 로비에게는 꽤 심각한 우울증이 있었는데, 이것이 그가 그렇게 행동한 원인이었다. 그는 스트레스, 실패에 대한 두려움, 아버지의 마음에 들려는 시도 등을 다루기 위해 감수해야 하는 변화와 노력들로부터 도망치고 있었다.

나는 그들을 상담하는 문제가 어려웠기 때문에 쉘리와 로비를 좋아하지 않았다. 나는 상담 과정이 쉽게 진행되었기 때문에 그들을 좋아했다. 그 차이점은 무엇인가? 그 대답은 모든 인간 성장의 마음에 달려 있다.

변화를 요구하는 상황에서는 두 개의 중요한 문제가 나타난다.

1. 다루어야 할 문제
2. 문제를 다루는 사람의 능력

'문제를 다루는 사람의 능력'이 좋다면, 대부분의 경우 그들이 '다루어야 할 문제'는 전혀 문제가 되지 않는다. 이것이 바로 내가 문제는 어려웠지만 과정이 쉬웠다고 말한 의미다.

로비와 쉘리는 좀 어려운 변화를 시도해야 했지만, 그들로 하여금 문제를 보고 직면하게 하는 과정은 쉬웠다. 두 사람은 피드백에 마음을 열었으며, 기꺼이 자신을 돌아보았고, 자신이 잘못했을 때를 알았다. 그래서 나는 그들이 문제에 직면했을 때, 전쟁을 치를 필요가 없었다. 그들은 피드백과 자신의 실체에 마음을 열었다. 그들이 직면해야 할 가장 큰 문제는 '다루어야 할 문제'의 영역에 있었다.

어떤 부부에게는 '다루어야 할 문제'보다 '문제를 다루는 사람의 능력'이 더 큰 문제가 된다. 그들은 피드백에 마음을 열지 않으며, 자신이 잘못한 때를 알지 못하고, 어떤 종류의 경계도 싫어하고, 자신의 문제 때문에 다른 사람을 비난한다. 이런 사람들은 '바운더리를 거부하는 사람들'인데, 다음 장에서 다룰 것이다. 그러나 피드백에 귀를 기울이는 사람들은 '바운더리를 사랑하는 사람들'이다. 쉘리와 로비가 그런 사람이었다. 그들은 피드백을 환영했다.

세상에는 두 종류의 사람이 있다. 피드백을 듣는 사람과 듣지 않는 사람이다. 현대 정신 의학에서는 피드백을 듣지 않고, 자기 문제를 보지 않는 사람들을 '성격 장애'라고 부른다. 대부분의 전문가들은 그런 사람들에게서 많은 변화를 기대하지 않는다.

그러나 우리는 처음에는 피드백에 저항했던 사람들에게서도 많은 변화가 일어나는 것을 보았다. 피드백을 듣는 사람들, 즉 '바운더리를 사랑하는 사람들'은 몇 가지 특성으로 특징지어진다.

- 그들은 피드백과 다른 사람들의 훈계에 마음을 열므로 지혜를 얻는다 (잠언 15:32).
- 그들은 배우자가 피드백을 나눌 때 방어적이 되지 않는다.
- 그들은 자신의 문제, 선택, 감정, 태도, 행동에 소유권을 가진다.
- 그들은 자신을 돌아보고, 자기 행동을 지켜볼 수 있는 능력이 있다.
- 그들은 배우자의 보물들을 귀하게 여긴다.
- 그들은 배우자를 자신과 다르고, 개별적인 경험을 가진 한 개인으로 인식한다.
- 그들은 배우자에게 자신과 다를 수 있는 자유를 허용한다.
- 그들은 배우자의 자유와 공간을 존중한다.
- 그들은 자신이 성장하고 변화해야 할 필요를 인식한다.

이런 모든 특성은 그 사람이 진실, 다른 사람에 대한 자유, 책임, 사랑에 열려 있다는 것을 보여 준다. 자신에게 이런 특성이 있는지 찾아보고 자신의 상태를 살펴보라. 모든 사람은 개선이 필요하다. 당신도 이 모든 것에 완전하지 못할 것이다. 그러나 열린 태도를 가진다면, 또 당신과 배우자가 사랑과 자유를 경험하려고 한다면, 그런 부부는 문제들에 대해 이야기할 수 있고 서로 도와줄 수 있다. 바운더리를 사랑하는 부부라면, 갈등이 생길 때 오직 한 가지 문제, 즉 '다루어야 할 문제'만 가지게 된다. 이것은 매우 좋은 소식이다.

또 다른 좋은 소식은 '다루어야 할 문제'가 있는 것이 나쁘지 않다는 것이다. 갈등은 정상적인 것이다. 부부에게 갈등이 없다면, 한 사람은 그 관계에서 불필요할 것이다. 두 사람이 모인 곳이라면, 갈등이 있게 마련이다. 그러나 이것은 나쁘지 않다. 갈등은 단지 서로 반대되는 두 가지 것이 드러나는 그 순간 즉시 동의하지 않음을 의미할 뿐이다. 흥미로운 부분은 그것이 완전히 해결된다는 것이다.

종합적 전략

앞 장에서 우리는 여섯 가지 갈등에 대해 많은 예를 제시하며 살펴보았다. 우리가 제시한 것, 즉 모든 갈등을 처리하는 과정에는 일정한 형식이 있다. 그 형식에는 인격적인 면이 관련되어 있으며, 우리가 계속 논의해 온 중재가 필연적으로 포함되어 있다. 모든 종류의 갈등에 대해 성경은 다음과 같이 예측할 수 있는 길을 반복하여 제안한다.

1. 관찰

보지 못하는 문제를 해결할 수는 없다. 부부 가운데 한 사람이라도 먼저 문제를 알아차려야 한다. 그리고 그것을 문제나 갈등으로 바라보아야 한다.

2. 지적

말하지 않는 문제를 해결할 수는 없다. 서로 정직하게 말하라. 바울은 이렇게 말한다. "그런즉 거짓을 버리고 각각 그 이웃과 더불어 참된 것을 말하라 이는 우리가 서로 지체가 됨이라"(에베소서 4:25). 잘못된 것이 무엇인지를 배우자에게 알릴 때, 사랑 안에서 참된 것을 말하라.

3. 소유권, 슬픔, 사과

당신 자신이 문제이거나 아니면 적어도 그 문제의 일부라면, 소유권을 가지라. 상처를 받았다면, 그것에 대해 말하라. 상처를 준 사람이라면, 그것을 고백하고 사과하라. 당신이 피해자라면, 자신의 상처를 표현할 뿐 아니라 용서하라.

4. 뉘우침

자신이 어떤 문제에 연관되어 있다는 것을 보면 뉘우치라. 그 문제를 바라보는 마음을 바꾸고, 방향을 바꾸라. 간단히 말해, 그것을 멈추라. 변화에 전념하라.

5. 과정에 대한 개입

문제들은 즉시 사라지지 않는다. 변화를 위해 필요한 모든 과정에 참여하라. 그것은 상담이 될 수도 있고, 또는 다른 형태의 체계적인 도움이 될 수 있다. 그것에 전념하고 계속 참여하라.

6. 재점검

재점검하는 시스템을 가지라. 어떤 문제를 직면했다고 해서 문제가 영원히 사라지는 것은 아니다. 자신이 책임져야 하는 사람들에게 점검을 받으라. 그리고 다른 것들을 위해 계속 재점검을 받으라.

당신과 배우자가 바운더리를 사랑한다면, 정말 행운이다. 두 사람 다 진실, 책임, 자유, 사랑에 열려 있을 것이다. 그러면 하나님은 이것들을 찾도록 도와주실 것이다. 열린 마음을 계속 유지하라.

그러나 모두가 피드백에 열려 있더라도 갈등은 여전히 고통스럽다는 것을 기억해야 한다. 부정적인 것도 상처를 주고, 잃어버리는 것도 상처를 준다. 따라서 모든 의사소통의 기본 원칙을 기억하라.

1. 이해받으려고 하기 전에, 먼저 상대방의 말을 듣고 이해하려고 애쓰라. 배우자가 느끼고 원하며 갈망하는 것을 진실로 이해하는 것이 당신의 임무다.
2. 당신이 이해한다는 것을 알도록 사려 깊게 귀를 기울이고, 적극적으로 공감하라. "내가 그렇게 했을 때 당신은 정말로 상처를 받았겠네요. 알겠어요." 또는 당신이 알고 있다는 사실을 그에게 말하라. 열심히 경청함으로써 당신이 배우자의 말을 진지하게 듣고 그의 감정을 진지하게 대하고 있음을 확신시킬 수 있다.
3. 상대방의 감정이나 말을 평가 절하하거나, 꾸미려고 하지 말라. 자신을 방어하지 말고, 다만 들으라.
4. 당신이 확실히 이해하기 위해서 분명히 말하라. 질문을 하라.
5. 당신이 느끼거나 원하는 것에 책임지고 있다는 것을 보여 주는 '나는' 어떻다는 진술 방법을 사용하라. "당신이 늦을 때, 나는 사랑받지 못한다는 느낌이 들어." 이 말은 "당신은 내가 사랑받지 못한다고 느끼게 해"라는 말보다 훨씬 좋다. 후자에는 비난이 섞여 있지만, 전자는 느낌

을 전한다.

무엇보다, 갈등을 두려워하지 말라. 언제나 부활이 있기 전에 죽음이 있고, 깊은 친밀함이 있기 전에 갈등이 있다. 사랑으로 그것을 경험하기 바란다. 아마 배우자에게 더 깊은 친밀감을 느끼게 될 것이다.

15.

바운더리를 거부하는 배우자와 갈등 해결하기

마이클과 샤론 부부는 여러 해 동안 나(존)와 친구로 지냈다. 오랜 관계의 장점은 남편과 아내의 인격을 여러 상황을 통해 관찰할 수 있다는 것이다. 시간이 흐르면서 나는 마이클과 샤론에 대해, 그리고 결혼 생활의 바운더리에 대해 많은 것을 알게 되었다.

두 사람은 서로 깊이 사랑하고 배려하는 마음씨 좋은 사람들이었다. 마이클은 성공한 사업가였고, 샤론은 시간제 근무를 하면서 아이들 엄마의 역할을 충실히 감당했다. 그들을 지치게 하는 만성적인 문제를 제외하면, 그들의 부부 관계는 거의 완벽해 보였다. 문제는 돈이었다. 그들은 재정적으로 충분한 적이 없었다.

마이클의 수입은 꽤 좋았고, 샤론의 경제 활동은 그들의 수입에 도움이 되었다. 하지만 그는 나와 만날 때마다 늘 과로로 지쳐 있었고, 각종 청구서와 신용 카드 명세서에 짓눌려 있었다.

"그건 내 잘못이야." 마이클은 죄책감을 느끼며 내게 설명했다. "나는 샤론이 행복해 하는 걸 보고 싶어. 그래서 샤론이 뭔가에 마음을 빼앗기면, 그녀를 실망시킬 수가 없어." 그런데 그가 말한 '뭔가'란 비싼 가구, 보석, 옷, 휴가 등을 가리켰다. 이런 것들을 얻었을 때 샤론은 행복해 했고, 더불어 마이클도 행복했다.

아내가 너무 많은 돈을 달라고 하면, 그는 무엇을 사려고 하는지 물었다. 하지만 샤론이 "이것은 우리에게 정말로 필요해요"라고 대답하면, 마이클은 그녀가 옳다고 여기며 그 요구를 따랐다. 결국, 그들은 재정적인 어려움에 부닥쳤다. 거의 파산 지경에 이르면서까지 서로 갈등을 겪고 있었다. 나는 마이클과 점심을 먹으며, 그의 상황이 어떤지 물었다.

"내게 빛이 비치기 시작했어." 그가 대답했다.

"어떻게 했는데?"

"우리의 재정적 위기가 내게 많은 것을 보여 주었어. 가장 놀라운 건 나 자신과 샤론을 보는 방식이 바뀌었다는 거야. 나는 늘 아내의 지출을 감당할 정도로 돈을 벌어야 한다고 생각했거든. 그게 내가 그녀를 사랑하는 방식이었지. 내가 돈을 충분히 벌지 못해서 상황이 나아지지 않는다고 생각했어. 하지만 그게 문제였어." 마이클은 계속해서 말했다.

"어느 날 한 친구가 이렇게 말하더군. '마이클, 넌 잘못된 문제로 애쓰고 있어. 넌 돈을 충분히 벌지 못하는 게 아니야. 문제는 샤론이 "안 돼"라는 말을 듣고 싶어 하지 않는다는 사실을 네가 파악하지 못한다는 거야'라고. 그 후로 모든 게 바뀌었어. 나는 돈을 더 많이 벌려고 더 이상 애쓰지 않아. 이제 우리는 아내가 바운더리를 싫어하는 문제와,

내가 그녀에게 바운더리 세우는 것을 두려워하는 문제를 해결하려고 애쓰고 있어. 그리고 서서히 좋아지고 있어."

다행히도 마이클과 샤론은 계속 노력했고, 상당한 발전을 이루었다. 그는 "안 돼"라고 말하는 데 별로 죄책감을 느끼지 않았고, 그녀는 예전보다 재정적인 바운더리를 더 받아들일 수 있게 되었다. 그 친구가 문제를 진단해 주지 않았다면, 이 부부는 문제를 해결할 수 없었을 것이다. 마이클과 샤론은 재정 문제에서 협력자가 아니라 대립자였다. 그녀는 자신이 원하는 것에 돈을 쓸 수 없다는 말을 듣고 싶어 하지 않았다. 그리고 마이클은 아무리 돈을 많이 벌지라도, 샤론의 인격적인 문제, 즉 바운더리를 거부하는 자세에 보조를 맞출 수 없었을 것이다.

결혼 생활의 바운더리가 늘 환영받는 것은 아니다

마이클과 샤론의 경우는 어려운 현실을 보여 준다. 결혼 생활의 바운더리가 늘 환영받는 것은 아니라는 것을 말이다. 하지만 그것은 하나님이 의도하신 것이 아니다. 하나님은 부부에게 큰 유익을 주려고 바운더리를 만드신 것이다. 바운더리는 사랑을 보호하고, 자유를 강화시킨다. 그리고 부부를 독립적인 상태로 결합시키고, 그들의 직무가 무엇인지 알도록 책임의 경계를 규정한다. 부부가 팀을 이루어 바운더리를 세우는 것은 아름다운 일이다.

바운더리는 배우자 두 사람이 서로를 더 사랑하기 위해 자신의 자유를 제한할 때 가장 잘 작용한다. 당신은 배우자를 사랑하고 배우자가 성장하고 삶이 나아지기를 바라기 때문에, 이기적인 자신의 성향과 심지어 합법적인 자유의 행사까지 억제한다. 이것은 배우자의 바운더리에 대한 가장 좋은 반응이다.

부부가 배우자의 바운더리를 받아들이고, 존중하는 고통을 감수할 때 사랑이 커지고 깊어진다. 따라서 두 사람이 상대방의 바운더리를 지킬 때 다음과 같은 선한 결과들이 나타난다.

- 배우자의 필요, 욕구, 상처에 긍휼함을 느끼는 능력이 커진다.
- 자기 통제와 인내심을 개발한다.
- 겸손해지고 자기를 고친다.
- 배우자의 유용성이 아니라 배우자의 인격에 감사한다.
- 행복해지기 위해서 배우자의 반응에는 덜 의존하고, 자신의 가치에 더 의존한다.
- 우리의 바운더리를 존중하시는 하나님의 방식에 대해 배운다.

그러나 때때로 배우자는 하나님으로부터 오는 이 선물의 유익함을 보지 못한다. 『No라고 말할 줄 아는 그리스도인』이 출간된 후, 내 친구 필이 내게 전화를 했다.

"자네의 새 책을 읽었어." 필이 말했다.

"어땠어?"

"별로야."

"왜?"

"우리 부부의 결혼 생활에서 바운더리를 어기는 사람은 바로 나고, 내가 나쁜 남자가 되기 때문이야."

우리는 내 책에 대한 농담을 주고받았다. 그러나 필은 좋은 지적을 해주었다. 다른 사람을 통제하는 사람들이나 자기 삶의 소유권을 갖지 않은 사람들에게, 바운더리는 좋은 소식이지만 그것이 자유를 가져오지는 않는다. 실제로, 통제하는 배우자는 사랑하는 사람에게 자신이 상처를 주고 있다는 사실을 듣게 된다. 그들은 변화가 필요하다는 것과, 변화는 어렵고 종종 고통스럽다는 것도 듣게 된다. 이런 변화에는 다음과 같은 일들이 포함된다.

- 배우자가 "아니요"라고 말하는 것을 받아들이기
- 자신이 배우자를 통제하려고 했다는 것을 겸허히 인정하기
- 바운더리와 자기 통제를 배우기 위해 하나님이 의도하신 과정을 따르기
- 배우자의 자유를 존중하기
- 배우자를 멀리하고, 공격하고, 죄책감을 느끼게 만드는 성향을 자제하기
- 누군가를 진정으로 통제하는 데 있어서 자신의 무력함 깨닫기
- 배우자의 바운더리를 침범했을 때 그에게 알려 달라고 요청하기

사실 이런 일들은 즐겁지 않고, 많은 노력이 뒤따른다. 따라서 바운더리를 받아들이는 것은 즐겁지 않다. 필은 이런 사실에 대해 말한 것이다. 바운더리를 받아들이는 것은 때때로 상처가 된다. 그것이 비록 성장으로 인한 고통일지라도, 고통스러운 것은 사실이다.

바운더리라는 고통스러운 훈련은 우리 삶에서 좋은 결과를 낳는다. 하나님은 이렇게 말씀하신다. "무릇 징계가 당시에는 즐거워 보이지 않고 슬퍼 보이나 후에 그로 말미암아 연단받은 자들은 의와 평강의 열매를 맺느니라"(히브리서 12:11). 그리고 바운더리는 사랑을 생기 있게

유지하는 유일한 길이다.

바운더리의 고통을 감당하게 하는 것은 인격이다

그러나 배우자가 적절한 바운더리에 대해 "난 싫어, 이것을 받아들이지 않을 거야"라고 말한다면, 문제는 달라진다. 이것은 고통에 대한 반응이 아니라, 가치 진술이다. 배우자의 인격에 대해 더 많이 말해 주는 것이다.

인격적인 사람이 하나님과 다른 사람들을 사랑하고 영적으로나 정서적으로 성장하기를 바라는 것처럼, 좋은 인격은 바운더리의 고통을 환영한다. 그러나 인격에 문제가 있는 사람들은 때때로 다른 사람들의 견책과 바운더리가 필요하다는 사실을 받아들이지 않는다. 그것은 자신을 책망하는 사람을 미워하는 거만한 사람의 모습이다(잠언 9:8). 더 놀라운 사실은, 그것이 우주에서 책망이 필요 없는 유일한 분이신 하나님 행세를 하는 사람의 상태라는 것이다.

그러나 일반적으로 바운더리에 대한 배우자의 의견이 서로 달라서 '엇갈린 결혼 생활'을 한다. 배우자가 자기 소임을 이행하려 하지 않는 것을 발견하면 슬프다. 여러 해 동안 바운더리에 대해 강의해 오면서 가장 기쁠 때는, 부부가 다가와 인사하며 이렇게 말하는 경우다. "우리는 둘 다 더 나은 바운더리를 원해서 오늘 여기 왔어요." 이런 부부는 사랑과 진리 안에서, 그리고 하나님이 주시는 성장을 추구하는 가운데 연합되어 있다. 이와 반대로 내 마음이 괴로울 때는, 결혼한 사람이 홀로 와서 이렇게 말하는 경우다. "그는 바운더리에 관심이 없어요." "그녀는 내 바운더리를 존중하지 않습니다."

'엇갈린 결혼 생활'의 몇 가지 공통된 예는 다음과 같다.

- 남편은 아내가 돈을 덜 쓰기를 요구하고, 아내는 남편이 돈을 충분히 벌지 못한다고 비난한다.
- 아내는 남편이 가사를 분담하기 원하고, 남편은 그것을 거절한다.
- 남편은 모임에 가고 싶어 하지 않고, 아내는 그를 벌하려고 마음을 멀리한다.
- 아내는 성관계를 거부하고, 남편은 희생자처럼 행동한다.
- 남편은 아내의 주말 계획에 동의하지 않고, 그녀는 분통을 터뜨린다.
- 아내는 육아를 도와주기를 바라고, 남편은 도와주기를 거절한다.

이런 예들과 더 많은 상황에서, 두 가지 요소가 두드러진다. 첫째, 한 배우자가 너무 많은 책임을 지고 있고, 상대 배우자는 너무 적게 지고 있다. 둘째, 바운더리를 파괴하는 배우자는 올바른 변화를 거부한다.

바운더리를 파괴하는 배우자는 문제를 어떻게 보는가

부부 사이의 가장 큰 문제는, 바운더리를 사랑하는 배우자가 바운더리를 거부하는 배우자의 시각을 이해하지 못하는 것이다. 바운더리를 사랑하는 사람은 바운더리를 거부하는 사람이 사물을 보는 시각이 자신과 다르다는 것을 파악하지 못한다. 바운더리를 사랑하는 사람은 배우자가 문제를 매우 다르게 생각하고 느낀다는 것을 깨닫고 충격을 받는다. 우리가 옳은 일을 하고, 그 과정에서 실수를 피하려면 반드시 배우자의 관점을 이해해야 한다.

다른 사람의 바운더리를 존중하지 않는 사람들은 기본적으로 "나는 내가 원하는 것을 할 수 있어야 한다"는 삶의 태도를 가지고 있다. 아담과 하와처럼, 그들은 피조물이기 때문에 가해지는 제한에 항의한다. 그들은 무한한 자유를 요구한다. 우리는 이런 태도를 어린아이, 즉 자라면서 성숙하게 될 아이에게서 볼 수 있다.

바운더리를 거부하는 배우자도 보통의 환경에서는 아주 멋지고 사랑이 넘치는 사람일 수 있다. 바운더리 문제가 일어날 때까지 부부는 서로에게 매력을 느끼고 깊이 배려할 수도 있다. 그러나 바운더리 문제가 일어나면, 좋은 감정은 사라지고 분노와 죄책감을 주는 메시지, 질책이 그 자리를 대신한다.

바운더리를 거부하는 배우자는 어떤 바운더리라도 불합리하고 불공정하며 상처를 준다고 느낀다. 그래서 배우자가 삶의 어느 영역에서 "아니요"라고 말할 때 격분한다. "아니요"를 존중해 달라는 요구를 공정한 것이 아니라 혐오스럽게 느낀다. 누군가가 우리를 부당하게 대한다면 화내는 것이 정상이다. 그러나 배우자가 합법적인 이유로 우리에게 바운더리를 세울 때 화내는 것은 미성숙한 것이다.

바운더리를 거부하는 배우자는 자신이 원하는 것은 무엇이든 할 수 있어야 한다고 느낀다. 그것이 그의 삶의 원칙이다. 그는 성장하기 시작할 때까지 어떤 바운더리라도 도전하고 항의할 것이다. 바운더리는 언제나 그가 원하는 것을 할 수는 없다고 말한다.

무지는 인격의 문제가 아니다

바운더리를 파괴하는 모든 배우자에게 인격의 문제가 있는 것은 아니다. 이기심을 보여 주는 많은 경우는 실제로 몰라서 그렇다. 배우자는 자기 행동이 상대방에게 상처를 주고 화나게 한다는 것을 알지 못할 수 있다. 그런 '무지가 변명'이 될 때, 배우자에게 진실을 알려 주면 종종 긍정적으로 반응하기도 한다. 그는 배우자에게 고통을 준 것에 대해 깊이 후회하고, 배우자를 사랑하는 마음으로 자신의 행동이나 태도를 재빨리 변화시킨다.

내 친구 릭과 킴 부부는 최근에 이런 사실을 잘 보여 주었다. 릭이 킴의 문제에 대해 이야기를 꺼내면, 그녀는 그것을 부정했다. "아뇨, 말도 안 돼요. 난 그렇게 하지 않았어요." 그리고 그녀가 이렇게 말하면, 그는 말문을 닫아버렸다.

결국 릭은 아내에게 이렇게 말했다. "난 당신이 내 말에 동의하는 것은 기대하지 않아. 다만 내가 하는 말을 당신이 이해해 주길 바랄 뿐이야. 그리고 당신이 내 말을 듣지도 않고 내가 틀렸다고 말해 버리면, 난 당신으로부터 고립된 느낌이 들어."

킴은 멋지게 반응했다. 그녀는 릭의 말을 주의 깊게 듣고 나서 말했다. "내 행동이 어떤지 말해 줘요. 내 행동이 당신에게 상처를 주는지 몰랐어. 나도 그것을 원하지 않아요." 릭이 킴에게 말했을 때, 그녀는 이해하며 이렇게 말했다. "정말 미안해요, 릭. 나는 미처 몰랐어요. 내가 다시 이런 일을 하면 말해 줄래요?"

릭은 울음을 터뜨렸다. 그는 킴과 다시 하나가 되고, 무거운 짐을 벗어 버린 것 같았다. 그녀는 인격에 문제가 있어서가 아니라, 몰랐기 때문에 정서적 바운더리를 침범했다. 그녀가 변화하는 데 필요한 것은, 단지 그의 상처에 대해 아는 것이다.

우리는 무지 때문에 배우자의 바운더리를 침범하고 있을지도 모른다. 무지가 문제의 원인이라면, 사랑은 모든 것을 바란다는 것을 기억하라(고린도전서 13:7). 문제는 무지라고 생각하고 그것에 접근하라. 무지해서 바운더리를 침범한 사람은 배우자가 자신에게 말해 준다면 그를 더욱 사랑하고(잠언 9:8) 변화되거나, 혹은 저항할 것이다. 그리고 이런 저항은 더 큰 문제가 될 것이다.

바운더리를 파괴하는 배우자의 상대 배우자 자세히 살펴보기

배우자가 바운더리를 파괴하는 사람이라고 해서, 그를 나쁜 사람으로 생각하지는 말라. 유치하고, 미성숙하고, 통제하는 배우자는 명백한 문제를 가지고 있다. 이런 배우자의 문제는 잘 드러나기 때문에 그는 다른 사람들에게 매우 나쁜 사람으로 보이고, 반면 상대 배우자는 아무 죄가 없는 사람으로 보일 수 있다. "긍휼을 행하지 아니하는 자에게는 긍휼 없는 심판이 있으리라"(야고보서 2:13). 이런 사실을 이해한다면 심판하고 비난하기를 조심하라.

    배우자를 생각하는 방식에 긍휼함을 더하라. 그리고 바운더리를 거부하는 배우자를 가진 사람들은 다음과 같은 태도나 행동을 뉘우쳐야 한다.

- 모든 것이 괜찮은 척하기
- 진실을 말하지 않기
- 문제를 제기하는 대신 마음을 멀리하기
- 대가를 철저히 치르게 하지 않기
- 잔소리하고 무책임하게 행동하기

- 소극적으로 앙심을 품기
- 독선적이 되고 비난하기
- 자신의 감정을 배우자에게 말하지 않으면서 배우자에 대해 험담하기

우리는 바운더리를 세우는 시간을 따로 떼어 놓아야 한다. 자신을 다스리는 것은 처음에는 아주 많은 시간이 필요하다.

바운더리를 거부하는 원인

바운더리를 거부하는 배우자의 문제를 말하기 전에, 그들이 바운더리를 거부하는 이유를 이해해야 한다. 그러면 문제에 접근하는 방법을 더 잘 이해하게 된다.

공감하지 못함

바운더리를 받아들이려면, 자신이 바운더리를 지키지 않음으로써 다른 사람들에게 일어나는 결과를 보아야 한다. 저녁식사 시간을 고려하지 않고 늦게 귀가하는 남편이 자기 행동이 가정에 지장을 준다는 것을 알게 되면, 자신이 가족들에게 상처를 준 것으로 하나님의 뜻대로 하는 근심(고린도후서 7:10)과 긍휼함을 느껴야 한다. 가장 고상하고 순수한 변화의 동기는 공감에 기초한 사랑이다. 그것이 바로 남에게 대접받고자 하는 대로 남을 대접하는 것이다(마태복음 7:12).

그러나 다른 사람들에게 끼치는 자신의 영향을 깨닫지 못하는 사람들도 있다. 자신이 다른 사람들에게 상처를 준다는 사실조차 느끼지 못한다. 이것은 긍휼의 문제다. 그들은 옳은 일을 할지는 모르나 다른

사람의 마음은 느끼지 못한다. 아내가 남편이 저녁 시간에 늦으면 마음이 얼마나 어려운지를 말할지라도, 남편은 아내가 왜 괴로워하는지 이해하지 못한다. 그는 아내가 속상해 하는 것을 의아해하며 그녀가 좀 더 '합리적'이고 '논리적'이기를 바란다. 감정을 이해하려 들지 않는 사람들은 때때로 분리되어 있거나 자신에게만 몰두하는 경향이 있다.

이런 배우자에게는 감정과 관계의 세계를 열어 주는 것이 도움이 될 것이다. 그들에게 사람의 피부 아래에 감정이 있다는 것을 설명해 주어야 한다. 예를 들어, "당신이 집에 오자마자 컴퓨터 앞으로 가 버리면 난 외로움을 느껴요"라고 말하는 것은 배우자에게 자신의 감정을 설명하는 것이다. 그는 또한 외부 세계에 자기 감정을 열고, 외부 세계와 관계를 유지하는 법을 배워야 한다. 그러면 그는 위로를 받고, 다른 사람들도 위로할 수 있다(고린도후서 1:4). 예를 들어, 다음과 같은 방법으로 그의 고통을 털어놓도록 그를 초대하는 것이 관계에 도움이 될 수 있다. "당신의 급여가 인상되지 않았을 때, 당신은 정지된 것처럼 보였어요. 난 상처를 받았고 화가 나요. 난 당신의 심정이 어떤지 알고 싶어요."

무책임

어떤 배우자들은 자기 행동에 책임져야 한다는 사실을 인식하지 못한다. 그들은 자신이 원하는 것은 무엇이든 할 수 있어야 하며, 그 결과로 생기는 고통은 겪지 않으려고 한다. 또한 어린아이처럼 자기 삶을 자기 문제로 보지 않기 때문에 다른 사람의 바운더리를 침범하는 것을 염려하지 않는다.

아담과 하와 이래로, 인류는 이런 인격의 문제를 계속해서 겪어 왔다. 우리는 "다른 누군가가 했어요!"라고 말하며 자신의 삶을 품위 있게 책임지지 않는다. 그것은 고통스러운 경험들을 통해 우리 안에 세워져야 한다. 그리고 어떤 사람들은 부모나 친구들이 그들에게 이런 행동을 가능하게 하고, 고통 속에서 그들을 구해 내기 때문에 이런 교훈을 얻지 못한다. 무책임한 배우자 뒤에는 과거든 현재든 언제나 안전망이 되어 주는 사람들이 있다.

예를 들어, 아무리 좋은 남편이라도 바운더리가 결여되어 있다면 일한 것이 없는 사람이다. 그는 이 직장 저 직장으로 옮겨 다니고, 자신을 훈련시켜 업무를 완수할 수 없으며, 적절하게 수행하지도 못하고, 결과를 만들어 내거나 능력을 기르지도 못한다. 이런 행동은 가족들의 삶의 질을 심각하게 위협한다. 하지만 그는 자신의 실패에 대해 직장 상사나 직업 또는 다른 사람을 비난한다. 그리고 실패로부터 배우지 못한다.

이런 사람은 문제의 주된 원인이 자신이라는 사실을 깨달아야 한다. 그에게 주인 의식과 자기 통제를 가르치기 위해서는 협조적이면서도 확고한 주변 사람들이 필요할 것이다. 이웃 모임, 성경 공부반, 지원 모임 등이 그 역할을 할 수 있다.

바운더리를 받아들이지 못하고, 자유롭게 지내지 못함

다른 때는, 한 배우자가 자기 영혼 안에 일어난 분열 때문에 바운더리를 거부할지도 모른다. 그는 사랑과 자유가 통합되어 있지 않아서, 어떤 일의 결과를 감수하거나 직면하지 못한다. 그들의 결혼 생활을 위해 아내가 남편에게 스스로 바운더리를 세우라고 말할 때, 남편은 아내의 요구 때문에 자신이 무력하고 나약하다고 느낀다. 그는 자신의 자유에 위협을 느끼고 바운더리를 거부한다.

　이런 남편은 얽어매는 가정에서 자랐을 것이다. 그는 자신이 결정하고 선택하는 자유를 얻기 위해 엄청나게 분투했을 것이다. 때때로 아내에게 엄청 화를 내거나 거칠게 대할 것이다. 그녀가 자기 감정을 좀 더 배려해 달라고 요청하면, 그는 아내가 자신을 통제하고 옭아매려 한다고 느끼고 더욱 반발할지도 모른다. 이런 경우에, 배우자는 남편의 자유를 위태롭게 하지 말고 바운더리에 대한 반응을 자유롭게 선택하도록 해야 한다. 그동안 그의 자유와 선택을 보호하려면 도움이 필요하다. 아내는 이렇게 말하고 싶은지도 모른다. "당신이 나한테 '안 돼'라고 말하거나 화를 내도 괜찮아요. 난 당신이 그런 자유를 갖기 원해요. 그러나 나를 존중하지 않거나 거친 태도는 용납할 수 없어요."

배우자를 통제함

어떤 사람들은 배우자를 통제하고, 조종하며, 지배하려 들기 때문에 바운더리를 거부한다. 그들은 자기 배우자를 독립적이고 동등한 감정과 생각을 가진 사람으로 보지 않는다. 오히려 자기 방식이 유일한 방식이라고 믿는다. 서로 문제를 해결해 나가는 대신, 배우자의 자유를 부정하고 과소평가한다.

　예를 들어, 건전한 친구들과 취미를 가지려는 남편의 시도를 교묘하게 통제하는 아내가 있다. 그런 아내는 남편의 독립성 때문에 자신이 버려지거나 사랑받지 못한다고 느끼므로, 남편이 친구들과 외출하면 그녀는 수동적으로 물러나거나 토라진다. 남편이 그녀의 이런 행동 때문에 괴롭다고 말하면, 그녀는 문제를 털어놓고 자신의 슬픈 감정과 어려움을 책임지려고 하는 대신, 남편이 자신을 멀리하며 사랑하지 않는다고 비난한다.

더 공격적인 통제의 예는, 아내가 동의하지 않을 때 목소리를 높이고 위협하거나 협박하는 남편이다. 그는 자기 의견이나 바람에 아내가 따르고 복종하기를 원하면서 그녀의 독립성과 자유를 직접적으로 공격한다. 하나님이 의도하신 사랑의 관계가 두려움에 기초한 지배의 관계로 전락하는 것이다.

소극적으로 통제하는 배우자나 공격적으로 통제하는 배우자가 문제를 자기 것으로 받아들이지 않으면, 다른 사람에게 상처를 줄 뿐 아니라 자신도 상처를 받고 자유롭지 못하게 된다. 통제하는 사람들은 배우자의 순종에 의존한다. 그러나 자유로운 사람들은 배우자를 통제할 필요가 없다. 통제의 문제가 있는 사람은 문제를 자기 것으로 받아들이기 위해서 때때로 사랑, 대립, 결과가 필요하다. 공격적으로 통제하는 남편에게는 먼저 경고하고, 그 다음에는 마음을 멀리하며, 몸을 멀리하고, 다른 이들(교회 리더나 친구들 같은)의 중재 등 대가를 치르게 함으로 상황이 파괴적이며 반드시 변화가 필요함을 알게 해야 한다.

불완전함을 부인함

바운더리를 파괴하는 대부분의 배우자들은 자신의 약점과 잘못을 인정하지 않는다. 그들은 자신이 '잘못하거나' '나쁘지' 않다는 것을 보여 주는 데 힘과 시간을 쏟는다. 예를 들어, 배우자가 쓰레기를 내다 버리지 않는다고 지적하면, 그들은 '선한 자신'을 보호하기 위해 몇 가지 선택을 한다.

- 바운더리를 침범했다는 것을 부인한다. "나는 당신에게 소리 지르지 않

았어. 나는 결코 소리 지르지 않아."
- 위반을 합리화하거나 과소평가한다. "나는 당신에게 소리 지르지 않았어. 단지 목소리를 높였을 뿐이야. 당신이 예민하게 반응한 거라구."
- 배우자를 비난한다. "당신이 나를 너무 화나게 만들어서 소리 지를 수밖에 없었어."
- 문제를 반대로 돌린다. "당신이 얼마나 많이 소리 지르는지 알아?"

이런 모든 상황에서, 이 사람은 자기 잘못이나 죄를 인정하지 않는다. 그는 듣기 싫은 소리와 양심의 가책에서 벗어나려고 애쓰고 있는지도 모른다. 아니면 자신이 나쁘다는 것을 모를 수도 있다. 또는 자신에게 그럴 만한 권리가 있다고 느낄지도 모른다. 그 원인이 무엇이든, 그는 바운더리를 침범하는 것이 배우자에게 얼마나 상처를 주는지 모른다. 그리고 자신의 나쁜 면에 대해 책임을 회피한다.

　이것에 대해 생각해 보자. 아이들은 바운더리를 침범할 때 겪는 고통을 통해 바운더리에 대해 배운다. 그들은 '내가 방을 청소하지 않았을 때, 일주일 동안 자유 시간이 없었어. 내 방을 청소해야지'라고 생각한다. 그러나 자신의 잘못을 인정하지 않는 사람들은 이런 학습 과정을 시작하지 않는다. 그들은 '모두가 너무 불공평해. 난 방을 청소할 시간이 없을 뿐인데(또는 내 방은 그리 엉망이 아닌데), 그 결과를 겪는 거야. 난 억울해'라고 생각한다. 이런 태도는 바운더리를 배우고 훈련하는 속도를 늦춘다. 이런 문제를 가진 배우자들에게는 그들이 다른 사람들에게 상처를 줄 때 따르는 결과와, 자신의 나쁜 면들을 찾아내는 안전한 방법이 필요하다.

관계

때때로 배우자의 죄를 복수하려는 것으로 인해 결혼 생활에서 어려움을 겪기도 한다. 부당한 대우를 받았다고 느끼는 사람은 배우자를 더 부당하게 대우해도 정당하다고 생각한다. 이런 자세는 심각한 바운더리 문제를 일으킬 수 있다.

내가 아는 한 남편은 아내의 과소비 때문에 기분이 아주 엉망이었다. 그래서 자신이 원하지도 않고 지불할 능력도 없는 보트를 사 버렸다. 그는 "이제 아내가 파산하는 것이 어떤 느낌인지 이해할 거야"라며 자신의 행위를 정당화했다. 하지만 그녀는 이해하지 못했다. 그녀는 낭비 전쟁을 확장해 갔고, 그들은 더 큰 재정적 어려움에 빠졌다. 그 전쟁은 남편이 아내를 벌하려는 시도를 멈추고, 문제를 다루기 시작할 때까지 끝나지 않았다.

결혼 생활이나 어떤 관계에서든지 복수는 우리가 선택할 사항이 아니다. 사랑, 연약함, 친밀함은 늘 어느 정도 상처를 준다. 배우자가 늘 우리의 섬세한 감정을 조심스럽게 대하는 것은 아니다. 우리가 배우자의 대접에 상처를 받고 화내는 것은 당연하다. 그러나 원수 갚는 것은 하나님께 속한 것이지, 우리에게 속한 것이 아니다(로마서 12:19). 상처를 준 사람에게 복수심을 품지 말라. 그리고 당신의 상처를 치료할 수 있고 문제를 해결하도록 도와줄 수 있는 사람에게로, 그리고 그러한 장소로 상처받은 마음을 가지고 가라.

전이

결혼 생활에서 생긴 친밀함은 이전에 다른 중요한 관계에서 느낀 감정들을 다시 불러일으킨다. 친밀함은 감정들을 불러일으키고, 지금까지 극복하지 못한 감정들은 결혼 생활에서 바운더리 문제를 일으키며 혼란스러운 방식으로 등장한다. 다른 사람에게서 비롯된 감정을 배우자에게 느끼는 혼란스러운 상태가 전이다.

예를 들어, 밥과 크리스티는 해결해야 할 문제를 가지고 있었다. 그들은 상황이 좋을 때는 즐거운 시간을 보내며 깊이 사랑했다. 하지만 밥이 재정, 친밀함, 육아 등의 문제를 제기할 때마다 그녀는 부정적으로 반응했다. "당신은 나를 비난하고, 통제하려 해요!" 밥은 자신이 완벽하지 않았다는 것을 알아차렸다. 그래서 크리스티, 친구들, 그리고 하나님과 함께 그 문제를 점검했다. 그는 매우 체계적으로 일관하려는 경향이 있었고, 거기에 초점을 맞춰 점검했다. 그러나 크리스티는 밥이 제기하는 문제에 계속 부정적으로 반응했다.

자기 마음을 깊이 살펴본 후에, 크리스티는 남편에 대한 자신의 부정적인 감정이 비판적인 아버지와의 관계에서 비롯된 것을 깨달았다. 크리스티의 아버지는 규칙을 지키게 하기 위해 비난과 통제를 사용했는데, 그녀는 아주 많은 상처를 받았다. 크리스티는 아버지에 대한 이런 감정을 극복한 적이 없었기에, 여전히 상처받은 채로 있었다. 밥이 "크리스티, 당신이 아이들을 제때에 재우지 않으면 정말 괴로워"라고 말할 때, 그녀는 심하게 야단맞는 어린 소녀처럼 느껴졌다. 그것을 극복하는 데 많은 노력이 필요했다. 하지만 크리스티가 아버지에 대한 감정을 다뤘을 때, 그녀는 좀 더 사실적인 면에서 남편을 바라보게 되었다. 그리고 애정 어린 그의 견책을 받아들일 수 있었다.

특수한 상황에서의 거부

어떤 배우자들은 공감하고, 겸손하며, 올바르고, 한 가지 영역의 바운더리를 제외하고는 모든 바운더리를 존중한다. 그런데 이 하나의 '고립 영역'은 결혼 생활에 도움이 되지 않는다. 그것이 싸움, 폭발, 해결되지 않는 갈등을 일으키기 때문에, 배우자들은 그것을 피해 가는 법을 배워야 한다. 예를 들어, 어떤 남편은 성관계에서 바운더리를 거부한다. 그는 성적으로 둔감하며, 아내의 필요와 욕구를 듣지 못할지도 모른다. 또 어떤 아내는 사교 모임 같은 공식적인 자리에서 남편을 비난하고 무례하게 대한 것을 제외하면 모든 영역에서 훌륭하다. 남편이 상처를 나누고자 할 때, 아내는 그의 감정을 무시할지도 모른다. 이런 특수한 상황은 결혼 생활의 다른 사랑스러운 영역마저도 아주 멀어지게 할 수 있다.

일반적으로 말해서, 이런 상황들에는 하나 이상의 원인이 있을 수 있다.

- 정보와 경험의 부족. 배우자는 이 영역이 상대 배우자에게 어떤 영향을 주는지에 대한 단서를 전혀 가지고 있지 않다.
- 과거에 그 영역에서 받은 상처. 비판적인 아내는 과거에 부모로부터 공식적인 자리에서 수치를 당해서 그렇게 대응하는지도 모른다.
- 인격의 문제들. 드러난 문제는 한 가지이지만 더 깊이 숨겨진 인격의 문제가 있을지도 모른다. 더 깊이 조사할수록, 지속적인 형태가 많이 드러난다. 성적으로 둔감한 남편은 삶의 다른 영역에서 자기 욕구를 숨기기 때문에 성적인 면에서 자기중심적일지도 모른다. 그러나 안목이 있는 사람은 그가 다른 영역에서도 사랑의 깊이가 얕다는 것을 알 수 있다.

그 원인이 무엇이든, 우리는 특수한 상황에서—즉 시간, 돈, 성관계, 인척,

의사소통, 육아 등―결혼 생활과 배우자 두 사람의 마음을 좀 더 깊이 들여다보아야 한다. 표출된 문제는 거의 실제적인 문제가 아니며, 오히려 근본적인 문제의 결과다(마태복음 7:17). 예를 들어, 그 남편은 결혼 생활과 관계에서 사랑과 위로를 받는 데 어려움이 있을지도 모른다. 성관계는 그가 살아 있다고 느끼는 유일한 것일 수도 있다. 그는 관계를 위해, 그리고 성관계가 아닌 다른 방법으로 마음을 전하기 위해 자신에게 필요한 것들을 말로 표현해야 한다.

인격의 문제라면, 당신이 해야 할 일이 있다

배우자가 당신의 감정과 관심사를 알고 있으면서도, 당신의 바운더리를 무시하고 과소평가하거나, 아니면 아예 거부한다고 가정해 보자. 그렇다면 우리는 어떤 일을 앞두고 있는 것이다. 그것은 어려운 일이지만, 결혼 생활을 위한 가장 생산적인 일이다.

바운더리를 거부하는 배우자의 문제를 조심스럽고 신실한 태도로 다루기 위해서는 부부를 팀으로 생각해서는 안 된다. 부부 가운데 한 사람은 적이다. 마치 보채는 어린아이처럼, 배우자는 당신이 바운더리 세계로 들어가기 때문에 미워할지도 모른다. 따라서 결혼 생활에서는 이 문제에 홀로 접근해야 한다. 그러나 실제로는 혼자가 아니다. 우리에게는 하나님이 계시고, 바운더리를 사랑하는 친구들이 있다. 하지만 배우자에게는 많은 협조를 기대하지 말라.

유혹에 따라 하는 일들은 전혀 도움이 되지 않는다. 다음 사항들을 적어서 지갑에 가지고 다니라. 그리고 그것들을 하지 말라!

- 그것이 중요한 바운더리 문제라면 그 상황을 부인하거나 과소평가하지 말라. 현실에서 숨는 것은 현실을 변화시키지 못한다.
- 상황을 무시하지 말고, 더 나아질 것을 기대하라. 시간이 흐른다고 해서 미성숙한 인격이 치유되지 않는다.
- 사랑이 모든 것을 고칠 것이라고 기대하며, 더 유순해지거나 기분을 맞춰 주지 말라. 다시 말하지만, 인격의 문제들이 성숙하려면 사랑 이상의 것이 요구된다.
- 잔소리하지 말라. 똑같은 항의를 되풀이하는 것은 결코 아무도 변화시키지 못한다(잠언 21:9).
- 배우자의 행동에 계속해서 놀라지 말라. 이것은 가망이 없는데도 당신이 계속 희망을 갖고 있다는 신호다. 외부의 힘이 그들에게 고통을 주지 않으면, 통제 불능의 사람들은 대개 그 상태에 머무르고 만다. 당신이 결혼 생활에 변화를 시작할 때까지 상황은 여전할 것이다.
- 비난하지 말라. 결혼 생활의 바운더리 갈등에서 전적으로 결백하거나, 전적으로 죄가 있는 사람은 극히 소수다. 당신이 그 문제의 일부라는 소유권을 가지고, 당신 눈에서 들보를 빼내라(마태복음 7:5).
- 그 문제를 전적으로 당신 것으로 여기지 말라. 배우자를 단지 그 자리에서 구해 내는 것은 문제를 더 악화시킬 뿐이다(잠언 19:19).

지켜야 할 원칙

구체적인 몇 가지 원칙을 염두에 두라. 이 원칙들은 은혜와 진리로 배우자에게 접근하는 방법을 제공할 것이다.

영혼의 결속을 이루라

바운더리를 거부하는 배우자에게 어떤 조치들을 취하려 들면 우리는 갈등을 겪게 된다. 배우자에게 화를 내고, 그의 마음을 돌리고, 죄책감을 느끼게 할 수도 있다. 이런 싸움은 친밀감을 위협한다. 배우자에게 바운더리를 세울 때, 우리는 하나님이 주신 사랑의 관계를 이루려 하지만 때로는 어려움에 부딪친다.

많은 사람들에게 배우자는 그들의 영혼에 거하면서 유일하게 깊은 결속을 이루는 사람이다. 어떤 사람들은 자기 마음을 오직 결혼 생활에만 쏟는다. 그러다가 배우자가 사랑을 거두면, 자기 안에 사랑이 없다고 느낀다. 그러므로 갈등하는 영역을 다루기 전에, 하나님을 비롯하여 다른 사람들과 건강하고, 안전하며, 정직한 영혼의 결속을 이뤄야 한다. 배우자 이외의 사람들을 품기 위해 마음을 넓히고, 당신이 부족하고 기대고 싶은 부분을 그들에게 가져가라. 결혼 생활에서 바운더리를 협상하느라 스트레스를 받을 때, 그들이 위로하고 격려하며 힘을 공급해 줄 것이다.

깊은 애착도 없으면서 남편에게 바운더리를 세우려고 애쓰는 아내도 많다. 남편이 바운더리를 받아들이지 않으면 아내는 포기하고, 때로는 관계가 손상되는 것이 두려워 오히려 남편에게 사과한다. 이것은 결합을 유지하기 위해, 상처받은 사람이 상처를 준 사람에게 사과하는 경우다.

우리는 시간이 걸리더라도 보상을 가져오는 일을 해야 한다. 보상을 가져오는 일이란 바운더리를 지원해 주는 좋은 사람들에게 자신을 여는 것이다. 우리는 『나는 안전한 사람인가?』(Safe People)에서 관계를 맺어야 할 바른 사람들을 분별하는 법에 대해 다루어 놓았다. 이 책은 인격적인 사람들은 어떤 사람들이고, 그런 사람들과는 어떻게 관계를 맺어야 하는지를 알려 준다.

성장하고 책임을 인정하라

하나님은 우리가 결혼 생활에서 단지 바운더리를 세우기 위해 관계 속으로 들어가는 것을 원하지 않으신다. 그분은 우리를 원하신다. 자신을 열어 사랑하는 사람들에게 욕구와 약점을 털어놓을 때, 우리는 영적으로나 정서적으로 성장한다. 내면에서 좋은 일이 일어난다. 오래된 상처들을 다루고, 더 솔직해진다. 자기 마음을 찾는다. 용서하고 잊어버린다. 하나님과 그분의 생명을 삶의 중심으로 삼는다. 간단히 말해, 그분 안에서 자란다(에베소서 4:15-16).

하나님은 속임수를 쓰지 않으신다. 우리 삶의 근원이신 하나님은 우리가 하나님과 맺은 사랑의 관계를 새로이 추구하도록 유인하지 않으신다. 단지 그분은 결혼 생활에서 우리에게 필요한 것들을 사용하신다. 배우자가 사랑과 책임을 배우도록 돕는다면, 우리에게도 이런 능력이 커질 것이다.

이런 과정에서 생기는 많은 것들은 우리가 배우자와 함께 바운더리 문제를 다루기 위해 준비할 때 유익하다.

- 당신은 배우자에게 이런 특별한 문제가 있는 이유를 알게 될 것이다.
- 당신은 바운더리를 세울 때 어려움을 느끼는 이유를 찾게 될 것이다.
- 당신은 결혼 생활의 대립에 대비한 안전한 관계에서 더 솔직해지는 법과 맞서는 법을 배우게 될 것이다.
- 당신은 바운더리에 실패했을 때나 은혜와 격려와 배우자의 의견이 필

요할 때 사랑과 지원을 받는 법을 배우게 될 것이다.

통제하거나 무책임한 배우자를 둔 사람은 자신의 가장 큰 문제가 배우자라고 생각하기 쉽다. 이런 생각은 자신을 더욱 비참하게 한다. 그러나 그 문제에 자신도 어느 정도 책임이 있다는 것을 깨달으면 자유로워진다. 그리고 다른 사람이나 배우자의 문제 대신, 자신이 통제할 수 있는 무언가를 찾게 된다.

이것은 당신과 하나님, 그리고 안전한 사람들 사이에서 정직하고 열린 탐험을 함으로써 발견하게 된다. 앞에서 '하지 말라'고 언급한 항목들 가운데 자신에게 하나 이상의 책임이 있다는 것을 발견하게 될 것이다. 그러면 성장 과정에서 이것들을 다루고 바로잡으라.

구체적인 문제를 확인하라

당신이 하나 되었고 바운더리를 세우는 과정에 있다면, 구체적인 바운더리 문제가 무엇인지 확인해야 한다. 이 과정에서 중요한 부분은 즉시 완성되지 않는다. 당신이 알아야 할 사항들은 다음과 같다.

- 당신의 바운더리 가운데 무엇을 어기고 있는가? "내 남편은 늘 늦어요. 시간 엄수라는 내 바운더리를 어기고 있어요."
- 그것이 배우자를 향한 당신의 사랑과 당신에게 어떤 영향을 미치는가? "내가 다른 일들보다 덜 중요하고 평가 절하되는 것처럼 느껴져요. 그래서 나는 그에게 거리를 두게 돼요."
- 그 문제는 주기적인가, 아니면 일시적으로 생기는가? "수년 동안 일주일에 몇 번씩 일어났어요."

- 그것이 갈등을 감수할 만큼 중요한 이유는 무엇인가? "나는 그에게 화내고 싶지 않아요. 그에게 친밀감을 느끼고 싶을 뿐이에요. 그리고 그가 식사 시간과 가족 모임에 시간 맞춰서 오기를 바라요."

구체적인 바운더리 문제를 확인하기란 쉽지 않다. 이것은 냉철한 머리와 여러 가지로 분류하는 능력을 요구한다. 많은 배우자들이 상대방의 변화를 요구하는 기나긴 목록을 제시하는 실수를 저지른다. 누군가가 자신의 모든 잘못을 한순간에 알게 된다면, 크게 낙심할 것이다. 바울은 자신의 상황이 얼마나 나쁜지를 확인하고 나서 구원을 위해 기도했다(로마서 7:24). 즉시 철저한 조치가 필요한 마약, 학대, 알코올 의존증 등의 심각한 상황이 아니라면, 한 번에 하나씩 문제를 해결하는 것이 좋다.

당신이 구체적인 문제를 다룰 때, 인격의 변화라는 중요한 쟁점이 제기된다. 자신에게 이렇게 물어보라. "나는 배우자에게 마음을 바꾸라고 요구하는가, 아니면 행동을 바꾸라고 요구하는가? 나는 인격의 변화를 요구하는가, 아니면 바운더리의 변화를 요구하는가?" 예를 들어, 사랑스럽지만 정리 정돈을 하지 않는 아내가 있다면 당신이 아무리 아내를 돕는다고 해도 집은 언제나 엉망일 것이다. 당신은 아내에게 자신의 감정과 정돈이라는 가치에 좀 더 의미를 부여해 달라고 요구해야 하는가, 아니면 집을 더 잘 청소하라고 요구해야 하는가?

모든 부부의 가장 깊은 욕구는 배우자와 하나님에 대한 사랑과 지식을 넓히면서 함께 성장해 가는 것이다. 대부분의 사람들은 이런 결혼 생활을 꿈꾸며 기도한다. 그리고 이런 결혼 생활은 세상에서 가장 존귀하다. 게다가 두 사람이 성장 과정에서 하나 될 때, 많은 바운더리의 갈등들이 훨씬 쉽게 해결된다. 사랑, 존중, 자유를 믿는 사람은 자신의 배우자를 사랑하기 때문에, 그리고 하나님의 가치관을 믿기 때문에 문제를 해결하기를 갈망한다.

일반적으로, 다음과 같은 이유 때문에 더욱 진지한 태도의 변화를 요구한다.

- 내적 문제를 해결하는 것은 외적 증상을 해결하는 데 도움이 된다. 아내가 즐거운 가정을 바라는 당신의 감정에 관심을 쏟고, 정리 정돈하는 자신의 방식에 문제가 있음을 알게 되면 그 문제를 해결하려고 조치를 취한다.
- 내적 변화를 요구하다 보면 바운더리에 대한 배우자의 태도를 알게 된다. 바운더리를 사랑하는 배우자는 변화를 원할 것이다. 반면, 바운더리를 거부하는 배우자는 부인하고, 합리화하며, 비난할 것이다.
- 모든 사람은, 심지어 바운더리를 거부하는 배우자도 대가를 치르기 전에 내적 변화에 초대되어야 한다. 배우자를 내적 변화에 초대함으로써, 당신은 은혜를 진리보다 중요하게 여기고 자신이 대접받고 싶은 대로 배우자를 대접하게 된다.

슬프게도, 바운더리를 거부하는 배우자는 내적 변화를 바라는 우리의 요구를 대부분 저항할 것이다. 저항의 본성은, 문제를 이해하거나 자기 책임으로 인정하려 들지 않는 것이다. 배우자가 내적 변화에 대한 겸손한 요구를 거부하면, 우리는 구체적인 행동 단계로 나아가야 한다.

"여보, 당신은 내가 집안일에 지나치게 반응한다고 생각하는 것 같아. 나는 그것을 당신의 방식으로 보고 내가 맡은 부분을 다루려고 애쓰고 있어. 우리의 상황에 대해 친구들과 객관적으로 상의해 봤는데, 나는 당신 의견에 동의하지 말아야 한다고 결정했어. 당신은 내가 잘못하고 있다고 생각할지 모르지만, 나는 우리 집이 유지되는 방식에 변화가 필요하다고 생각해. 그래서 집안일에 대한 우리의 견해가 일치할 때까지, 가사에서 내가 맡은 역할은 다하겠지만, 당신이 원하는 주택 개조에는 자금을 대지 않을 거야. 나는 우리가 이 문제를 잘 의논해서 타협을 하면 좋겠어."

배우자를 인정하라

바운더리를 거부하는 배우자도 상대 배우자가 자신의 의견을 이해하고 있다는 사실을 알아야 한다. 자기 감정이 부정되고 무시당하면 변화하는 데 어려움을 겪는다. 그들은 자신이 벼랑 끝에 서 있다고 느끼기 때문에 자기 입장을 양보하지 않는다. 오해받고 있다고 느끼는 사람들은 상대방이 자신에게 관심을 쏟는다는 것을 믿지 않는다. 배우자가 상대방이 변화되기를 바라면서도 그의 관점을 이해하려 하지 않는다면 상대 배우자는 어떤 느낌이 들겠는가? 이것은 어린아이가 혼나면서도, 자기 이야기가 전달되지 않는다고 느끼는 것과 같다.

당신이 이해하고 있다는 것을 솔선해서 배우자에게 보여 주는 것은, 당신이 그의 경험을 인정하는 것이다. 인정하는 데는 몇 가지 요인이 필요하다.

- 배우자의 감정이 당신에게 중요하다. "당신이 그 문제를 어떻게 보는지, 그리고 우리의 갈등을 어떻게 느끼는지 말해 줘요."
- 당신은 배우자의 관점을 이해하고 명료하게 표현하려고 한다. "당신

은 그것이 그리 나쁘지 않다고 생각해요, 아니면 내가 지나치게 반응한다고 생각해요? 나는 당신에게 상처를 주거나 멀어지고 싶지 않아요."
- 당신은 배우자의 관점과 관련된 실제적인 사실을 제대로 인식하고 응답하려고 한다. "내가 그 문제에 대해 몇 주 동안 한마디도 하지 않다가 갑자기 폭발한 것은 사실이에요. 정말 미안해요. 앞으로 노력할게요."

이것은 하나님이 우리를 변화시키려고 역사하시는 방법이다. 그분은 우리의 경험이 귀하다는 것을 알려 주시고, 우리에게 변화를 요구하신다. 에베소 교회에 하신 예수님의 말씀은 이 두 가지 측면을 보여 준다. 먼저, 그분은 그들이 겪은 모든 어려운 일을 인정하신다. 그런 다음에 그들의 잘못을 책망하신다(요한계시록 2:2-5). 모든 사람에게 변화는 어려운 일이라는 것을 기억하라. 인정과 은혜는 변화의 부담을 덜어 준다.

배우자를 사랑하라

바운더리 갈등을 해결하려는 목적은 배우자와 친밀해지는 것이지, 그에게 상처를 주려는 것이 아니다. 바운더리는 사랑을 보호하는 것에 관한 것이다. 사람들을 변화시키고, 쩔쩔매게 하며, 벌하고, 그들의 악한 방식을 밝혀내는 것이 아니다. 바운더리를 세움으로 부부는 서로에 대한 사랑을 강화하고 회복할 것이다. 그리고 우리는 이것을 배우자에게 전해야 한다.

바운더리를 거부하는 배우자는 방어적인 배우자가 될 수 있다. 그는 배우자가 자신의 인품을 공격하고, 책망하고, 나쁜 사람으로 만들고 있다고 느낄지도 모른다. 배우자는 그를 원하고 사랑하지만, 여러 갈등이 사랑을 전하는 데 장애가 된다는 것을 그가 이해할 수 있게 도와주라. 바운더리 문제를 바로잡으면, 두 사람이 갈망하는 사랑을 다시 키울 수 있다.

사랑을 키우는 몇 가지 예들은 다음과 같다.

- "당신의 과소비는 나에게 거리를 두게 만들어. 나는 우리가 다시 친밀해질 수 있도록 그 문제를 해결하면 좋겠어."
- "당신이 내 감정을 무시할 때, 나는 사랑을 느낄 수 없어. 나는 다시 사랑을 느낄 수 있도록 당신이 그것을 고쳤으면 좋겠어."
- "당신이 시시덕거리면 나는 상처를 받고, 당신을 믿지 못하게 돼. 나는 당신을 통제하고 싶지 않아. 난 당신을 믿고 싶어. 그래서 당신과 함께 있을 때 다시 안전함을 느끼고 싶어."

당신이 문제를 해결하려고 애쓰는 이유가 사랑을 확고히 하기 위해서라는 것을 보여 주지 않으면, 당신은 배우자에게 통제하거나 비판적인 부모처럼 보일 수 있다. 무엇보다 결속을 귀하게 여긴다는 것을 배우자에게 보여 주라. 교훈의 목적은 사랑이다(디모데전서 1:5).

배우자와 동등한 입장에 서라
몇 가지 어려운 소식이 있다. 당신은 배우자에게 변화를 요구할 권리를 얻어야 한다. 당신이 실제로 그 문제에 어떤 책임이 있는지, 그리고 필요한 변화를 어떻게 만들 수 있는지 살펴보라. 이것이 배우자와 동등한 입장에 서는 것이다. 자신을 완전한 사람으로, 또는 배우자의 심판관으로 설정하지 말라. 그것은 변화되려는 배우자의 동기를 파괴한다. 어느 누구도 완전하지 않으며, 서로를 판단할 권리는 없다.

더욱 어려운 것은 배우자가 변화되지 않을지라도 당신은 변화되어야 한다는 것이다. 이것은 불공평해 보이지만 인생에서 아주 중요한 사실이다. 하나님은 당신을 성장시키고 성숙시키기 위해 당신 안에서 일하기를 원하신다. 당신이 그분을 더욱 사랑하기를 원하신다. 자신이 성장하기 전에 배우자의 성장에 매달리지 말라. 배우자를 위해 기도하고, 사랑하며, 배우자에게 적절한 바운더리를 세우라. 그러나 당신의 성장은 하나님과 당신의 문제다.

팸과 알은 이 부분에 대해 잘 보여 준다. 알은 팸에게 권위적이고, 결정을 내릴 때는 그녀의 의견을 무시했다. 한편으로, 그녀는 침묵했지만 그를 사랑하지 않았다. 예를 들어, 알은 팸이 모임에 입고 나갈 옷이 마음에 들지 않으면 "당신의 옷이 맘에 들지 않네. 다른 옷으로 갈아입어"라고 말했다. 팸은 순순히 따랐다. 그러나 모임에서나 그날 밤 집에 돌아와 쉴 때까지 알에게 거의 한마디도 하지 않았다.

언뜻 보기에, 우리는 팸과 알의 문제를 단지 부부의 문제로 분석하기 쉽다. 알이 좀 더 친절했다면 팸은 뒤로 물러나지 않았을 것이고, 반대로 팸이 좀 더 적극적이었다면 알이 덜 권위적이었을 거라고 생각하기 쉽다. 이런 생각도 어느 정도 일리는 있지만, 사실 이것은 두 가지 문제를 안고 있다. 알이 권위적이라는 것과 팸이 뒤로 물러난다는 것이다. 알은 세상에서 가장 상호적이고 공정한 사람이 될 수도 있다. 그렇다고 해서 뒤로 물러나는 팸의 행동이 변화된다고 보장할 수 없다. 팸은 단호하게 행동하는 법을 배울 수도 있다. 그러나 이것이 알의 권위적인 행동을 그만두게 한다고 보장할 수는 없다. 중요한 것은 두 배우자가 변화되는 것은 하나님께 달려 있다는 것이다.

바운더리 갈등에 당신이 기여한 바를 살펴보라. 배우자에게 물어보라. 정직하고 안전한 친구들에게 물어보라. 그리고 자신의 마음을 살피기 위해 하나님께 여쭤보라(시편 139:23-24). 필요한 변화를 일으키라. 그 변화들은 변화를 요구할 권리를 얻을 수 있게 도와준다. 그러나 더 깊은 차원에서, 그 변화들은 하나님이 기뻐하시는 모습으로 당신을 만드는 것이다.

변화를 요구하라

배우자에게 바운더리를 존중해 달라고 요구할 때, 앞에서 언급한 모든 것을 기억하라. 당신의 사랑과 당신의 잘못에 대해 알리고, 자신의 요구를 명확하고 구체적으로 말하라. 오해의 여지를 남기지 않도록 노력하라.

- "우리가 친구들과 함께 있을 때, 당신이 내 흠을 잡지 않으면 좋겠어요."
- "육아, 특히 아이들의 숙제를 도와주는 일은 당신이 맡아서 해주면 좋겠어요."
- "당신이 석 달 안에 안정된 직장을 갖기를 원해요."
- "우리는 맞벌이를 하고 있으니까, 식사 준비의 반을 당신이 맡으면 좋겠어요."

"율법이 없는 곳에는 범법도 없다"(로마서 4:15)는 것을 기억하라. 당신은 바운더리 문제와 변화를 요구할 책임이 있다. 그렇게 함으로써, 배우자에게 일부 책임을 넘길 수 있다.

배우자에게 시간을 주고, 인내하라

아마도 당신이 바운더리 문제를 배우자에게 말한 것이나 그것을 적절하게 제기한 것은 이번이 처음일 것이다. 그렇다면 배우자에게 요구한 다음, 그의 반응을 관찰할 약간의 시간을 가지라. 결과들을 치르게 하는 과정에 들어가기 전, 배우자에게 사랑과 공감을 보이고 정확히 요구하면서 무슨 일이 일어나는지 살펴보라. 그 시간 동안 언제나 자신, 배우자, 그리고 과정을 평가해야 한다. 배우자에게 반응할 시간을 줌으로써, 결과를 치르게 하는 것이 필요한지, 그렇지 않은지를 알게 될 것이다.

바운더리를 거부하는 배우자들은 상대 배우자가 갖게 된 새로운 바운더리에 적응할 시간이 필요하다. 그는 결혼 생활에서 상대방이 원하지 않는 일을 직접적이고 즉각적으로 표현하며, 솔직하게 반응하는 것에 익숙하지 않을 수도 있다. 이제 규칙이 바뀌었기에 받아들이는 데 시간이 필요하다.

그가 원하는 것은, 배우자의 명확한 태도와 적응할 시간이 전부일지도 모른다. 그렇다면 당신은 배우자를 얻은 것이다(마태복음 18:15). 일단 부부 사이에 문제를 제기했다면, 시간을 두고 해결되기를 지켜보는 인자함을 가져야 한다.

적절한 결과를 겪게 하라

당신의 바운더리를 말하는 것만으로 충분하지 않을 수도 있다. 아담과 하와 이래로, 인류는 규칙을 알지만 여전히 선을 넘고 있다(창세기 3:6). 배우자가 당신에게 상처를 주었을 때도 그가 이득을 본다면, 당신의 호소와 요구는 더욱 비중 없는 것이 되고 만다. 그럴 때 당신은 배우자에게 결과를 겪게 해야 한다.

결과는 어떤 행위에 대한 대가다. 배우자에게 자신의 무책임으로 인한 불편을 겪게 하려면, 배우자가 바운더리를 지키지 않을 때 맞이할 결과를 정해야 한다. 그리고 그 결과는 몇 가지 중요한 특징을 가지고 있어야 한다.

- 배우자를 통제하거나 변화시키기 위해서가 아니라, 실제로 당신에게 도움이 되고 당신을 돕기 위해 고안해야 한다. 바운더리와 결과는 누군가를 고치거나, 그들이 더 잘 선택하게 만들려는 것이 아니다. 그것은 배우자가 자신의 무책임에 따른 고통을 겪고 나서 변화될 수 있도록 원인에 따른 적절한 결과를 허락하는 것이다.
- 신중해야 하며, 충동적이거나 화를 내서는 안 된다. 하나님께 기도하고 친구들과 대화하면서 적절한 결과가 무엇일지 생각하라. 그것은 앙갚음하는 것이 아니다. 배우자에게 권한을 주는 습관을 버리는 일이며, 악에서 자신을 보호하는 것이다.
- 가능한 한 실제 현실을 토대로 한다. 당신은 현실에서 배우자에게 가르치는 사람이 되기 원한다. 예를 들어, 남편이 화를 내면 가족들은 한동안 그를 멀리한다. 짜증을 부리는 사람 곁에는 아무도 있으려 하지 않는다. 이런 결과는 하루 저녁 아이들을 돌보게 하는 것처럼, 그가 화낸 것과는 무관한 결과보다 더 좋다.
- 적절히 심각해야 한다. 바운더리를 지키지 않는 것이 얼마나 만성적이고, 파괴적이며, 심각한지를 평가하라. 예를 들어, 설거지를 하지 않는 배우자는 자신의 식사 준비를 직접 해야 한다. 그러나 외도하는 배우자는 가정을 떠나야 할지도 모른다. 어느 쪽이든 충분히 심각한 것이어야 한

다. 그러나 결과가 너무 가혹해 문제를 일으킨 행동보다 더 쟁점이 되게 해서는 안 된다.

- **실행할 수 있어야 한다.** 당신이 할 수 있는 것이고, 실행할 것임을 확신하라. 당신에게 바운더리를 세울 힘과 자원이 있음을 확신하라. 만일 결혼 생활에 어려움을 겪고 있다고 목사에게 말할 수 없다면, 그렇게 하겠다고 위협하지 말라.

- **배우자의 자유를 보존해야 한다.** "당신은 반드시 해야 해" 또는 "당신이 하도록 만들 거야" 같은 방식으로 결과를 정하지 말라. 결과는 당신이 배우자를 통제하려고 하는 어떤 것이 아니다. 결과는 배우자의 선택에 대한 당신의 반응이다. 그가 선택하게 하고, 당신은 반응을 준비하라.

- **가능한 한 즉각적이어야 한다.** 어린아이들에게 즉각적인 결과가 필요한 것처럼 배우자에게도 마찬가지다. 행동과 결과가 밀접하다면, 배우자는 그것들을 연계시킬 수 있다.

- **배우자의 역할을 존중해야 한다.** 배우자를 놀리거나 빈정대는 것 같은 굴욕을 줌으로써 징벌하는 결과는 피하라.

- **배우자의 변화에 따라 수정해야 한다.** 결과는 영원할 필요가 없다. 배우자가 고백하고 뉘우치면 결과는 수정될 수 있다. 그러나 변화가 일정 기간 동안 실제로 일어났는지 확인하라. "미안해"라고 말하는 것으로 결과를 면하게 해주는 것은 충분하지 않다. 또한 배우자가 더 나쁘게 행동한다면, 결과의 심각성을 증가시켜야 한다. 낭비벽이 있는 아내는 자신이 쓰는 돈을 벌기 위해 추가로 일해야 할 수도 있다. 그러나 그녀가 더 나빠진다면, 그녀의 신용 카드를 압수해야 할지도 모른다.

● 결과의 예

다음에서 제시하는 기준들을 활용하라. 물론, 제시된 문제와 결과들은 본질상 일반적인 것이므로, 자신의 상황에 맞게 적용해야 한다.

바운더리: 내가 당신에게 원하는 것은	결과: 나는 이렇게 할 거예요
집안을 덜 어지럽히면 좋겠어요.	• 청소하다가 주운 것은 돌려 주지 않을 거예요. • 당신 빨래는 하지 않을 거예요.
늘 늦는 버릇을 고쳐요.	• 나는 혼자 모임에 갈 거예요.
사람들 앞에서 면박을 주지 마세요.	• 나는 당신에게서 마음을 멀리할 거예요. • 나는 그곳에서 나올 거예요.
당신이 더 이상 거짓말을 하거나 나를 속이지 않으면 좋겠어요.	• 나를 보호하기 위해 당신에게서 마음을 멀리하고, 당신이 상담받는 것을 동의할 때까지 떠나 있게 할 거예요.
화를 그만 내요.	• 나는 한동안 방(집)을 나갈 거예요. • 가정을 지원하는 단체에 가입할 거예요. • 친구들에게 도움을 요청할 거예요.
과소비를 하지 않으면 좋겠어요.	• 당신의 신용 카드를 없앨 거예요. • 나는 별도의 계좌를 개설할 거예요. • 어떤 비용들에 대해서는 지불하지 않고, 당신에게 그 책임을 지게 할 거예요.
음주(약물) 문제를 해결해요.	• 나는 외부에 중재를 요청할 거예요. • 당신이 치료될 때까지 집을 떠나게 할 거예요.
음란물이나 매춘 등의 성적 문제를 해결해요.	• 나는 당신과 성관계를 갖지 않을 거예요. • 당신이 집에 머물고 싶으면 다른 사람과의 관계를 정리해요.
외도를 하지 말아요.	• 나는 당신에게 집에서 나가라고 요구하고, 당신이 외도를 끝내고 상담을 시작할 때까지 돌아오지 못하게 할 거예요.
나를 학대하지 말아요.	• 나는 집을 떠나 안전한 곳으로 갈 거예요. • 나는 경찰, 목사, 상담사 등을 만날 거예요.

배우자에게 경고하라

배우자에게 적절하게 경고하라. 배우자에게 변화를 요구하고 시간을 주었다면, 그는 당신이 바운더리를 세우기 시작했다는 것을 깨달아야 한다. 이것은 두 가지 목표를 성취하게 한다. 첫째, 배우자는 고통당하기 전에 참회할 기회를 가진다(에스겔 3:18-19). 둘째, 당신은 충동적이거나 은밀하게 반응하지 않고, 인자와 오래 참음으로 반응한다. 당신은 배우자를 올무에 걸리게 하거나 벌하려는 것이 아니며, 배우자가 고통을 겪는 것을 바라지 않는다. 단지 두 사람이 다시 사랑할 수 있도록 문제가 해결되기를 원한다.

결과를 끝까지 감당하게 하라

결과가 없는 바운더리는 잔소리에 불과할 뿐이다. 당신이 세운 바운더리를 반드시 끝까지 적용해야 한다. 그렇지 않으면, 원하는 것은 무엇이나 할 수 있으며, 당신이 말한 나쁜 일이 실제로는 일어나지 않는다고 배우자를 훈련시키는 꼴이 된다. "행동하지 않을 것이라면 말하지 말라."

당신은 다음과 같은 문제에 부딪힐 수 있다. 죄책감, 사랑을 잃는 것에 대한 두려움, 점점 확대되는 배우자의 행동에 대한 두려움이 당신을 주저하게 만들지도 모른다. 이런 일이 생기면, 이 과정에서 당신을 지원해 줄 다정하고 정직한 사람들이 주위에 있다는 것을 확신하라. 그들은 당신을 격려하고 보호하며, 당신의 태도가 옳다는 것을 확인시켜 줄 것이고, 이 과정을 지나는 동안 당신과 함께할 것이다(히브리서 12:12-13).

시간이 지난 후에도 관찰하고 평가하라

다시 말하지만, 결과를 끝까지 적용한 후에 시간을 가지라. 이런 경험을 통해 당신은 배우자를 더 잘 이해할 수 있다. 어떤 배우자들은 무책임이나 이기심이 고통스럽다는 것을 깨닫는 데, 단지 몇 가지 결과만 필요하다. 다른 배우자들은 더 많은 시간이 필요하고, 상황에 더 잘 맞는 결과들로 바꿔야 할지도 모른다. 또 다른 배우자들은 슬프게도 변화에 전혀 관심이 없다.

배우자가 사랑의 바운더리를 끊임없이 거부할 때 하나님은 당신과 함께 슬퍼하신다. "예루살렘아 예루살렘아 선지자들을 죽이고 네게 파송된 자들을 돌로 치는 자여 암탉이 그 새끼를 날개 아래에 모음같이 내가 네 자녀를 모으려 한 일이 몇 번이더냐 그러나 너희가 원하지 아니하였도다"(마태복음 23:37). 누군가가 다른 사람들의 감정과 상처에 영향을 받지 않고 살아가기를 바란다면, 그는 하나님에 대해 진실한 모든 것에 대항하는 행동을 하는 것이다. 그러나 하나님은 사람들에게 이기적이고 상처를 줄 수 있는 놀라운 자유를 주셨다. 왜냐하면 이 자유가 언젠가 그들이 하나님의 길을 선택하는 자유가 될 수 있기 때문이다.

C. S. 루이스(Lewis)는 『순전한 기독교』(Mere Christianity)에서 이렇게 말한다. "선한 일을 하는 것이 자유라면, 또한 악한 일을 하는 것도 자유다.… 그렇다면 하나님은 왜 '인간'에게 자유 의지를 주셨는가? 그것은 자유 의지가 악을 가능하게 할지라도, 사랑이나 선이나 기쁨을 가능하게 하는 유일한 것이기 때문이다."*

---

* C. S. Lewis, *Mere Christianity*(New York: Macmillan, 1952), p. 52. (『순전한 기독교』 홍성사).

당신의 바운더리는 배우자보다는 당신 자신을 위한 것이다. 바운더리는 우선적으로 당신을 보호하고 조직하며, 그 다음으로 배우자에게 동기를 부여하고 변화되게 한다. 당신의 정신적, 정서적 행복을 위해 배우자에게 결과를 겪게 하라.

증가와 분노를 다루라

당신을 어렵게 하는 배우자의 행동이 점차 증가하더라도 놀라거나 충격을 받지 말라. 아이들은 언제나 시험 삼아 한계에 도전하고, 부모가 얼마나 심각하게 반응하는지 알아보려고 한다. 당신의 배우자는 점점 더 지저분해지거나, 점점 더 통제하려 들거나, 점점 더 낭비할 수도 있다. 이것들에 대비하라. 다시 경고를 하고, 결과를 더 엄격하게 하거나 혹은 결과를 계속 고수한다는 것을 확실히 하라. 어떤 배우자들은 정신을 차리고 괴롭히는 행동을 약간 심화시키고, 또 어떤 배우자들은 더 오래 시험하기도 한다.

배우자의 분노와 미움을 단호하게 다루라. 많은 배우자들이 미움 받는 것을 견디지 못해 자신들이 세운 적절한 바운더리를 포기하고 만다. 그런 경험은 자신이 사랑받지 못하며 나쁘다고 느끼게 한다. 이것은 지극히 정상이다. 모든 사람은 배우자가 사랑해 주기를 바라기 때문이다. 배우자가 화내는 것에 대비하라. 당신이 일시적으로 잃어버린 사랑을 채워 주기려고 지원을 아끼지 않는 사람들이 있다는 것을 확신하기 바란다. 짜증 내는 것을 고치는 것이 당신의 일이라고 여기거나 자신을 학대하지 말라.

미움이 존재한다는 것을 인정하라. 배우자는 당신이 "아니오"라고 말한 것 때문에 화를 낸다. 그는 당신의 거절을 미워할 권리가 있다. 그것에 반응하지 말고, 그것이 무엇 때문에 오는지를 이해해야 한다. 그리고 하나님과 다른 사람들과 연합하라. 하나님이 옳은 일을 행하시고 얼마나 많은 비난을 받으셨는지를 기억하라. 그런 비난은 하나님의 마음을 아프게 하지만, 그분은 우리를 사랑하시고 바운더리를 지키신다 (고린도후서 12:7-10).

내가 아는 한 남편은 아내에게 재정적 바운더리를 세워서 여러 달 동안 아내에게 미움을 받았다. 그는 아내의 심각한 과소비 때문에 그녀의 신용 카드를 정지시켰다. 아내가 분노하고 그에게 상처를 주었지만, 그는 자신들과 아이들을 위해 옳은 일을 해야 했다. 하지만 그는 아내의 분노에 대한 두려움과 아내를 향한 자신의 욕구 때문에 자신이 바운더리를 타협하게 될까 봐 두려웠다. 그래서 신뢰할 만한 친구들을 정기적으로 만나서 사랑과 분별력을 유지하려고 노력했다. 그는 다음과 같이 했다.

- 건강한 교회에 출석하고
- 한 달에 두 번 만나는 부부 성장 모임에 출석하고
- 매주마다 부부 상담을 받았다.
- 건강한 친구들과 일주일에 한두 번씩 아침이나 점심 식사를 함께 했고
- 친한 친구와 정기적으로 만났다.

엄청난 시간을 투자했지만 효과가 있었다. 그는 아내를 계속 사랑할 수 있었을 뿐 아니라 자신을 향한 아내의 분노가 그칠 때까지 바운더리를 지킬 수 있었다.

확신이 흔들리는 것을 당연하게 여기라

자신을 의심하게 되더라도 놀라지 말라. 배우자가 당신에게 항의하고, 비난하며, 화내고, 강하게 거부할 때, 당신은 자신을 의심하기 시작할 것이다. 바운더리를 세운 것이 과연 옳았는지에 대한 확신이 흔들릴지도 모른다. 결국, 이런 의심은 당신을 새로운 방식으로 보게 해준다. 그리고 당신이 바운더리를 제대로 세우지 못하고 있을지도 모른다. 또한 당신이 이렇게 의심하는 이유는 배우자를 향한 깊은 사랑 때문이기도 하다.

- 나는 공정한가?
- 결과를 강화하기 전, 배우자에게 다른 기회를 주어야 할까?
- 나는 상황을 충분히 명확하게 설명했는가?
- 내가 지나치게 반응하는 것은 아닌가?
- 바운더리와 결과보다 더 좋은 방법은 없을까?
- 옳은 일을 하려기보다 은밀히 배우자를 벌하려는 것은 아닌가?

이것은 모두 스스로 대답해야 할 합리적인 의심이다. 끝까지 생각하라. 배우자와 함께 바운더리를 세우는 것은 진지한 노력이다. 동시에, 인생에 영향을 주는 모든 새로운 방식은 의심과 더불어 일어난다. 그것을 기대하라. 문제를 결정하고 그 과정을 계속하라.

영원히 떠나라

결혼 생활의 최종 결과로 이혼을 제기하는 것은 슬프지만 필요한 일이다. 이혼은 결혼 생활을 고치는 것이 아니다. 그것은 결혼 생활의 끝이다. 이혼은 하나님의 뜻에서 아주 멀어지는 것이지만 하나님은 간음이나 믿지 않는 배우자가 도망간 상황에서는 이혼을 허락하신다(마태복음 5:31-32, 고린도전서 7:15). 그렇지만 하나님이 이혼을 명령하지는 않으신다.

당신이 이혼을 고려하기 전에, 해야 할 많은 단계들이 있다. 이혼은 기도, 초대, 변화, 인내, 결과, 사랑 등을 포함한 기나긴 과정의 마지막 단계가 되어야 한다.

결혼 생활의 바운더리는 말 그대로 결혼 생활 안에 있다. 바운더리는 결혼이라는 구조 안에서 작용하기 위해 의도된 것이다. 이혼은 문제를 결혼이라는 구조 밖으로 끄집어내는 것이다. 당신이 누군가를 떠나는 사람이 되지 않기 위해서는 바운더리와 결과를 개발해야 한다. 바운더리를 세워서 배우자가 당신의 정의와 하나님의 고통스러운 실재에 마음이 녹아 변화되거나, 또는 당신과 하나님을 거스르는 결정을 스스로 하게 하라. 그러면 당신이 배우자를 떠난 것이 아니라 배우자가 당신을 떠난 것이기에 책임은 그가 져야 한다.

───

이 장에서는 바운더리를 사랑하지 않는 배우자에게 바운더리를 세우는 어려운 현실들을 다루었다. 그러나 당신이 하나님의 길을 따르기 때문에 하나님이 지원해 주신다는 것을 기억하라. 그분은 갈등하고 압담한 시기에 당신을 떠나지 않으신다. 결혼 생활을 위해 좋은 바운더리를 세울 때 하나님과 친구들을 의지하라. "낮에는 여호와께서 그의 인자하심을 베푸시고 밤에는 그의 찬송이 내게 있어"(시편 42:8). 결혼 생활의 바운더리를 세우는 과정에서 그분의 사랑을 기억하라.

그러나 그 과정을 시작하기 전에, 바운더리를 세우면서 저지르기 쉬운 실수들을 피하기 위해 반드시 다음 장을 읽으라.

4부

결혼 생활의 바운더리에 대한 오해

16.

결혼 생활의 바운더리 오용하지 않기

나(존)는 한 세미나에서 이상한 경험을 했다. 질의 응답 시간에, 한 여성이 일어나더니 이렇게 말했다. "저는 바운더리를 배우게 되어 정말 기뻐요. 폭력을 휘두르는 관계에서 드디어 벗어날 수 있었습니다." 청중은 그 여성이 마치 감옥에서 풀려난 죄수와 같다고 여기며 고개를 끄덕였다.

그날 늦게, 한 남성이 내게 다가오더니 이렇게 말했다. "제가 통제하는 남편이었다는 것을 알고 있습니다. 그러나 저는 오랫동안 이 문제를 해결하려고 노력했습니다. 상담을 받고, 책임 수행을 도와주는 단체에 가입하고, 목사님과 만나 이야기도 나눴어요. 폭력을 휘두르는 관계에서 벗어났다고 말한 그 여성이 바로 제 아내입니다. 아내는 바운더리라는 이상을 좇아 가정과 아이들을 버리고 나갔습니다. 그리고 이제 아내는 이 문제들을 해결하기 위해 목사님을 만나러 가는 것도 거부합니다." 고통스러워하는 이 남편의 얼굴을 보았더라면, 청중은 그 여성에게 쉽게 동의할 수 없었을 것이다.

수년 간, 우리는 사람들이 결혼 관계에 있어야 할 바운더리에 대해 오해한다는 사실을 염려해 왔다. 대체로 결혼 생활에 바운더리의 역할을 잘못 이용하는 것이 문제다. 바운더리의 오용은 종종 사랑을 증가시키는 것이 아니라 소원함을 증가시킨다. 몇 가지 예는 다음과 같다.

- 남편과 이혼할 가장 중요하고도 유일한 바운더리인 아내
- 아내의 행동은 통제하면서, 자기 행동은 '경계를 세우는 것'이라고 주장하는 남편
- 남편에게 복수하기 위해 마음을 멀리하거나 결과를 이용하는 아내
- 화를 내며 공격한 것을 솔직함이라고 변명하는 남편

이것들은 의롭고, 책임감 있고, 자유로운 사람, 좋은 바운더리를 가진 사람에 대한 성경의 가르침을 전부 잘못 이해한 것이다. 바운더리는 관계를 끝내기 위해서가 아니라 관계를 유지하고 깊게 하기 위해 의도된 것이다. 바운더리는 궁극적으로 결혼 생활 밖이 아니라 결혼 생활 안에서 작용하는 것이다.

이 장의 목적은 결혼 생활에서 바운더리에 대한 잘못된 이해를 바로잡는 것이다. 우리는 고통의 목적과, 결혼 생활의 문제를 해결하기 위해 어떤 바운더리가 적합한지 살펴볼 것이다. 그리고 복종과 이혼의 문제에 대해서도 살펴볼 것이다.

고통의 목적

라일리와 에밀리는 40대 중반이다. 라일리는 전형적으로 유순하고 소극적인 '좋은 남자'다. 그는 돈을 쓰는 것부터 여가 시간을 보내는 것까지 인생의 많은 영역에서 지배적인 성향의 아내에게 계속 복종해 왔다.

그러나 중년이 되면서 라일리는 에밀리의 요구와 의견에 점점 반대하기 시작했다. "당신은 지금까지 줄곧 당신 맘대로 해왔어. 이제는 내 차례야. 앞으로는 내 방식대로 합시다"라고 말하며 결혼 생활에 변화를 요구했다.

에밀리는 라일리의 말이 믿기지 않았다. 그녀는 중년의 위기라고 생각했다. 그래서 이렇게 말했다. "좋아요, 당신의 생각에 나도 마음을 열게요. 나도 때때로 너무 많은 것을 감당하고 있다고 생각해요."

그러나 라일리는 관용을 넘어서 방종을 원했다. 그는 돈을 어디에 썼는지 아내에게 말하지 않았고, 행선지도 알리지 않은 채 혼자서 긴 여행을 다녀왔다. 에밀리가 그런 행동에 대해 물으면, 이렇게 말하곤 했다. "나는 당신에게 바운더리를 세우고 있는 중이야. 당신에게 대답할 필요가 없어."

이 부부는 길고 괴로운 시간을 보냈다. 목사가 라일리와 함께 앉아서 그에게 이렇게 말하기 전까지 말이다. "라일리, 당신은 자유와 이기심을 혼동하고 있습니다." 라일리는 목사의 말을 듣고 나서는 에밀리와 상의하기 시작했다.

라일리는 바운더리를 세우면 더 이상 고통받을 필요가 없다고 생각했던 것이다. "아니요"라고 말하면, 이제 원하는 것은 무엇이든 할 수 있다는 생각이 이런 오해를 불러일으킨 것이다. 실제로는 전혀 그렇지 않다. 바운더리는 고통이나 책임에서 벗어나는 것에 관한 내용이 아니다. 사실, 결혼 생활에서 바운더리를 세울 때, 때때로 고통이 줄기는커녕 더 커지는 것을 겪는다. 자기 방식대로 주말 계획을 세운 완고한 남편의 요구에 동의하지 않는 아내는, 자신의 태도 때문에 고통받을 것이다. 그러나 그런 태도는 두 사람을 위해 올바른 것이다.

인생, 성장, 어떤 의미 있는 관계에서 고통은 반드시 필요하다. 진실로 성숙한 사람이나 성숙한 결혼 생활은 결코 고통에서 벗어나려고 하지 않는다. 실제로, 성경은 고통이 인내를, 인내는 연단을 낳는다고 가르친다(로마서 5:3-4). 적어도 하나님이 우리에게 경험하도록 부르신 종류의 고통은 우리가 현실을 있는 그대로 적응하는 것을 돕기 위해 의도되었다. 우리는 고통을 통해 우리의 필요를 충족시키는 법과, 다른 사람들에게 베푸는 법을 배우게 된다. 그리고 모든 피조물을 지배하려는 생각을 포기하게 된다. 고통은 우리가 생존하게 하고, 심지어 번성하며, 우리가 하나님이 되려는 욕심을 버리게 도와준다.

고통이 결혼 생활에 가져올 수 있는 유익은 다음과 같다.

- 우리 눈에 보이지 않는 하나님이 도와주고 지원하신다는 믿음의 성장
- 어려운 시간을 보내면서 자신의 가치를 붙잡는 법을 배움
- 인기가 없을지라도 신실한 사람이 되려고 함
- 미래와 더 좋은 목표를 위해 만족감을 뒤로 미룸
- 자기도취에 빠져드는 대신 다른 사람들과 관계를 지속함
- 불완전한 배우자와 함께 용서하며 사는 법을 배움
- 불완전한 배우자에게 용서를 받아들이는 법을 배움

실제로, 결혼 생활을 강화하고 심도 있게 하는 모든 과정에는 어느 정도 고통과 불편이 뒤따른다. 고통을 통해 성인이 되는 법을 배운다.

잘못된 이유로 받는 고통

바운더리, 결혼 생활, 고통의 의미 등을 혼동하는 이유는 배우자가 성장을 피하려고 하기 때문이 아니다. 오히려 일정 기간 동안 잘못된 이유로 고통을 당하기 때문에 그렇다. 경건한 고통은 우리에게 유익하지만, 불경건한 고통은 그렇지 않다.

오랫동안 이런 고통을 겪은 한 아내는 자신이 참아 온 것이 전혀 유익이 되지 않는다는 것을 깨닫게 되었다. 그러면 그녀는 '고통을 겪어 봤는데, 어떤 형태의 괴로움도 해로워'라고 생각하며, 라일리처럼 "이제는 내 차례야"라는 사고 방식을 선택할 것이다. 이런 경우를 올바로 이해하려면 불경건한 고통에 대해 알아야 한다.

불경건한 고통이란, 나쁜 일을 하고 옳은 일을 하지 않기 때문에 겪는 고통이다. 이런 고통은 자신이 나쁜 일을 하고 있다는 신호다. 그리고 행동과 태도, 감정을 바꿔야 한다는 경고다. 예를 들어, 성경은 화내는 배우자를 분노에서 구해 주면, 상대 배우자는 또다시 구해 줘야 하는 불편을 겪을 것이라고 말한다. "노하기를 맹렬히 하는 자는 벌을 받을 것이라 네가 그를 건져 주면 다시 그런 일이 생기리라"(잠언 19:19). 남편의 미성숙함에 맞서지 않고 방치한다면, 아내는 나중에 그 일을 다시 겪게 될 것이다. 이것은 그녀에게 괴로운 일이다.

우리의 말을 오해하지 말라. 상습적으로 화내는 배우자를 건져 주는 사람은, 옳은 일을 행함으로 경건한 고통을 겪는 것이 아니라, 나쁜 일을 행함으로 불경건한 고통을 겪고 있는 것이다. 뿌린 대로 거두게 될 것이다. 고통이 경고하는 바를 명심하고, 자신의 방식을 바꿔야 한다. 불경건한 고통은, 고통을 일으키는 그 행동을 그만두면 저절로 해결된다.

경건한 고통은 또한 다른 방식으로 바뀐다. 우리는 여러 가지 일들에서 성숙해 가면서 계속 고통을 겪게 된다. 예를 들어, 유순한 배우자가 진실을 털어놓으며 말하는 것은 힘든 일이다. 이것은 경건한 고통이다. 그녀가 진실성에서 자라게 되면, 정직해지는 것이 덜 힘들어진다. 하지만 문득 그녀는 자신이 심판하고 비난하는 영혼이 있다는 것을 깨닫게 된다. 그녀는 이제 그 문제를 해결하기 위해 용서와 고뇌를 시작해야 한다. 이것 역시 경건한 고통이다. 이렇게 성장이 이뤄짐에 따라 고통의 과정도 계속된다.

당신의 결혼 생활을 고통과 괴로움으로 끝내기 위해 바운더리를 세운다면, 그것은 하나님이 원하시는 바가 아니다. 하나님은 당신이 성장을 가져올 수 없는 불경건한 고통을 끝내고, 언제나 선한 결과를 가져오는 그분의 고통 안으로 들어오기를 원하신다. 성경은 "육체의 고난을 받은 자는 죄를 그쳤음이니"(베드로전서 4:1)라고 가르친다. 우리 육체가 의, 정직, 사랑의 방식 안에서 고난받기 시작할 때, 이것은 종종 죄, 구조, 두려움 또는 죄책감의 방식 안에서 고통의 문제를 치료한다.

다음 표는 결혼 생활에서 바운더리가 당신이 잘못된 방식으로 고통을 겪지 않고 옳은 방법으로 고통을 겪도록 어떻게 도와주는지를 보여 준다.

상황	불경건한 고통	경건한 고통
낭비하는 아내	잔소리 또는 침묵하기	신용 카드를 없애고 아내의 분노를 견디기
비난하는 남편	남편에게 인정받으려고 고분고분하게 굴기	남편이 비난할 때 방에서 나가 그를 화내게 하기
죄책감을 느끼게 하여 남편을 통제하는 아내	화를 내면서도 아내가 바라는 것을 하기	아내의 은밀한 통제에 맞섬으로써 사랑 없는 사람이라고 비난받는 것을 견디기
집안일을 돕지 않는 남편	남편을 귀여운 소년으로 봐 주기	남편이 도울 때까지 자기 식사는 스스로 준비하게 하고 토라지더라도 내버려 두기

이 상황들 가운데 어느 것도 고통이 따르지 않는 반응은 없다. 따라서 당신이 불편을 견디려 한다면, 그 일이 선한 것을 이루도록 하는 편이 좋다. 예수님은 자기 앞에 놓여 있는 기쁨을 내다보고서 십자가의 고통을 참으셨다(히브리서 12:2). 마취된 상태로 고통 없는 삶을 살기 위해 바운더리를 세우지 말라. 당신의 결혼 생활에 사랑과 정직, 자유가 있도록 바운더리를 세우라.

성장을 피하기 위한 바운더리 세우기

비키는 콜튼을 사랑했다. 하지만 콜튼은 참을성이 없고 조급한 기질을 가지고 있었다. 상황이 좋을 때는 아내와 아이들에게 따스한 사랑을 베풀었다. 그러나 직장에서 좋지 않은 일이 있거나 그들 사이가 좋지 않을 때는 가족을 비난했다. 그는 감정을 상하게 할 뿐 아니라, 가정의 평화를 파괴했다.

비키는 콜튼이 몹시 화낼 때 힘들게 맞서기도 했지만, 대부분은 그렇게 하지 않았다. 남편에게는 좋은 점들도 많았고, 그녀는 갈등을 초래하고 싶지 않았다. 다툼이 불가피한 상황이 아니라면 싸움을 하고 싶지 않았던 것이다. 그러나 아무리 시간이 흘러도, 그는 나아지지 않았다.

결국, 한 친구가 그녀에게 말했다. "비키, 더 나빠지기 전에 몇 가지 바운더리를 세워." 사실, 비키는 그것이 무슨 의미인지 잘 몰랐지만 바운더리를 세우기로 했다.

결과는 '선무당이 사람 잡는다'는 옛 속담처럼 되어 버렸다. 콜튼이 일을 마치고 집에 돌아왔을 때, 비키는 문 앞에서 그에게 최후통첩을 날렸다. 그가 다녀왔다는 인사를 할 겨를도 없이 비키는 이렇게 말했다. "나는 당신이 화내는 것을 겪을 만큼 겪었어요. 당신이 그렇게 행동하면 나와 아이들은 상처를 받아요. 이제는 당신이 막 화를 내면, 우리는 친정으로 갈 거예요. 그러니 어떻게 할지는 당신이 결정해요."

콜튼은 기분이 매우 상했다. 그는 곧바로 화를 냈고, 비키는 아이들을 데리고 친정으로 가서 며칠을 지냈다. 몇 주 동안 그들의 관계는 순탄하지 못했다. 콜튼은 비키가 갑작스럽게 반발적으로 바운더리를 세운 것에 기분이 상했다. 그는 기습 공격을 받았다고 느꼈다. 아이들은 갈피를 잡지 못했고, 아빠나 엄마 어느 한쪽으로 애정이 갈라졌다. 결국 비키와 콜튼이 문제를 해결하고 상황을 회복하는 데 오랜 시간이 걸렸다.

비키는 좋은 의도를 가지고 있었지만, 결혼 생활에서 바운더리의 역할을 잘 이해하지 못했다. 그녀가 아무런 경고 없이 독단적으로 규칙을 내놓았기 때문에 콜튼은 아내의 사랑이나 관심을 느낄 겨를도 없이 오직 분노만을 느끼게 되었다. 그리고 그가 화를 냄으로써 모든 것이 산산조각 났다.

비키는 결혼 생활에서 바운더리가 단순히 최후통첩이 아니라는 중요한 사실을 이해하지 못했다. 바운더리는 부단히 노력하는 과정의 일부이며, 경계를 세우는 것 이상을 의미한다. 복잡하게 얽힌 상황을 통해 정신과 마음이 성장하게 된다. 성숙해지려면 많은 것이 필요하다. 하나님은 우리가 성장하는 것을 돕기 위해 오랜 기간 많은 일을 행하신다. 그분은 우리의 연약함을 아시고, 우리가 변화되는 데 얼마나 많은 시간과 인내, 노력이 필요한지 아신다. 그분은 단지 규칙을 정하고는 우리에게 "행동을 자제하라"고 말씀하지 않으신다. 하나님은 훨씬 더 길고 훨씬 더 어려운 길을 택하신다. "여호와께서 말씀하시되 오라 우리가 서로 변론하자"(이사야 1:18). 하나님은 우리의 죄악과 어리석음을 우리와 함께 겪으며 다루신다.

이것은 결혼 생활에서도 마찬가지다. 배우자가 특히 거부하거나 자제력을 잃었을 때, 성장과 변화가 일어나는 것이 어려움을 이해해야 한다. 당신이 성숙하는 데 필요한 은혜를 배우자에게도 동일하게 베풀어야 한다. 결혼 생활에 적용해야 하는 요소들을 바운더리와 함께 제시해야 한다. 이것들을 관계에 도입할 때, 당신은 누군가에게 즉시 변화하기를 요구하기보다는 자신의 성장에 몰두할 것이다. 바운더리는 성장 과정에 이바지한다. 그것은 누군가를 바꾸거나 고치는 방법이 아니다.

사랑

사랑은 어떤 관계에서나 가장 중요한 요소다. 사랑은 배우자를 대하는 방식에서 필수적인 틀이다. 누군가를 사랑할 때, 당신은 그를 '위하며',

복수하거나 벌하려는 마음이 아니라, 사랑하는 마음으로 말하고 행동한다. 결혼 생활에서 문제가 생길 때, 비록 배우자가 사랑할 만한 사람이 아닐지라도 가장 먼저 그에게 최선의 것을 주고자 하는 마음을 가져야 한다. 어떤 배우자들은 사랑에 민감하게 반응하고, 다른 배우자들은 사랑에 전혀 반응하지 않는다. 이 모든 경우, 사랑은 당신이 바운더리의 고통과 배우자를 돌보는 것 사이에서 균형을 갖도록 도와준다.

주위 사람들

당신은 사랑에서 우러나오는 말을 해야 할 뿐 아니라, 하나님과 배우자 이외의 사람들로부터 배려와 지원, 격려를 받아야 한다. 특히 결혼 생활에 갈등이 있을 때, 당신의 내면을 채우기 위해 사람들과 관계를 가져야 한다. 주위 사람들과 결속되어 있으면 문제를 이겨 낼 수 있고, 배우자와 생긴 거리감과 문제를 해결하느라 잃어버린 것들을 참고 견딜 수 있다. 지원해 주는 관계가 없는 배우자는 자신의 내적 공허와 박탈에 대한 두려움 때문에 어떤 바운더리도 세우지 못하거나, 또는 극도로 반발하는 바운더리를 세우게 된다.

예를 들어, 내가 아는 한 남편은 결혼 생활 이외의 관계를 형성하는 데 어려움을 느꼈다. 그는 외로운 사람이었다. 결국 그가 돈을 낭비하는 아내와 대립했을 때, 처음 의도했던 것과 달리 자신이 소리를 지르며 아내를 거칠게 대하고 있었다. 그는 사랑받지 못했기 때문에 불필요하게 거친 바운더리를 세웠다. 그리고 거칠고 화내는 바운더리는 늘 거의 똑같이 되돌아왔다. 이런 종류의 바운더리를 세우면 원하는 것을 결코 얻을 수 없다.

소유권 갖기

결혼 생활 문제에서 한 사람은 100퍼센트 옳고, 다른 배우자는 전혀 옳지 않은 경우는 거의 없다. 당신이 한 일에 대해 겸손히 책임지고, 사과하며, 용서를 구하고, 변화하라. 당신이 말해야 할 때 그러지 않았을지도 모른다. 또는 남편과의 문제를 그에게 직접 말하지 않고, 다른 사람들에게 말했을지도 모른다. 문제의 일정 부분을 자기 책임으로 인정하면, 배우자는 심판을 받거나 비난당한다는 느낌을 갖지 않을 수 있다.

초대

배우자와의 문제가 무엇이든 당신이 바운더리를 세우기 전에, 그를 변화에 초대하라. 공감하고 사랑하며, 그에게 변화를 요구하라. 예를 들어, "당신의 비난하는 말투는 내 마음을 상하게 하고, 나를 당신에게서 멀어지게 만들어요. 나는 당신과 좀 더 친밀해지고 싶어요. 당신 말투를 바꿔 보면 어때요?"라고 말해 보라. 종종 남편은 자신이 아내에게 일으킨 고통 때문에 슬퍼하고 감정 이입을 하게 될 것이다. 변화에 초대하는 것은 어떤 결과를 정하는 것, 즉 상대방에게 어떤 대가를 치르게 하는 것을 막을 수 있다.

경고

비키가 무시한 요소가 바로 경고다. 그녀는 곧바로 콜튼에게 바운더리를 세웠다. 콜튼은 기습을 받았다고 느꼈고 마음에 상처를 받았다. 비키가 미리 경고했다면, 두 사람이 원하는 것을 얻는 데 도움이 되었을 것이다. 배우자에게 경고할 때는 두 가지를 말해야 한다. 첫째, 괴로운 일이 미래에 일어날 수 있다. 둘째, 미래에 일어날 일은 배우자의 행동에 달려 있다. 비키는 이렇게 말해야 했다. "당신이 계속해서 화를 낸다면, 나는 나 자신을 보호하기 위해 우리 사이에 거리를 둘 거예요." 당신의 배우자에게 경고의 혜택을 주라. 결과가 우리 미래에 있다는 것을 알면, 우리 자신의 소유권을 얻는 데 도움이 된다.

인내

배우자의 무책임이나 통제를 못 견디게 힘들어 하는 사람들이 있다. 그런 사람들은 배우자가 실패하고, 퇴보하고, 성장 과정을 거절할 때, 즉시 변화를 요구하며 아주 비판적이 된다. 그들은 너무 오랫동안 침묵하며 고통을 겪었기 때문에 자신이 정말로 인내심이 강한 줄로 착각하곤 한다.

그러나 침묵하며 겪는 고통은 인내가 아니다. 그런 고통은 갈등을 두려워하고 회피해서 생긴 것이다. 그러나 인내는 다르다. 배우자에게 성장의 요소들을 제공하는 동안, 자신은 고통의 과정을 받아들이는 것이 인내다. 배우자에게 성장할 시간을 주는 동안, 당신이 정말로 다정하고 신실한지를 확인해야 한다. 당신이 변화되는 데 얼마나 오래 걸렸는지, 그리고 당신을 향한 하나님의 인내가 어땠는지를 생각하라. "오직 주께서는 너희를 대하여 오래 참으사 아무도 멸망하지 아니하고 다 회개하기에 이르기를 원하시느니라"(베드로후서 3:9).

결과

사랑, 주위 사람들의 지원, 초대, 경고, 인내가 작용할 때, 끝까지 결과를 적용해야 한다. 결과는 당신을 보호하고, 배우자가 자기 행동을 실제로 다루는 것을 도와준다. 결과를 철저히 적용하면서도 사랑을 품으

라. 결과를 분노와 복수, 처벌로 정하지 말라.

재협상

많은 바운더리는 배우자가 성숙하고 변화되었을 때, 시간에 따라 바뀔 수 있다. 목표한 것이 결혼 생활에서 내면화될 때, 그리고 그것이 두 사람의 인격의 일부가 되었을 때, 그 경계를 영원히 유지할 필요가 없다. 외부의 무언가가 우리 내면의 일부가 되었다는 것은 우리가 성장했다는 표시다.

재협상은 배우자가 변화되었을 때, 그와 다시 친밀해지는 것을 의미할 수 있다. 또는 당신 자신을 보호할 필요가 적어졌거나, 재정 문제를 통제하지 않아도 된다는 것을 의미할 수 있다. 가능한 한 결혼 생활이 적은 규칙으로 이루어지도록 애쓰라. 사람들이 성장할수록 규칙은 점점 줄어든다.

용서

마지막으로, 능동적이고 끊임없이 용서하라. 용서하는 것은 빚을 탕감해 주는 것이다. 배우자를 용서하고, 자신도 배우자에게 용서를 구하라. 용서하는 삶을 살지 않으면, 바운더리를 세워 성취하려는 것들이 크게 방해받을 수 있다. 그리고 결혼 생활의 성장 과정을 붕괴하는 다음과 같은 위험을 감수하게 될 것이다.

- 비난
- 심판
- 배우자에게 죄책감을 갖게 하기

- 과거 문제들을 놓아 주지 못함
- 배우자의 문제를 너무 많이 책임짐

하나님이 우리가 성장하도록 돕고자 하실 때는 단지 경계를 세우는 것 이상의 일을 행하신다. 하나님은 우리가 변화하고 성숙하며 그분이 의도하신 사람이 되도록 격려하기 위해 여러 요소들을 사용하시는데, 그 가운데 하나가 바운더리다. 성장의 과정은 어렵다. 그러나 그 대안인 이혼은 더 어렵다. 이혼에 대해 말하기 전, 결혼 생활에서 복종이라는 개념이 어떻게 오용되는지 간단히 살펴보자.

복종

"아내들이여 자기 남편에게 복종하기를 주께 하듯 하라 이는 남편이 아내의 머리 됨이 그리스도께서 교회의 머리 됨과 같음이니 그가 바로 몸의 구주시니라…남편들아 아내 사랑하기를 그리스도께서 교회를 사랑하시고 그 교회를 위하여 자신을 주심같이 하라"(에베소서 5:22-23, 25). 어떤 사람들은 이 구절을 읽고 복종에 대해 잘못 이해하여 오용하기도 한다. 남편들은 아내에 대한 통제와 학대를 정당화하기 위해 종종 사도 바울의 가르침을 인용한다.

통제하는 남편의 문제로 결혼 생활 치료를 의뢰하는 사람들의 경우, 대부분이 복종의 문제를 제기한다. 남편들은 대체로 아내를 통제하고 싶어 하지만, 아내에게 봉사하고 싶어 하지는 않는다. 그러고는 통제하는 자신의 행동을 부인한다. 아내가 견디다 못해 남편에게 맞서면, 남편은 아내가 지적하는 문제를 회피하면서 통제를 유지하는 방법으로 복종의 카드를 사용한다. 그러나 이 성경 구절은 그런 의도를 담고 있지 않다.

이 구절은 기본적으로 결혼 생활의 이치를 확립하고 있다. 남편의 어깨에 가정에 대한 최종 책임을 부여하고 있는 것이다. 그리스도께서 교회의 머리 됨과 같이, 남편은 가정의 '머리' 또는 리더가 된다. 우리가 그리스도의 리더십에 복종하는 것처럼 남편의 리더십에 아내가 복종하기를 요구한다.

리더십은 그리스도께서 교회에 보이신 것이다. 그분은 교회를 위해 죽으셨고, 교회의 모든 것이 되셨다. 그분은 교회의 성장과 최고 유익을 위해 돌보고, 죄에서 교회를 깨끗하게 하며, 교회의 성장을 위해 자원을 공급하고, 교회를 세상과 정욕과 마귀로부터 보호하신다. 교회가 달란트를 발휘하는 것을 돕고, 교회의 상처를 치료하며, 교회의 고통을 지고, 시련에 빠진 교회를 도와주며, 교회가 타락할 때 곁으로 다가오신다.

사도 바울은 빌립보서 2장에서 리더십을 베푸는 종의 모습으로 묘사한다. "너희 안에 이 마음을 품으라 곧 그리스도 예수의 마음이니 그는 근본 하나님의 본체시나 하나님과 동등됨을 취할 것으로 여기지 아니하시고 오히려 자기를 비워 종의 형체를 가지사 사람들과 같이 되셨고 사람의 모양으로 나타나사 자기를 낮추시고 죽기까지 복종하셨으니 곧 십자가에 죽으심이라"(5-8절). 리더는 자신이 이끄는 사람들을 위해 최선을 다하도록 위임받은 종이다. 남편이 다정하고, 신실하며, 보호하고, 아내의 행복을 위해 돈을 벌어 오는데, 아내가 그런 남편을 거부한다면 그것은 잘못이다. 아내가 남편에게 복종하고 응답하라는 명령에는 남편도 아내를 그렇게 사랑하라는 뜻이 포함되어 있는 것이다.

따라서 교회에 대해서든, 결혼 생활에 대해서든, 그 명령은 희생적인 사랑과 그러한 사랑에 대한 응답이라는 아름다운 그림을 보여 준다.

복종이란 남편이 아내에게 무언가를 하라고 명령하는 것이 아니다. 리더십은 지배를 의미하지 않는다. 이상적인 결혼 생활은 배우자가 각자 동등하게 다른 역할을 갖는 것이다. 각각 다른 힘을 가진 두 배우자가 서로 다른 시각을 가졌기에 결정은 상호적으로 이루어진다. 사랑하는 남편은 결코 아내에게 상처를 주는 결정을 하지 않는다. 그는 아내의 도움이 필요하고, 아내도 그의 도움이 필요하다. 그들은 상호 의존적이며, 결혼 생활의 동반자다. 바울은 복종에 대해 이렇게 말한다. "그리스도를 경외함으로 피차 복종하라"(에베소서 5:21). 그리스도께서 우리를 위해 십자가에서 죽기까지 하신 것처럼 남편은 늘 아내의 필요에 복종해야 한다.

아내가 옳은 일을 위해 저항하는데, 남편이 아내에게 복종하지 않는 것도 문제다. 아내가 남편의 태도나 중독, 또는 거짓말이나 경건하지 않은 행동에 맞서면 '복종하지 않는' 아내로 불릴 수 있다. 그러나 아내는 늘 남편보다 하나님과 그분의 율법에 먼저 복종해야 한다. 남편이 악한 일을 한다면, 아내는 그 악에 저항해야 한다.

한편으로, 모든 것을 관리하고 싶어 하고 통제하는 아내도 문제다. 이기심은 성별의 구분이 없다. 소극적이고 겁이 많은 남편을 통제하는 아내가 50년 동안이나 책임질 수 있었다면, 뭔가 잘못된 것이다. 마찬가지로 남편이 마침내 독립적인 사람이 되어 자신의 책임을 지게 되었을 때, 아내가 그에게 복종하지 않는다면, 그녀도 어느 정도 문제가 있는 것이다. 성경의 명백한 가르침에 따르면, 부부는 자신들을 위해 서로 보완해야 하고, 아내는 남편의 리더십에 복종해야 한다.

복종한다는 것은 결코 다른 사람에게 바운더리를 침범해도 좋다고 허락하는 것이 아니다. 복종은 바운더리라는 배경에서만 의미를 지닌다. 바운더리는 자기 통제와 자유를 증진시키기 때문이다. 어떤 아내가 자유롭지 못하고 통제 가운데 있다면, 그녀는 복종하는 것이 아니다. 그녀는 자신을 부리는 사람에게 예속된 노예이고, 하나님의 뜻 밖에 있는 것이다.

"그리스도께서 우리를 자유롭게 하려고 자유를 주셨으니 그러므로 굳건하게 서서 다시는 종의 멍에를 메지 말라"(갈라디아서 5:1). 아내가 남편의 잔인함과 문제들에 복종하지 않는다고 해서, 그 아내를 "나쁘다"고 한다면, 그녀는 전혀 자유로운 것이 아니다. 마찬가지로 그녀가 "싫어요"라고 말하는 것이 나쁘게 여겨지기 때문에 "싫어요"라고 자유롭게 말하지 못한다면, 전혀 자유롭지 못한 것이다. 그래서 '선한 일을 하는 자유'로서의 바운더리 개념은 복종이라는 개념과 상반되지 않는다. 자유로운 사람은 복종할 수 있는 사람이다.

그러나 이기심은 어떤 관계에서도 결코 좋지 않다. 두 사람이 서로 주고 섬기기 위해 자신의 자유와 바운더리를 사용하지 않으면, 그 부부는 사랑을 이해하지 못하는 것이다. 사랑은 "자기의 유익을 구하지 아니하며"(고린도전서 13:5)라고 바울은 말한다. 남편이든 아내든 배우자에게 주고, 희생하며, 사랑하는 일에 자유를 사용하라. 그러면 부부 사이에 누가 희생할 기회를 갖느냐 하는 언쟁이 일어날 것이다. 결코 복종은 문제가 되지 않는다. 두 사람은 그리스도의 사랑 안에서 서로에게 복종할 것이다.

그리고 이기심이 무너지면, 두 사람 다 사랑에 복종하기 위해 자기 행동에 책임을 진다. 부부 가운데 한 사람이 자신이 이기적이고 배우자를 섬기지 않았음을 깨닫게 된다면, 그 행동에 책임을 지고 변화될 수 있다. 서로가 자유로운 상태에서 배우자의 유익을 구하라. 그러면 복종의 문제는 사라질 것이다.

바운더리와 이혼

우리는 거의 모든 바운더리 세미나에서 다음과 같은 이야기를 듣는다.
 켈리는 큰 기대를 갖고 결혼했다. 스콧은 그녀가 원하는 것을 모두 가지고 있었다. 사교적이고, 매력적이며, 성공했고, 고상했다. 그녀는 스콧과 함께 있을 때, 인생이 멋지게 느껴졌다. 그와 데이트하는 시간은 마치 천국에 있는 듯한 기분을 느끼게 했다. 스콧은 켈리를 따라다녔고, 그녀에게 낭만적인 분위기를 만들어 주었으며, 그녀를 위해 특별한 일들을 했다. 그녀에게 꽃을 보내고, 그녀를 위해 특별한 외출 계획을 세우고, 지나칠 정도로 그녀에게 주의를 기울였다. 켈리는 너무나 특별한 느낌을 가졌다.
 그녀가 스콧의 청혼을 승낙하는 것은 어려운 일이 아니었다. 처음에 그녀는 당장 결혼하자는 그의 요구를 거절했다. 데이트한 지 여섯 달이 흘렀지만, 그녀는 시간이 더 필요하다고 느꼈다. 하지만 켈리는 그를 사랑하고 있었고, 결혼하기로 결정했다.
 몇 달 후에 그들은 결혼했다. 켈리는 스콧과 결혼하면, 자신의 인생이 그녀가 언제나 꿈꿔 온 대로 진행될 것 같았다. 그러나 이런 느낌은 단지 여섯 달뿐이었다. 스콧이 변하기 시작했다.
 스콧은 그녀에게 예전만큼 따스한 태도를 보이지 않았다. 그러고는 그녀가 한 사소한 일들에 트집을 잡기 시작했다. 켈리는 무엇으로도 그를 기쁘게 할 수 없었다. 예전에 스콧이 그토록 격찬하던 것들도 이제는 그의 주의를 끌지 못했고, 설령 주의를 끈다 해도 결국은 그녀를 비난하는 결과가 되고 말았다. 그녀는 낙심하기 시작했다.

시간이 지나면서, 스콧은 골프를 치는 등 친구들과 밖에서 더 많은 시간을 보냈다. 그는 점점 더 늦게 귀가했다. 집에 있을 때는 스포츠 중계를 보며 그녀와는 거의 이야기를 나누지 않았다. 그녀가 뭐가 문제냐고 묻거나 말을 걸면, 그는 겨우 한마디쯤 대꾸하거나 아예 무시했다. 이제 이 부부의 상황은 처음에 그들의 관계를 특징짓던 정열과 서로를 추구하는 것과는 거리가 멀었다.

우선, 켈리는 시험 삼아 스콧에게 잔소리를 해보았다. 그는 화를 내며 그녀를 불평하는 사람이라고 몰아세웠다. 그녀는 남편과 상담을 받으러 가고 싶었지만, 그는 다른 사람에게 자신의 문제를 말하는 것을 꺼렸다.

그래서 켈리는 '좋은 아내'가 되려고 애썼다. 이런 문제는 아내가 남편의 자존심을 세워 주지 않거나, 남편의 필요를 충족시켜 주지 않아서 생긴다는 글을 어디선가 읽었기 때문이다. 그녀는 스콧이 냉담한 원인이 자신에게 있다고 생각하고는 그를 위한 좋은 일을 하고, 예쁘게 화장을 하고, 섹시한 옷을 입고, 왕을 받들 듯 그의 필요를 충족시키는 완벽한 프로그램들을 진행했다.

하지만 그녀의 모든 노력은 허사였다. 그녀는 자신이 비굴하게 느껴졌다. 스콧은 그녀를 거의 존중하지 않았고, 점점 더 화를 냈다. 그녀는 너무 외로웠고, 남편의 사랑을 간절히 원했기 때문에 점점 더 우울해졌다. 마침내 그녀는 한 친구에게 사실을 털어놓았다.

그 친구는 켈리가 이런 식으로 사는 것을 하나님이 원하지 않으시며, 그녀는 훨씬 더 좋은 삶을 살 가치가 있다고 말해 주었다. 그리고 그녀에게 몇 가지 바운더리를 세운 뒤에 남편이 그 바운더리를 침범하면 더 이상 참지 말라고 했다. 만약 스콧이 변화되지 않는다면, 결혼 생활을 끝내라고 말했다. 이 충고는 목사가 켈리에게 해준 충고와는 달랐다. 목사는 켈리가 남편에게 복종하면 모든 것이 나아질 거라고 말했다. 그녀는 이미 그렇게 해보았지만 아무런 효과가 없었다. 켈리는 친구의 충고가 옳다고 생각했고 자신이 너무 비참하게 느껴졌다. 그리고 세상에는 좋은 남자가 많으며, 자신이 이렇게 살아서는 안 된다고 생각했다. 결국 그녀는 친구의 충고를 따랐다. 그리고 스콧에게 달라지기를 요구했다.

스콧은 아내가 제정신이 아니라는 듯이 쳐다보며 자신의 행동 방식을 계속 고수했다. 그녀는 그것을 신호로 여기고 변호사를 만나러 갔다. 그녀는 마음속에 '몇 가지 바운더리'를 가지고 있었다. 사람들은 언제나 켈리에게 호감을 가졌으며, 그녀는 모든 사람을 기쁘게 해주려고 노력했다. 이제는 자신을 기쁘게 할 차례였다.

결국 그녀는 이혼을 선택하고 혼자 살았다. 그녀는 그것을 '약간의 바운더리를 가진' 것으로 설명했다.

어떤 의미에서는 켈리가 옳았다. 그녀는 분명히 약간의 바운더리가 필요했다. 그녀의 친구 역시 옳았다. 하나님은 켈리가 그런 식으로 사는 것을 결코 원하지 않으신다. 그러나 그들은 문제를 해결하는 부분에서 잘못을 했다.

우리가 앞에서 말한 바와 같이, 이혼은 관계 안에 있는 바운더리가 아니다. 이혼은 관계의 끝이다.

종종 사람들은 더 이상 결혼 생활을 지탱할 수 없을 때, 바운더리가 아주 적어진 결혼 생활의 어느 지점에 이른다. 그들은 옳다. 하나님은 바운더리가 그분의 의로운 원칙들을 강화시키기 때문에, 어떤 관계든 바운더리 없이 지내는 것을 의도하지 않으셨다. 그러나 하나님은 이혼도 바운더리로 의도하지 않으셨다. 이혼은 부부가 선택할 일차적인 것이 아님을 분명히 하셨다. 기본적으로 이혼은 성장과 변화를 거스르는 반발이다.

당신이 "더 이상 이런 식으로는 못 살겠어요"라고 말한다면, 하나님의 해결책은 기본적으로 이렇다. "그래! 더 이상 그런 식으로 살지 말아라. 악한 행위에 대항하여 변화와 구원을 증진하는 확고한 경계들을 세워라. 관계를 회복하려고 내가 취하는 태도를 따르기 위해 네게 필요한 사랑과 지원을 주위 사람들에게서 찾아라. 오랫동안 고통을 겪더라도 옳은 방법으로 겪어야 한다." 당신이 하나님의 방식으로 행하면, 구속의 기회가 훨씬 많아진다.

우리는 모든 사람들이 불경건한 고통을 겪지 않게 하려고 이 책을 썼다. 배우자가 성장하지 않고 미성숙하더라도, 당신이 이 책에서 제안한 태도를 취한다면 건강해질 수 있다. 잔소리하기, 사람을 기쁘게 하기, 화내고 떠나기처럼 결혼 생활에 비효과적인 행동을 멈추고 지속적으로 확고한 태도를 취한다면, 당신의 상황은 변화될 것이다.

불필요한 이혼이 아주 많다. 하나님은 우리가 언제나 관계를 떠나지 않고, 관계를 회복하기 위해 최선을 다하도록 계획하셨다.

예수님은 어느 누구도 판단하지 않으신다. 그분은 빛으로 세상에 오셨고(요한복음 3:19-21), 의로운 방법으로 행하신다. 거짓, 잔인, 비열, 배신, 중독, 무책임 등에 빠지지 않으신다. 예수님은 모든 상황에 빛의 바운더리를 가져오시고, 그들을 살리실 것이다. 그때 사람들이 반응한다면 승리할 것이다. 하지만 반응하지 않는다면, 관계를 떠날 것이다.

어떤 의미에서 진정한 바운더리를 가진 사람들은 대부분 이혼을 피할 수 있다. 그러나 그들은 강한 입장을 취해야 할 수도 있고, 별도로 바운더리를 세운 행동 방식에 참여하지 않아야 하며, 다시 관계에 참여하기 전에 의로워지기를 요구해야 한다. 그들이 빛이 되어 준다면, 배우자는 변화되든지 아니면 떠날 것이다. 따라서 대부분의 경우, 실제로 이혼을 요구할 필요가 없다. 당신이 옳은 일을 하고 있고, 배우자가 참으로 악하다면 대체로 그는 떠날 것이다. 그러나 당신은 관계를 회복하기 위해 자신이 할 수 있는 모든 일을 했다는 확신으로 안심할 수 있을 것이다.

때때로 자신이 바운더리를 세우고 있다고 생각하지만, 실제로는 배우자를 계속 비난하고, 자신은 변하지 않으면서 배우자의 변화를 요구하는 것이 문제다. 다른 사람의 눈 속에 있는 티를 빼라고 요구하기 전에 자기 눈 속에 있는 '들보를 뺐는지' 확인해야 한다.

『나는 안전한 사람인가?』에서 제안했던 관계를 치료하는 방법들은 다음과 같다. 이것은 15장의 내용을 다른 방식으로 정리한 것이다.

1. 배우자를 다룰 수 있는 힘을 가지려면, 다른 사람들의 지원을 받는 상태에서 시작하라.
2. 자신의 문제를 해결하고 배우자를 향해 의롭게 행동하라. 그 문제에 자기 문제를 더하지 말라.
3. 주위 사람(상담사, 목사, 친구, 가족, 영향력 있는 사람)들의 중재를 이용하라.
4. 현실을 받아들이고 기대를 접어라. 이미 일어난 일은 용서하라.

5. 변화할 기회를 주라. 배우자의 권리를 중지시키고 관계에서 좋은 바운더리를 세운 후에, 시간을 주라. 처음에는 배우자가 당신을 믿지 않을 수도 있다.

6. 오랜 고통은 당신이 문제에 기여하고 있었던 때가 아니라 바로 지금 시작된다.

7. 오랜 시간 올바른 노력을 기울였다면, 거부하는 사람이 변화되기로 결심할 때까지 떨어져 지내는 것이 때로는 도움이 되는 유일한 방법이다. 떨어져 지내면서도 배우자가 변화되려 하지 않으면, 결혼 생활이라는 은혜를 그에게 베풀지 말라. 학대하고, 중독 증세가 있고, 위험하거나 다른 심각한 문제를 가지고 있는 사람이라면, 떨어져 지냄으로 그의 삶이 변화될 수 있다.

결혼 생활의 바운더리는 관계의 변화와 회복을 추구한다. 이혼이 결코 첫 번째 바운더리가 되어서는 안 된다. 당신이 관계를 끝내는 목적이 아니라 관계라는 배경에서 바운더리를 세워야 한다. 관계를 파괴하는 행동이 끝날 때까지는 관계에 참여하지 않는 자세를 취하라. 이런 바운더리는 유익하다. 그러나 당신이 그런 자세를 취하려면, 정말로 문제가 배우자에게 있고 자신은 앞에서 말한 모든 하나님의 조치를 따랐는지를 확인해야 한다.

분명히 우리는 결혼 생활에서 불경건한 고통이 끝나기를 바라며 이 책을 썼다. 우리는 또한 구원이 일어나기를 바란다. 당신의 고통을 끝내라. 그리고 그 고통을 끝내기 위해 세운 바운더리가 회복과 화해를 일으킬 수 있는지 살펴보라.

우리는 '희망이 없어 보이는' 수많은 상황에서 회복과 화해가 일어나는 것을 보았다. 결국 한 배우자가 진정한 바운더리를 가지고 있으면, 상대 배우자도 변화될 수 있다. 그에게 기회를 주라.

맺는 말_ 당신의 결혼 생활을 구하라

1992년에 『No라고 말할 줄 아는 그리스도인』을 펴내고 나서, 우리는 많은 사람들이 타락한 세상에서 진정한 사랑을 찾으려고 애쓰는 것을 보았다. 그리고 바운더리의 많은 영웅들도 보았다. 그들에게 경의를 표한다.

많은 사람들이 결혼하고 성장하기를 바라지만, 아담과 하와처럼 배우자에게 손가락질하면서 그 상황에서 헤어나지 못하는 것을 보게 된다. 그러나 그들은 자기 눈에서 '들보'를 빼냄으로 자기 행동에 책임을 지고, 자기 통제를 통해 더 깊은 사랑에 이르게 된다. 그들은 성장이 지속적인 여행임을 발견하고, 기꺼이 여행을 떠난다.

또는 잘못된 가르침이나 자신의 연약함 때문에, 결혼 생활에서 상처나 악에 대항하지 못하는 사람들이 있다. 그들은 두려움과 죄책감 때문에 사랑을 파괴하는 학대, 무책임, 통제 등에 저항하지 못한다. 결과적으로 그런 행동과 상처는 지속된다. 그들은 『No라고 말할 줄 아는 그리스도인』을 읽고 나서, 하나님은 선한 편에 서신다는 것을 발견한다. 하나님은 사랑을 옹호하고, 악을 반대하신다. 그분은 책임과 자유를 옹호하고, 지배와 통제를 반대하신다. 그리하여 그들은 선한 것을 지키기 위해 싸우시는 하나님의 편에 선다. 악에 대항해 바운더리를 세우고, 사랑과 존중 같은 선한 것들을 지킨다. 그리고 용감한 자세를 보이면 결과적으로 그들의 결혼 생활이 변화되고 회복된다.

세미나에 참석한 한 남편이 우리가 『No라고 말할 줄 아는 그리스도인』을 쓴 것에 대해 감사하며 한 말이 인상 깊었다. 그에게 책을 읽었는지 묻자 이렇게 대답했다. "아니요, 아내가 읽었습니다. 아내가 저의 미성숙한 행동을 더 이상 받아 주지 않았을 때, 저는 태도를 바꿔야 했습니다. 비열하거나, 통제하거나, 술에 취하거나, 그 밖에 관계를 파괴하는 어떤 악이든 그만두는 법을 배워야 했지요." 귀하게 여기는 것을 지키기 위해 용감한 태도를 보인 배우자는 결혼 생활과 상대 배우자를 구원했다. 이것은 징계로 말미암은 평화의 열매다(히브리서 12:11). 바운더리가 제 역할을 함으로써 한 사람이 회개하고 성장했다.

끝으로, 옳은 일을 한 사람들, 선을 위해 확고한 태도를 취한 사람들, 거절당한 사람들이 있다. 그들은 자신들의 자세 때문에 고통을 겪는다. 그들은 학대하거나 중독된 배우자에게 저항하며, "이것은 옳지 않아"라고 말했을 것이다. 그 결과는 부분적으로는 좋았다. 학대나 고통의 형벌이 멈췄다. 그러나 학대하는 배우자는 징계에 주의를 기울이지 않고 그들에게 저항했다. 그들은 악으로부터 자유를 얻었을지는 몰라도 사랑을 잃었다. 그들은 친구와 지역 사회에 사랑과 지원을 구해야 한다. 우리는 이런 사람들에게 마음이 끌린다. 당신은 선을 행했고, 예수님이 고통을 겪으신 것처럼, 그리고 우리가 명령받은 대로 고통을 겪었다(베드로전서 3:13-14). 하나님이 당신의 용기와 인내를 축복하시기를!

마지막으로, 한 가지 경고를 하겠다. 계속해서 자기 잘못을 부인하고 상대방을 비난하기 위해 바운더리를 사용하는 이기적인 사람들이 있다. 그들은 자기 눈에서 들보를 제거하지 않고, 자신을 통제하려고도 하지 않는다. 대신 그들은 다른 사람을 비난하고, 심판하며, 통제하려고 한다. 다른 사람을 비난하기 전에 먼저 자신을 돌아보고 자신이 이런 부류로 떨어지지 않았는지 확인하라. 그리고 자유를 이기심의 기회로 삼지 말고, 옳은 것과 선한 것을 위해 자유를 사용하라(갈라디아서 5:13).

당신이 어떤 상황에 처해 있든지 하나님의 방식대로 바운더리를 사용하기를 간절히 바란다. 하나님은 자신을 통제하며 사랑과 용서, 자유와 책임감 같은 인생의 선한 것들을 위해 애쓰신다. 자비로우신 하나님은 사람들이 어둠에서 나와 빛 가운데 계신 당신에게로 나아오기를 바라신다. 그리고 하나님은 결코 다른 사람을 희생하지 않고, 자신을 희생하시며 언제나 사랑을 위해 싸우신다.

우리의 본이 되시고, 은혜와 진리가 충만하신 하나님과 함께라면, 우리는 틀림없이 결혼 생활에서 좋은 바운더리를 갖게 될 것이다.

모든 이들에게 하나님의 축복이 임하길.

No라고 말할 줄 아는 남편과 아내

초판   1쇄 발행 | 2001년 3월 29일
개정판 1쇄 발행 | 2018년 6월 25일
개정판 2쇄 발행 | 2023년 11월 10일

지은이 | 헨리 클라우드·존 타운샌드
옮긴이 | 김진웅
펴낸이 | 신은철
펴낸곳 | 좋은씨앗
출판등록 제4-385호(1999. 12. 21)
주소 | (06753) 서울시 서초구 바우뫼로 156(양재동, MJ빌딩) 402호
주문전화 | (02) 2057-3041 주문팩스 | (02) 2057-3042
이메일 | good-seed21@hanmail.net
페이스북 | www.facebook.com/goodseedbook

ISBN 978-89-5874-301-9 04230

Boundaries in Marriage
Copyright ⓒ 1999 by Dr. Henry Cloud and Dr. John Townsend
Published by the permission of Zondervan, Grand Rapids, Michigan, U.S.A.

This Korean translation edition ⓒ 2018 by Good Seed Publishing, Seoul, Republic of Korea.

This edition published by arrangement with The Zondervan Corporation L.L.C.,
a division of HarperCollins Christian Publishing, Inc. through rMaeng2, Seoul, Republic of Korea.
All rights reserved.

이 한국어판의 저작권은 알맹2 에이전시를 통해 Zondervan과 독점 계약한 도서출판 〈좋은씨앗〉에 있습니다.
신저작권법에 의하여 한국 내에서 보호받는 저작물이므로 무단전재와 무단복제를 금합니다.